教育部“长江学者奖励计划”青年学者项目（2015 年）研究成果
吉林省人民政府“长白山学者奖励计划”特聘教授项目（2014 年）研究成果
国家社会科学基金教育学重点课题（2015 年）研究成果

RURAL

农村教师编制、结构与配置研究

RESEARCH ON THE SIZE, STRUCTURE AND ALLOCATION OF RURAL TEACHERS

秦玉友 等 著

社会科学文献出版社
SOCIAL SCIENCES ACADEMIC PRESS (CHINA)

序　言

改革开放以来，农业、农村和农民“三农”工作一直是党和国家年度工作首要关注的领域。进入新时代，“三农”工作进入一个新的发展阶段。现阶段我国社会主要矛盾转化为人民日益增长的美好生活需要和不平衡不充分的发展之间的矛盾。这一矛盾体现在教育领域，也就是当前我国教育主要矛盾已经转化为人民日益增长的优质教育需要和教育不平衡不充分的发展之间的矛盾。在城乡发展不平衡的宏观背景下，我国教育发展最大的不平衡是城乡教育发展不平衡，最大的不充分是农村教育发展不充分。作为影响城乡教育均衡发展与农村教育发展的核心变量，农村教师的供给是否充足、配置是否合理是当前农村教育发展所必须考虑的重大议题。在我国农村义务教育走向全面普及的过程中，城乡义务教育教师编制政策总体经历了由城乡二元向城乡一体化的演进，在具体编制标准方面，经历了师班比向城取向、师生比向城取向和师生比城乡统一取向三个阶段。当前的义务教育教师编制标准，已然摆脱了长期以来的向城性倾向，做到了义务教育教师编制标准意义上的城乡平等配置，这是一项巨大的进步。但在欣喜此项进步的同时，我们也应该清醒地看到，师生比意义上的平等往往并不必然产出结果上的公平，尤其是面对农村教育特殊的空间分布特征及长期积累的比较弱势时。要从根本上解决城乡师资配置的合理性问题，助力农村教育高质量发展，不仅需要宏观层面的理论思考和政策引领，还需要深入微观的一线学校，探寻农村教师的编制充裕性、结构合理性以及要素配置科学性面临的困境。玉友教授团队的著作，在此方面做出了努力。

从逻辑上讲，农村教师编制结构问题成为一个备受关注的问题是在全面提升农村教育质量的背景下出现的。为适应全面提升农村教育质量的需要，首先，必须在编制标准上保障农村学校具有数量相对充足的师资，保障农村学生学有所教，避免出现师资短缺造成农村教师“疲于奔命”现象。玉友教授团队的著作从现实困境、应然标准、需求预测三个方面进行了回应。在现实困境方面，著作以丰富的实地调研资料为依据，清晰地指出，当前单一按师生比指标确定教师编制标准的做法，为一定规模学校产生“规模效益”提供了政策合理性，但并未能充分地照顾到城乡学校间的差异，尤其是乡村小规模学校的师资需求特征，导致乡村小规模学校出现“超编”与“缺人”并存的现象，课程难以开齐开全。同时，现行教师编制标准并没有通过操作性指标量化考虑学校中行政人员、教辅人员、工勤人员配备，从而导致部分非教学岗位人员长期占用专任教师编制，造成教师编制稀释，加剧了农村中小学专任教师编制的紧缺情况。此外，在“以县为主”的管理体制下，省、市级政府没有承担起与其财政权和财政能力相匹配的农村教师编制事权责任，从而导致一些农村地区出现教师编制管理“有编不补”的情况，进一步加剧了农村教师的紧缺情况。在应然标准方面，著作指出，在核定城乡教师编制标准时，应坚持体现生源变化的宏观走向、基于政府的师资供给能力、体现公平而有质量的教师编制定位等原则，充分考虑农村义务教育学校的规模特征、功能特征和地理特征，充分考虑乡村小规模学校规模效率衰减、乡镇寄宿制学校服务内容拓展，承认、肯定农村学校所处环境的经济学意义，综合考量制定适合并能有效支撑农村教育发展的教师编制标准。在需求预测方面，究竟应该配置多少教师服务于农村学校为宜，需要基于农村学生数量及其变化趋势来确定。著作在充分考察中国义务教育学龄人口走势，以及借鉴国际经验的基础上，综合考量班级规模、生师比、校际教师教学工作时间等因素，对未来10年的城乡义务教育教师需求及盈缺状况进行了科学预测。此数据对未来城乡尤其是农村地区义务教育教师的合理配置具有重要参考价值。

其次，在保障数量的同时，农村教师的结构分布如何才能更合理，以保障更高效地发挥队伍的功能。基于教育部历年统计数据并结合实地调研数据，著作从年龄、性别、学科、学历和职称等方面对当前农村教师结构进行了详尽分析。研究发现，在年龄结构方面，当前我国农村小学教师年龄结构分布整体渐趋合理，农村中学年轻教师数量渐趋增加；在性别结构方面，教师的性别失衡由来已久且有加速失衡态势，但农村中小学教师的性别失衡情况总体好于城市；在学科结构方面，农村音体美专任教师占比过低问题依然存在，教师对口教学问题相对突出；在学历结构方面，近年来农村中小学教师学历水平渐趋提升，学历合格率稳步提升，但依然低于全国平均水平，农村教师的第一学历、第一学历毕业院校层次偏低问题较为突出；在职称结构方面，农村高级职称教师比例近年来有较大增长，但依然低于城市。不得不说，有效优化农村教师结构，加大教师结构对农村教育高质量发展的支撑力度，是一项长期性和系统性的工程，著作的相关建议具有重要参考价值。在当前乡村全面振兴的大背景下，希冀通过教育领域宏观、中观和微观层面，理论和实践层面的协同，共同促进农村教师结构合理化，促进健康运转盛景的早日呈现。

最后，在农村教师编制充足、结构合理的基础上，根据农村学校现有教师数量、结构与素质等特征，对农村教师进行科学的要素配置，以保障有质量的农村教育服务成为现实。著作认为，应同时关注农村教师要素配置的过程和逻辑，依据农村地区各学校对教师的数量和结构需求，对农村教师增量进行科学分配，对农村教师存量进行有序调整，以满足每所农村学校日常工作开展、育人功能发挥、教育服务质量均等的底线标准，为农村学生提供有质量、普惠性和更公平的教育公共服务，最终推进城乡义务教育均衡发展的实现。当然，农村教师的要素配置，要坚持增量分配依需求、存量调整重效果、追求公平尊差异的基本原则，形成可操作的、动态调整的农村教师要素配置模式，努力建设一支“下得去、留得住、教得好”的农村教师队伍。

需要强调的是，实现农村教师编制结构调整和要素配置合理化，激发农村教育活力是一项系统和长期的工程，绝非一朝一夕可以实现。幸运的是，近年来，随着国家及地方各级政府层面对农村教育持续重视和倾斜性资源投入，农村教师供给数量和质量有了较大提升。在当前乡村全面振兴的战略背景下，农村教育正迎来前所未有的发展机遇期。我们相信，不久的将来，我国农村教育的全面振兴将逐步实现，城乡教育均衡化的奇迹画卷将在祖国大地徐徐展开。作为教育人，固然要心向未来、憧憬美卷，但更要不忘初心、牢记使命。许以千千万万教育人的负重前行，终将得报农村教育发展的岁月静好！

朱旭东
2022 年 1 月 15 日

目 录

导　论

2018年10月，习近平总书记在全国教育大会上提出，教育是国之大计、党之大计。教育强国是人才强国、科技强国的保障。教育公平是社会公平的基石。2017年12月，习近平在中央农村工作会议上指出，我国发展最大的不平衡是城乡发展不平衡，最大的不充分是农村发展不充分。随着我国社会主要矛盾的转化，当前我国教育的主要矛盾已经转化为人民日益增长的优质教育需要和教育不平衡不充分的发展之间的矛盾。在城乡发展不平衡的宏观背景下，我国教育发展最大的不平衡是城乡教育发展不平衡，最大的不充分是农村教育发展不充分。在公平与质量成为教育改革发展主题的背景下，"全面提升农村教育质量背景下的农村教师结构调整及编制需求研究"被列为2015年度国家社会科学基金教育学重点课题。作为该课题的最终研究成果，本研究具有重要理论价值、政策价值与实践价值。

第一节　研究背景

我国义务教育进入质量全面提升时期，高度重视农村义务教育质量是教育发展的重要战略任务。教师对于提高教育质量具有至关重要的作用，农村教师队伍建设成为全面提高农村教育质量的最重要抓手。

一　我国义务教育进入质量全面提升时期

党和国家向来重视农村教育的发展，在义务教育普及任务完成后，及时把公平与质量确定为教育发展的主题。2010年底，义务教育方面全国2856个县（市、区）全部实现"两基"（基本普及九年义务教育和基本扫除青壮年文盲），全国"两基"人口覆盖率达到100%。小学学龄儿童净入学率达到99.70%，初中阶段毛入学率达到100.1%。[①] 我国义务教育普及任务已经全面完成，在学龄人口有受教育机会这个层面，我国义务教育发展已经取得了举世瞩目的成就。同时，随着义务教育普及任务的完成，义务教育质量提升问题凸显出来，提高义务教育质量成为当前和未来较长一段时期内义务教育发展的主要任务。[②]

党的十九大报告提出，推动城乡义务教育一体化发展，高度重视农村义务教育，办好学前教育、特殊教育和网络教育，普及高中阶段教育，努力让每个孩子都能享有公平而有质量的教育。[③] 我国义务教育开始进入质量全面提升时期。进入这一时期，义务教育发展过程中所需完成的任务更加细致，对义务教育管理主体和承担主体的要求更高，也更加具有挑战性。

二　质量全面提升时期农村教师队伍建设成为重中之重

一个教育系统的质量不会超过其教师的质量。[④] 要提高教育质量必须加强教师队伍建设。当公平与质量成为教育发展主题后，教师队伍建设就显得尤为迫切而重要。2018年1月20日，《中共中央 国务院关于全面深化新时代教师队伍建设改革的意见》颁布。2018年10月，习近平总书记在全国教育大会上提出"九个坚持"[⑤]，其中强调，坚持把教师队伍建设作为基础工作。这些党和国家的文件与习近平总书记关于教育与教师的重要论述显示出党和国家对教师队伍建设的空前重视。

继《中共中央 国务院关于全面深化新时代教师队伍建设改革的意见》颁布之后，2020年，教育部、中央组织部等六部门联合发布《教育部等六部门关于加强新时代乡村教师队伍建设的意见》，农村教师队伍建设问题

---

① 教育部：《2010年全国教育事业发展统计公报》，2012年3月21日。

② 中国基础教育质量监测协同创新中心"教育供给侧研究"课题组：《义务教育阶段教育供给的主要矛盾和问题》，《教育经济评论》2017年第4期，第21~35页。

③ 习近平：《决胜全面建成小康社会 夺取新时代中国特色社会主义伟大胜利——在中国共产党第十九次全国代表大会上的报告》，2017年10月18日。

④ Barber, M. & Mourshed, M., *How the World's Best-performing School Systems Come Out on Top* (New York: McKinsey & Company, 2007), p. 16.

⑤ "九个坚持"：坚持党对教育事业的全面领导，坚持把立德树人作为根本任务，坚持优先发展教育事业，坚持社会主义办学方向，坚持扎根中国大地办教育，坚持以人民为中心发展教育，坚持深化教育改革创新，坚持把服务中华民族伟大复兴作为教育的重要使命，坚持把教师队伍建设作为基础工作。

以多部委政策的方式提出来，这是近年来党和国家教师队伍建设政策在乡村教师队伍建设层面的深入落实。在推进教育高质量发展的宏观政策语境下，提高农村教育质量成为农村教育的主导性任务，成为农村教育发展的时代主题。在高度重视教师队伍建设，尤其是高度重视农村教师队伍建设的政策语境下，农村教师队伍建设成为重要教育研究课题。

三　教师队伍建设的重点是编制合理化与结构优化

随着新型城镇化推进、三孩政策实施，为满足新课程改革深入推进的要求，持续推进教育扶贫、教育助力乡村振兴等农村教育的时代任务，考虑到农村小规模学校数量多占比高、乡镇寄宿制学校普遍存在的现实，近年来教师编制政策多次提出，推进中小学教职工编制标准城乡统一，科学合理核定教职工编制，根据农村教育实际情况向农村学校倾斜。2020 年，教育部、中央组织部等六部门联合发布的《教育部等六部门关于加强新时代乡村教师队伍建设的意见》（以下简称《意见》）提出，落实城乡统一的中小学教职工编制标准，科学合理核定教职工编制，向乡村小规模学校适当倾斜，这是近年来教师编制政策与《意见》的一项重要内容，是教师编制政策的核心议题。

良好的教师结构是教师更好发挥教育功能的前提，教师的年龄结构、性别结构、学历结构、学科结构、职称结构是教育领域学者和实践者在研究与分析教师队伍建设时经常讨论的问题。一些政策持续关注教师结构议题，如《教育部等六部门关于加强新时代乡村教师队伍建设的意见》等政策文件，考虑农村教师队伍老化的问题，关注关心青年教师工作生活；考虑音体美、英语、综合实践等学科（领域）教师短缺问题，关注学科结构；考虑农村学校教师职称晋升困难问题，提出职称评聘向乡村倾斜；等等。教师结构优化是教师政策与乡村教师政策中的一个重要政策议题。深化编制合理化与结构优化研究，可以生产教师编制结构理论，进一步改进城乡教师编制标准政策，优化教师结构，推进农村教育实践，提高农村教育质量。

第二节　文献综述

2010 年底，我国 2856 个县（市、区）全部实现“两基”，全国“两基”

人口覆盖率达到100%，义务教育普及的任务最终完成，全面提升农村教育质量成为农村教育发展的主导性任务。教师是教育质量的核心影响因素，《全民教育全球监测报告2005——全民教育：提高质量势在必行》反复强调，教师对学习效果的影响最大。[①] 农村师资问题的重要性在全面提升农村教育质量背景下进一步凸显，农村教师的数量、结构、质量问题受到空前关注，农村教师结构调整及编制需求成为农村教育研究与发展中的重要课题。

作为“全面提升农村教育质量背景下的农村教师结构调整及编制需求研究”这一课题的最终研究成果，本研究的文献研究部分需要分析适应全面提升农村教育质量这一教育发展背景的农村教师结构调整及编制需求，关于这个问题的研究成果可以分三个方面进行梳理。

一 “全面提升农村教育质量”相关研究成果

这部分主要聚焦于两个问题，即农村教育已经进入全面提升教育质量时代，“全面提升农村教育质量”中的教育质量关注要素。聚焦农村教育已经进入全面提升教育质量时代这一命题是为了强化全面提升教育质量作为农村教师结构调整及编制需求的背景在社会各界的认同。“全面提升农村教育质量”中的教育质量关注要素主要考察全面提升教育质量时代提升教育质量的不同切入点。

（一）农村教育已经进入全面提升教育质量时代

20世纪90年代，特别是进入21世纪，国际社会开始空前关注教育质量。1990年，《世界全民教育宣言》（World Declaration on Education for All）提出必须提高教育质量。[②] 2000年，《达喀尔行动纲领》（The Dakar Framework for Action）提出全方位提高教育质量（improving all aspects of the quality of education）。[③] 对于国际社会，特别是发展中国家而言，《达喀

---

① UNESCO. “EFA Global Monitoring Report 2005—Education for All: The Quality Imperative.” Paris, UNESCO. 2004. p. 51.

② UNESCO. “World Declaration on Education for All: Meeting Basic Learning Needs.” World Conference on Education for All. Jomtien, Thailand. 1990-03.

③ UNESCO. “The Dakar Framework for Action—Education for All: Meeting our Collective Commitments.” The World Education Forum. Dakar, Senegal. 2000-04.

尔行动纲领》可以被视作国际社会把教育质量问题提上日程的标志性事件。继《达喀尔行动纲领》之后，关注教育质量与公平的文献密度进一步增加。

2003 年，第 32 届 UNESCO 大会教育部长圆桌会议的主题就是“有质量的教育”（Quality Education）；2005 年，UNESCO 全民教育全球监测报告关注的也是教育质量，报告主题为“全民教育：提高质量势在必行”（Education for All：The Quality Imperative）[①]。《世界发展报告 2006：公平与发展》（World Development Report 2006：Equity and Development）指出，在教育机会方面，“不平等程度在世界各地一直在下降，在多数国家内部和大多数国家之间，不平等程度都在下降，这也是一个良好的变化趋势，但学校教育质量依然令人担忧，因此现在还没有理由自满自足”。[②]

进入 21 世纪，全面提升农村教育质量成为国际社会，特别是发展中国家教育发展面临的主导性任务。我国众多学者也强调农村教育质量的重要性，并提出提高教育质量的思路。[③] 随着对有质量的教育公平的关注，中国作为发展势头强劲的发展中国家，必然努力推动农村教育发展进入全面提升教育质量时代。

（二）“全面提升农村教育质量”需要广泛关注教师要素

对于提升教育质量必须关注哪些因素，必须从哪些切入点入手，国内外并没有达成一致的意见，但是教师成为普遍关注的要素。2000 年，达喀尔论坛参与国确认了对教育质量来说必不可少的几项要素：（1）健康、营

---

① UNESCO. “EFA Global Monitoring Report 2005—Education for All：The Quality Imperative.” Paris，UNESCO. 2004.

② Francisco H. G. Ferreira，Michael Walton，Tamar Manuelyan Atinc，Abhijit Banerjee，Peter Lanjouw，Marta Menendez，Berk Ozler，Giovanna Prennushi，Vijayendra Rao，James Robinson，& Michael Woolcock. “World Development Report 2006：Equity and Development.” The International Bank for Reconstruction and Development/The World Bank. 2006-08-11.

③ 张乐天：《促进教育公平关键在提高农村义务教育质量——对实施新修订的〈义务教育法〉的几点思考》，《江西教育科研》2007 年第 1 期，第 82~84 页；柳海民、娜仁高娃、王澍：《布局调整：全面提高农村基础教育质量的有效路径》，《东北师大学报》（哲学社会科学版）2008 年第 1 期，第 5~12 页；邬志辉：《农村义务教育质量至关重要》，《教育研究》2008 年第 3 期，第 31~33 页；盛连喜：《提高农村教育质量的几点思考》，《教育研究》2008 年第 3 期，第 29~31 页；刘利民：《城镇化背景下的农村义务教育》，《求是》2012 年第 23 期，第 55~57 页。

养好和学习积极性高的学生；（2）训练有素的教师和生动活泼的学习方法；(3) 必要的设施和学习资料；(4) 能用当地语言进行教学并且结合教师和学生的知识与经验的一套课程；(5) 不仅有助于学习，而且是令人心情愉快、注重男女平等、健康和安全的环境；（6）对学习成绩，包括知识、技能、态度和价值观，有明确的定义和准确的评估；(7) 参与式的管理与经营；(8) 尊重和接触当地社区和文化。[①] 训练有素的教师被包括其中，而且其他要素也内在地涉及教师。

时隔五年，《全民教育全球监测报告 2005——全民教育：提高质量势在必行》提供了一个提高教学质量的政策框架。它考虑了影响质量的五大因素：学习者的特点、大环境、投入、教学过程与效果。[②] 在这一提高教学质量的政策框架中，除了学习者的特点与效果两大因素是从学生维度谈教育质量外，其他三大因素都把教师作为重要关注内容。在大环境中，关注教师的知识水平。在投入中，关注最为重要的教职工（应用最广的指标包括师生比、教员薪资）。在教学过程中，关注教师的教学方法。

农村教师成为全面提升农村教育质量的最重要切入点。教师是第一教育资源，是最重要的教育资源，[③] 高质量教师是学校成功的关键，提高教师质量成为当务之急。[④] 正如相关学者指出的那样，当前我国农村教师在数量、结构与质量方面都不容乐观，农村中小学教师队伍无论是从数量、

① UNESCO. "The Dakar Framework for Action—Education for All: Meeting Our Collective Commitments." The World Education Forum. Dakar, Senegal. 2000-04.

② UNESCO. "EFA Global Monitoring Report 2005—Education for All: The Quality Imperative." Paris, UNESCO. 2004. pp. 35-37.

③ Southeast Center for Teaching Quality, Chapel Hill, NC. "Recruiting Teachers for Hard-to-Staff Schools: Solutions for the Southeast & the Nation. A Policy Brief." Chapel Hill, NC: The University of North Carolina. 2002-01. Charles T. Clotfelter, Helen F. Ladd, Jacob L. Vigdor, & Justin Wheeler. "High Poverty Schools and the Distribution of Teachers and Principals." Terry Sanford Institute of Public Policy. 2006-12-07. Dawn C. Wallin. "Policy Window or Hazy Dream? Policy and Practice Innovations for Creating Effective Learning Environments in Rural Schools." *Canadian Journal of Educational Administration and Policy*, 2007 (63): 1-22. Zeyu Xu, Umut Ozek, & Matthew Corritore. "Portability of Teacher Effectiveness Across School Settings." National Center for Analysis of Longitudinal Data in Education Research, Working Paper 77, 2012-07.

④ 袁桂林：《农村教师队伍建设需要补偿政策》，《中国教育报》2012 年 10 月 26 日，第 6 版；肖第郁、王佑萌：《优化教师队伍是提高农村教育质量的当务之急——关于当前农村教师队伍状况的调查与思考》，《当代教育科学》2004 年第 8 期，第 43~45 页。

质量还是结构上都不能满足农村教育发展的需要。[①] 基于对农村教师对于全面提升农村教育质量重要性的认识和对农村教师数量、结构与质量方面的巨大改进空间的认识，无论是在农村教育研究上还是在实践上，农村教师成为全面提升农村教育质量的最重要切入点。

二 “农村教师结构”相关研究成果

这里主要聚焦农村教师结构现状与问题以及如何通过结构调整解决结构问题两个方面的研究成果进行考察。学者们从多个维度研究农村教师结构。这些维度包括性别、年龄、学历、学科、职称、质量。从不同维度进行研究可以观察到农村教师结构的不同问题，也可以解读出这些问题的不同意义与影响。

（一）农村教师性别结构现状与失衡问题及对策研究

全国数据显示，我国教师队伍总体性别结构持续发生变化，新中国成立之初，女教师仅占 14%，20 世纪 90 年代超过 30%，1995 年以后，女教师在总量上逐步超过男教师，并呈逐年增长的态势。[②] 有学者在调查研究基础上发现，城镇化水平越高的地区，教师职业对男性的吸引力越弱，教育层级越高的学校对男性吸引力越强。[③] 特岗教师群体的性别失衡问题也引起了学者们的关注，有研究指出，在特岗教师群体中，女教师人数明显多于男教师。[④] 县一级的中小学女教师数量总体高于男教师。在乡镇，特别是村一级学校中男教师仍占大多数，但这些男教师普遍年纪偏大。农村女教师的构成比例随学校层次的升高而递减。[⑤]

---

① 邬志辉：《城乡教育一体化：问题形态与制度突破》，《教育研究》2012 年第 8 期，第 19~24 页；范先佐：《农村教师队伍建设需要立体创新》，《中国教育报》2012 年 9 月 27 日，第 5 版。

② 郑新蓉、武晓伟：《农村教师性别结构现状与影响因素分析》，《中国妇女报》2014 年 9 月 9 日，第 B01 版。

③ 邬志辉、钱俊华、欧阳海燕：《学校场域中教师自主发展的机制变迁与文化生成——以鞍山市钢都小学为例》，《东北师大学报》（哲学社会科学版）2012 年第 3 期，第 147~152 页。

④ 于海波、于冰：《打通合格教师进入乡村通道》，《光明日报》2014 年 8 月 5 日，第 11 版。

⑤ 武晓伟、郑新蓉：《我国农村中小学教师性别结构的女性化——基于河北、云南、贵州三省的调查分析》，《教师教育研究》2015 年第 3 期，第 86~92 页。

《女教师对女童教育的影响》（The Impact of Women Teachers on Girls' Education：Advocacy Brief）指出，对于教育部门、非政府组织以及其他支持教育发展的代理机构来说，招聘女教师是一个越来越重要的问题。在一些保守的地区，父母不同意男教师教他们的女儿。在阿富汗、巴基斯坦和孟加拉国部分地区常常有这样的情况：学校中女教师的存在会对女生留在学校中学习和她们的学业成绩产生积极的影响；在学校政策层面上，女教师可以为女孩争取利益，代表她们的观点和需求，并推动更加女童友好型（more girl-friendly）学习；女性教师为女学生提供了新的和不同的角色模范。①

对于如何解决性别失衡问题，国内有学者提出积极实施"教师安居工程"和"教师周转房"制度，改善教师的住房条件，特别是中青年农村女教师的住房条件等措施。② 为了提高男教师在特岗教师队伍中的比例，有学者提出可以采取加强政策宣传、制定优惠政策等办法吸引更多的男性毕业生报考"特岗计划"。③《女教师对女童教育的影响》提出使用特定女性配额指标等策略招聘女教师。④

（二）农村教师老龄化年轻化问题与解决思路研究

在年龄结构方面，主要有两种不同的看法：一种认为农村教师队伍老龄化与年轻化并存，另一种侧重于指出农村教师队伍的老龄化现象。有学者基于调查数据指出，农村教师队伍老龄化与年轻化并存，中青年教师比例偏低，"中年塌陷"现象明显。⑤ 一些研究者指出，农村中小学教师队伍严重老龄化仍是一种普遍现象，并且学段越低，学校越偏远，教师老龄化程度越严重。⑥

---

① UNESCO Bangkok. "The Impact of Women Teachers on Girls' Education：Advocacy Brief." 2006-03.

② 武晓伟、郑新蓉：《我国农村中小学教师性别结构的女性化——基于河北、云南、贵州三省的调查分析》，《教师教育研究》2015 年第 3 期，第 86~92 页。

③ 于海波、于冰：《打通合格教师进入乡村通道》，《光明日报》2014 年 8 月 5 日，第 11 版。

④ UNESCO Bangkok. "The Impact of Women Teachers on Girls' Education：Advocacy Brief." 2006-03.

⑤ 邬志辉：《城乡教育一体化：问题形态与制度突破》，《教育研究》2012 年第 8 期，第 19~24 页。

⑥ 石颂德、肖坤华：《教师年龄结构老化成为当前农村教育发展的障碍——对我省某县农村教师年龄结构的调查与思考》，《湖南教育》2004 年第 18 期，第 11 页；范先佐：《农村教师队伍建设需要立体创新》，《中国教育报》2012 年 9 月 27 日，第 5 版。

有研究指出，在许多发展中国家把未经训练的教师安排在那些基础（basic）学校被作为一种提高入学率的策略。在加纳未经训练的教师——大多数来自基础（小学和初中）水平学校，尤其是农村地区——有着不同的资格证书以及单位。[①] 但是，一些研究者指出，对未经训练的教师研究较少，对有着不同类型入职经验的教师效能知之甚少。[②]

有序规划退出接近退休年龄的教师。退休年龄教师的退出是县域学校接收新教师的前提。在许多县，由于以往教师数量并不是逐年匀速增加的，如果机械地按年龄退出，这些县会面临有的年份退出教师非常多，有的年份又特别少的情况。县域教育管理部门可以根据教师专业素质、身体状况认真规划，适当延迟和提前退出接近退休年龄教师，使接近退休年龄教师均匀有序退出，年轻教师均匀有序进入，从而促进县域教师年龄结构的合理化。[③]

（三）农村教师第一学历偏低与提升策略研究

在学历结构方面，可以从第一学历与最高学历考察教师学历结构。有研究指出，大量民转公教师、代课教师没有接受过系统的师范专业教育，第一学历大多不合格，知识基础比较薄弱，教学能力和水平偏低，而这类教师在不少乡镇学校和边远地区学校特别是小学仍占很高比例，有的地方甚至占教师总数的一半以上。[④] 有研究指出，教师现在的学历水平呈现“两头小，中间大”态势。另外，与西部城市相比，东部城市的中小学中具有硕士学历的教师比例都已达到20%。[⑤] 当然，其他一些发展中国家面临

---

① Chisato Tanaka. “Profile and Status of Untrained Teachers: Experiences in Basic Schools in Rural Ghana.” *A Journal of Comparative and International Education*, 2012, 42 (3): 415-438.

② Chisato Tanaka. “Profile and Status of Untrained Teachers: Experiences in Basic Schools in Rural Ghana.” *A Journal of Comparative and International Education*, 2012, 42 (3): 415-438; Gary T. Henry, Kelly M. Purtell, Kevin C. Bastian, C. Kevin Fortner, Charles L. Thompson, Shanyce L. Campbell, & Kristina M. Patterson. “The Effects of Teacher Entry Portals on Student Achievement.” *Journal of Teacher Education*, 2014, 65 (1): 7-23.

③ 赵忠平、秦玉友：《学校布局调整背景下农村富余教师安置政策研究》，《四川师范大学学报》（社会科学版）2013年第5期，第76~80页。

④ 田慧生：《关于农村教师队伍建设问题的思考》，《教育研究》2003年第8期，第5~8页。

⑤ 孙百才、王嘉毅：《拿什么提高西北贫困地区农村教师的素质》，《中国教育报》2007年4月2日，第3版。

的学历问题也非常严重，因此，《全民教育全球监测报告 2005——全民教育：提高质量势在必行》指出了一种需要警惕的趋势，即未经必要资格认证招募教师的现象会越来越普遍，为的是应付学校招生规模扩大所造成的压力。①

许多学者提出提高教师学历的策略。有实证研究指出，提高教师学历水平对提高西部农村初中数学和语文教育质量有积极影响，并提出提高这部分教师的学历水平应是下一阶段西部农村初中教师学历教育工作的重点。中央政府和地方政府可以考虑重点支持西部农村贫困地区针对大学学历以下初中教师的学历教育工作，这可以有效提高西部农村贫困地区初中数学和语文教育质量。② 一些研究反思了教师学历达标中存在的问题。有研究指出，针对教师学历达标的各类培训在质量保障上尚有缺陷，通过这些方式提高农村教师学历往往出现"有学历无水平"的情况，造成实际农村教育中合格教师欠缺。③

（四）农村艺体与新学科教师缺乏问题与对策研究

在学科结构方面，数学教师、语文教师相对较多，英语、音乐、体育、美术、信息技术教师相对缺乏，教师多学科教学是农村学校特别是农村小学的一个普遍现象。学科教师缺乏造成难以开齐开足课程。有研究指出，2004 年在调查的九江市 22 个乡的 22 所中心小学和 138 个村小及教学点中，仅有 20 所中心小学开设了英语和艺术类课程，18 所开设了计算机课程；仅有 4 个村小及教学点开设了英语、音乐、体育课，而没有一个能够把美术、计算机的课程开起来。④ 之后这一问题得到缓解，有研究指出，越来越多的学校开齐开足了国家规定的课程，如农村小学英语课的开设率从 2001 年的 20%提高到 2010 年的 90%以上。⑤ 东北师范大学农村教育研

---

① UNESCO. "EFA Global Monitoring Report 2005—Education for All: The Quality Imperative." Paris, UNESCO. 2004. p. 109.

② 薛海平：《西部农村初中教师素质与教育质量关系的实证研究》，《教师教育研究》2008 年第 4 期，第 55~60 页。

③ 于伟、张力跃、李伯玲：《我国欠发达地区农村教师队伍建设中的结构性困境与破解》，《教育研究》2007 年第 3 期，第 30~36 页；肖正德：《农村教师队伍结构的失衡问题与优化策略》，《课程·教材·教法》2012 年第 4 期，第 104~108 页。

④ 苏婷：《提高教师素质难在哪里？——关于江西九江农村小学教师队伍建设的思考（三）》，《中国教育报》2004 年 7 月 27 日。

⑤ 刘利民：《城镇化背景下的农村义务教育》，《求是》2012 年第 23 期，第 55~57 页。

究所的六县调查和其他一些调查发现，农村小学普遍的现象是语文、数学等教师相对富余，而艺体教师普遍比较缺乏，新开学科英语与信息技术教师非常紧缺。农村教师多学科教学现象比较普遍。①

许多国家面临缺乏某些学科教师的问题。《全民教育全球监测报告2013/14——教学与学习：实现高质量全民教育》（EFA Global Monitoring Report 2013/4—Teaching and Learning：Achieving Quality for All）指出，在中学里，通常尤其缺乏某些科目的教师，比如数学、科学、外语。例如，在印度尼西亚，初中印度尼西亚语教师和宗教教师过剩，但是计算机科学教师短缺。② 美国师资最短缺的科目或专业领域主要是：特殊教育，7~12年级（65%受访者提到）；数学，7~12 年级（61%受访者提到）；科学，7~12 年级（61%受访者提到）；特殊教育，K~6 年级（49%受访者提到）；外语，7~12 年级（48%受访者提到）。③

面对多学科教师教学实践与问题，许多学者提出增加编制。由于多学科教师绝大多数存在于村屯小学，近年来许多学者提出培养多学科或全科教师的解决思路。④ 美国有研究指出，在解决紧缺学科的教师问题方面，可以向某些师资紧缺学科的教师提供奖励和发放更高的工资。⑤

---

① 秦玉友：《农村义务教育质量研究——基于质量指标与底线标准》，吉林人民出版社，2011；肖正德：《农村教师队伍结构的失衡问题与优化策略》，《课程 · 教材 · 教法》2012年第 4 期，第 104~108 页；秦玉友、宋维玉：《县域义务教育质量研究报告》，载邬志辉、秦玉友主编《中国农村教育发展报告 2011》，北京师范大学出版社，2012，第 341~429页；孙颖：《城乡教师队伍建设一体化的路径探讨——兼论农村小学教师一专多能培训的可行性前提》，《教育理论与实践》2014 年第 14 期，第 24~26 页。

② UNESCO. “EFA Global Monitoring Report 2013/4—Teaching and Learning：Achieving Quality for All.” Paris，UNESCO. 2014. p. 28.

③ Terri Duggan Schwartzbeck，Cynthia D. Prince，Doris Redfield，Helen Morris，& Patricia Cahape Hammer. “How Are Rural School Districts Meeting the Teacher Quality Requirements of No Child Left Behind?” American Association of School Administrator & Appalachia Educational Laboratory. 2003-10-19.

④ 曲铁华、朱永坤：《论我国农村基础教育教师队伍建设策略》，《中小学教师培训》2007年第 6 期，第 55~58 页；孙颖：《城乡教师队伍建设一体化的路径探讨——兼论农村小学教师一专多能培训的可行性前提》，《教育理论与实践》2014 年第 14 期，第 24~26 页。

⑤ Terri Duggan Schwartzbeck，Cynthia D. Prince，Doris Redfield，Helen Morris，& Patricia Cahape Hammer. “How Are Rural School Districts Meeting the Teacher Quality Requirements of No Child Left Behind?” American Association of School Administrator & Appalachia Educational Laboratory. 2003-10-19.

（五）农村高职称教师比例偏低及解决思路研究

在职称结构方面，许多研究指出，城乡学校教师的职称结构差异较大，农村学校教师的职称结构很不合理，农村地区高职称教师比例偏低。[①]有学者基于调查研究指出，城市初中和小学教师获得“中教高级”和“小教高级”职称要比村屯教师分别早5.8年和5.5年。[②]有学者指出，在西南贫困地区农村中小学教师职称结构方面，高级职称人数很少或偏少，初级职称占绝大多数。[③]

许多研究提出提高农村高职称教师比例的对策，主要涉及两个方面：一是减少对农村教师高级职称评定方面的不利因素，取消不必要的考试与论文要求；二是高级职称指标重点向小规模学校倾斜，向边远地区农村小学和教学点专任教师倾斜，增加他们的职称晋升机会。[④]

（六）农村教师质量结构问题与提升策略研究

在知识结构方面，有研究指出，大多数农村教师的通识类知识明显不足，信息技术知识匮乏。近半数农村教师认为教育学和心理学方面的知识需要补充，仅有16.6%的农村教师认为自己的知识能胜任新课程的教学。农村师资队伍建设的主要矛盾是“优不优”的质量问题。[⑤]

在质量结构方面，某研究对五个层级小学数学教师知识的整体测试结

---

① 王嘉毅主编《多维视角中的农村教师》，北京师范大学出版社，2011；肖正德：《农村教师队伍结构的失衡问题与优化策略》，《课程·教材·教法》2012年第4期，第104~108页；王安全：《一个西部县农村教师结构五十年的变迁》，博士学位论文，陕西师范大学，2012。

② 刘善槐、邬志辉：《新城镇化背景下我国农村教师的核心问题与政策应对》，《东北师大学报》（哲学社会科学版）2014年第5期，第187~190页。

③ 朱德全：《西南贫困地区农村师资现存问题与高师教师教育发展对策》，《民办高等教育研究》2004年第1期，第8~10、16页。

④ 张劲松：《农村中小学教师压力困境及其疏导》，《现代中小学教育》2005年第7期，第61~63页；雷万鹏、张雪艳：《农村小规模学校师资配置政策研究》，《教育研究与实验》2012年第6期，第8~12页；刘善槐、邬志辉：《新城镇化背景下我国农村教师的核心问题与政策应对》，《东北师大学报》（哲学社会科学版）2014年第5期，第187~190页。

⑤ 肖正德：《农村教师队伍结构的失衡问题与优化策略》，《课程·教材·教法》2012年第4期，第104~108页；肖正德、邵晶晶：《国内农村教师质量研究：主要内容与未来方向》，《当代教育与文化》2014年第2期，第74~78页。

果显示，省会城市、地级城市、县级城市、乡镇、村屯教师知识测试成绩分别为78.95分、67.46分、60.84分、45.87分、38.54分，五个层级存在显著差距。① 一些研究指出美国农村学校存在高质量教师缺乏的情况，如有学者指出，在拥有经过高度培训的教师（highly trained teachers）方面农村学校处于较低水平。这大概是因为农村地区较弱的财政能力使农村学校的报酬趋于较低，从而使吸引和留住教师的努力变得复杂。② 美国大部分高质量的教师并未出现在最具挑战性的学校，整个美国只有约15%的专家型教师在极端贫困、成绩不良的学校任教，大部分专家型教师在有较少少数民族学生、较少低收入家庭的学生以及较少英语学习者的学校中任教。③

关于如何提高农村教师质量，除了一些城乡共同适用的政策制度外，许多研究提出了对策：（1）修改相关法律，确立教育公务员制度；（2）建立县（区）域内义务教育学校教师校长轮岗交流机制，促进教师资源合理配置；（3）建立健全培训保障机制，大力开展农村教师培训；（4）建立健全工资待遇保障机制，对长期在农村特别是边远地区工作的教师实施工资倾斜政策；（5）完善特设岗位计划，使之变成补充农村教师的长效机制；（6）表彰在农村地区长期从教、贡献突出的教师；（7）鼓励支持退休的特级教师、高级教师到农村学校支教讲学。④

三　"农村教师编制"相关研究成果

国家教师编制标准，主要涉及师生比、城乡教师编制分配、学段编制分配三个方面的内容。从农村教育教学实际来看，教学实际工作量大导致代课人员大量存在，寄宿制学校还需要生活教师、安全保卫人员等，这给

① 张源源、刘善槐、邬志辉：《义务教育质量评价的基本原理、路径与方法》，《东北师大学报》（哲学社会科学版）2013年第5期，第172~176页。

② David H. Monk. "Recruiting and Retaining High-Quality Teachers in Rural Areas." *The Future of Children*, 2007, 17 (1): 155-174.

③ Audrey Amrein-Beardsley. "Recruiting Expert Teachers into Hard-to-Staff Schools." *Phi Delta Kappan*, 2007, 89 (1): 40-44.

④ 庞丽娟、韩小雨：《我国农村义务教育教师队伍建设：问题及其破解》，《教育研究》2006年第9期，第47~53页；薛海平：《西部农村初中教师素质与教育质量关系的实证研究》，《教师教育研究》2008年第4期，第55~60页；袁桂林：《农村教师队伍建设需要补偿政策》，《中国教育报》2012年10月26日，第6版；于海波、于冰：《打通合格教师进入乡村通道》，《光明日报》2014年8月5日，第11版。

农村教育带来了增编压力。

（一）农村教师超编缺人问题与增编策略研究

师生比作为教师编制标准的一个重要指标，主要用来衡量一个区域或学校教师数量的超编缺编程度。关于农村教师超编缺编问题有两种不同观点。一种观点认为，农村教师的编制状况是总体饱和但结构性缺编。① 另一种观点侧重从教学实际需求出发，指出农村教师编制严重不足。② 有研究指出，根据2001年中央编办、教育部、财政部联合发布的《关于制定中小学教职工编制标准的意见》规定的中小学教职工编制标准，2004年，农村小学在编教职工超编700692人，其中小学专任教师超编429787人，而在编教师之外却有小学代课教师378614人。③ 在我国，由于农村教师缺乏、编制紧张，许多农村学校存在一定数量的代课人员。按此师生比标准进行师资分配，使得农村小规模学校的师资计算起来超编，但仍难以完成既定教学任务。在“超编缺人”背景下，教学点、村小，甚至个别乡镇所在地的小学也不得不雇用一定数量的代课人员。④

教师短缺是当今世界教育面临的一大难题，美国农村也面临教师缺乏问题。⑤ 有研究指出，那些最需要大幅扩展小学教育覆盖面的国家，教师数量却依然成问题。进一步放松教师的从业要求或加重教师工作负担的话，教

---

① 佛朝晖：《县域义务教育师资均衡配置政策执行现状、问题及建议——基于县市教育局长的调查分析》，《教育发展研究》2011年第11期，第13~18页；肖正德：《农村教师队伍结构的失衡问题与优化策略》，《课程·教材·教法》2012年第4期，第104~108页；汪明：《教师编制城乡统一要落地“有声”》，《中国教育报》2014年12月2日，第2版。

② 柳丽娜、朱家存：《中小学教师编制城乡统筹研究》，《教育与经济》2009年第4期，第39~42页；袁桂林：《农村教师队伍建设需要补偿政策》，《中国教育报》2012年10月26日，第6版；刘善槐、邬志辉：《新城镇化背景下我国农村教师的核心问题与政策应对》，《东北师大学报》（哲学社会科学版）2014年第5期，第187~190页。

③ 于伟、李广平、秦玉友、李柏玲：《我国农村义务教育教师队伍的结构问题与对策》，《中国教师》2007年第7期，第12~13、16页。

④ 韩小雨、庞丽娟、谢云丽：《中小学教师编制标准和编制管理制度研究——基于全国及部分省区现行相关政策的分析》，《教育发展研究》2010年第8期，第15~19页；赵忠平、秦玉友：《从“小而不精”到“小而精”——我国小规模班级教学的现实差距及改进策略》，《教育理论与实践》2013年第31期，第53~56页。

⑤ 陈明印：《美国2001年初等及中等教育修正法案之分析》，《教育研究资讯》2002年第2期，第205~228页；秦玉友：《美国、印度、日本农村教育发展中的主要问题及启示》，《外国教育研究》2007年第12期，第6~10页。

育质量就岌岌可危了。[①] 有研究分析了美国亚利桑那州的教师供需情况，指出该州尽管目前没有达到严重缺教师的程度，但是供需存在一定失衡。[②]

"超编缺人"的实质是教师编制标准不能符合农村教育教学实际对教师编制的需求。许多学者对解决"超编缺人"问题提出建议。一些研究提出，实行城乡统一的中小学编制标准，对农村边远地区实行倾斜政策，切实保障农村小规模学校能配足教师。[③] 要以农村学校为单位审核教师编制，以实际教育教学需求为标准核定教师数量。[④] 有研究提出，"特岗计划"通过公开招募高校毕业生到西部"两基"攻坚县县城以下农村义务教育阶段学校任教，引导和鼓励高校毕业生从事农村教育工作，逐步解决农村师资总量不足和结构不合理等问题。[⑤] 许多学者提出，应提高农村教师编制标准。[⑥]

当前从根本上解决代课人员问题的思路是，基于教师教学工作量进行教师编制核算，确定教师数量，通过正常招聘程序把长期从事教学工作的优秀代课人员转为正式教师，分流和退出其他代课人员，并且通过正常招聘的方式补足教师的缺额。[⑦] 近年来，农村教师编制得到改进，有督导报告指出，各地采取统一城乡编制标准、动态调整编制、按师生比与师班比合理核编、将编制和岗位向农村学校和紧缺学科倾斜等多种方式，不断加大教师补充力度，推进教师资源均衡配置。目前，已经有 10 个省（区、

---

① UNESCO. "EFA Global Monitoring Report 2013/4—Teaching and Learning: Achieving Quality for All." Paris, UNESCO. 2014. pp. 5-6.

② Rebecca Gau, Louann Bierlein Palmer, Rob Melnick, & Rick Heffernon. "Is There a Teacher Shortage? Demand and Supply in Arizona." Arizona State University, Morrison Institute for Public Policy. 2003-01.

③ 邬志辉、钱俊华、欧阳海燕：《学校场域中教师自主发展的机制变迁与文化生成——以鞍山市钢都小学为例》，《东北师大学报》（哲学社会科学版）2012 年第 3 期，第 147~152 页；汪明：《教师编制城乡统一要落地"有声"》，《中国教育报》2014 年 12 月 2 日，第 2 版。

④ 袁桂林：《农村教师队伍建设需要补偿政策》，《中国教育报》2012 年 10 月 26 日，第 6 版。

⑤ 柳丽娜、朱家存：《中小学教师编制城乡统筹研究》，《教育与经济》2009 年第 4 期，第 39~42 页。

⑥ 韩小雨、庞丽娟、谢云丽：《中小学教师编制标准和编制管理制度研究——基于全国及部分省区现行相关政策的分析》，《教育发展研究》2010 年第 8 期，第 15~19 页；袁桂林：《农村教师生活补助是美好的政策开端》，《中国农村教育》2014 年第 4 期，第 10 页。

⑦ 肖正德：《农村教师队伍结构的失衡问题与优化策略》，《课程·教材·教法》2012 年第 4 期，第 104~108 页；赵忠平、秦玉友：《学校布局调整背景下农村富余教师安置政策研究》，《四川师范大学学报》（社会科学版）2013 年第 5 期，第 76~80 页。

市）统一了城乡教师编制标准。[①]

（二）城乡教师编制标准倒挂问题与破解思路研究

从城乡教师编制标准来看，长期以来向城性的教师编制标准政策导致农村教师编制紧张。有学者指出，在目前教师总量偏大的同时，教师编制使用又存在严重的区域性不平衡，如城市、城镇、平川地区教师超编，农村贫困地区、边远地区和山区教师严重短缺等。[②] 有研究指出，教师分布城市偏多且城乡倒挂。由于农村地区学校存在学生居住分散、交通不便、规模小、成班率低的特点，其教师配置数应该比城市更高而不是更低。[③]

农村地区的人口学特征决定农村需要更高的师生比。许多学者注意到这一现象，并提出相关的改进建议。主要学术观点是调整城乡师生比标准，以保证农村教育的基本需要，具体来说，就是要充分考虑农村中小学校区域广、生源分散、交通不便、规模小、成班率低等特点，注意政策向农村和边远地区倾斜，使其教师配置数比城市更高。

（三）新增编制需求问题与定向配置策略研究

近年来，寄宿制学校数量增长与寄宿学生低龄化，使得生活教师需求大幅增加。有学者基于调查指出，农村寄宿制学校生活教师不足乃至缺编是普遍存在的现实，有些地区尚未配备专职的生活教师。这严重影响了寄宿制学校管理以及学生课余生活管理的开展。[④]

许多学者提出增加农村教师编制的依据与影响因素，包括农村小规模学校、寄宿制学校生活教师与服务人员、安保人员、乡镇中心校管理人员、教师脱产进修学习轮岗交流、教师病产假、留守儿童关爱服务、特殊

---

① 国务院教育督导委员会办公室：《国家教育督导报告——2014 年全国义务教育均衡发展督导评估》，2015 年 4 月 2 日。

② 田慧生：《关于农村教师队伍建设问题的思考》，《教育研究》2003 年第 8 期，第 5~8 页。

③ 王国明：《我国农村教师编制问题的表现、成因与政策建议》，《教育文化论坛》2012 年第 4 期，第 39~41 页。

④ 中央教育科学研究所课题组、袁振国、吴霓、魏向赤、李晓强、张宁娟：《贫困地区农村寄宿制学校学生课余生活管理研究——基于广西壮族自治区都安县、河北省丰宁县的调研》，《教育研究》2008 年第 4 期，第 9~12 页；杨兆山、姚姿如：《农村寄宿制学校生活教师队伍建设研究》，《教育探索》2012 年第 6 期，第 112~114 页。

教育学校或附设特教班学校等。根据这些增编因素相应增加教师编制。①

第三节 研究方法

本研究旨在探究全面提升农村教育质量背景下农村教师编制结构调整面临的机遇与挑战，提出农村教师编制调整与结构优化的建设性建议。完成这些任务需要在前人研究的基础上，摸清农村教师编制与结构现状，建立分析模型，进行政策推演，这就需要系统运用文献研究、调查研究、模型建构、政策模拟等方法。

一 文献研究

本研究充分利用课题组、东北师范大学中国农村教育发展研究院及国内有影响的研究团队与个人的研究文献和研究资料，充分发掘《中国教育统计年鉴》中有关教师、学生以及学校的相关数据与信息，进行相关问题研究。自 1986 年以后，我国先后经历了三种取向的城乡义务教育教师编制标准，即师班比向城取向的教师编制标准、师生比向城取向的教师编制标准、师生比城乡统一取向的教师编制标准。运用《中国教育统计年鉴》中有关教师、班级、学生的数据分析了在三种教师编制标准下城乡教师编制呈现的不同样态，② 分析了农村教师队伍的年龄结构、性别结构、学科结

---

① 杨兆山、姚姿如：《农村寄宿制学校生活教师队伍建设研究》，《教育探索》2012 年第 6 期，第 112~114 页；李宜江：《农村教师编制动态管理有效路径探析》，《中国教育学刊》2013 年第 6 期，第 32~35 页；刘善槐、邬志辉、史宁中：《我国农村学校教师编制测算模型研究》，《教育研究》2014 年第 5 期，第 50~57、64 页。

② 本书出现的“师班比”的操作性定义是专任教师数/班级数。其中，小学专任教师数 2010 年及以前来源于《中国教育统计年鉴》年度数据“小学教职工数”中的“专任教师数”，2011 年及以后来源于“小学专任教师学历、专业技术职务情况”中的“合计”；小学班级数来源于《中国教育统计年鉴》年度数据“小学校数、教学点数及班数”中的班数。初中专任教师数来源于“初中分课程专任教师学历情况”中的“合计”，初中班级数来源于“初中阶段校数、班数”中的班数。本书出现的“师生比”的操作性定义是专任教师数/学生数。其中，小学专任教师数 2010 年及以前来源于《中国教育统计年鉴》年度数据“小学教职工数”中的“专任教师数”，2011 年及以后来源于“小学专任教师学历、专业技术职务情况”中的“合计”；小学学生数来源于《中国教育统计年鉴》年度数据“小学学生数”中的“在校生数”。初中专任教师数来源于“初中分课程专任教师学历情况”中的“合计”，初中学生数来源于“初中学生数”中的“在校生数”。

构、学历结构、职称结构的状况。

二 调查研究

2018年，东北师范大学中国农村教育发展研究院对全国12个省份进行了调研，其中，本课题组着重对北京、湖北、河南、甘肃和宁夏5个省（区、市）的农村教师队伍结构进行考察，并对所选取县内的所有学校进行调查。在调查内容上，首先组织课题组成员根据理论研究与已往研究成果，确定我们要调查的具体内容；然后将具体内容生成指标，利用指标开发农村教师结构与教师编制现状与问题的调查工具，经过试测后修订、完善并最终确定调查工具；最后我们利用调查工具进行调查。这可以保证调查内容的全面性与深入性，保证调查工具的科学性。在调查工具上，采取县域内大面积调查、问卷调查与访谈相结合、定量研究与定性描述相结合的方式。在各种调查研究方法中，本研究将重视数据的真实性和代表性，努力使研究成果对政府决策部门有参考价值。数据来源的丰富性可以保证调查数据的丰富性，同时以不同形式的数据三角互证，可以保证调查数据的真实性。运用调查数据，分析农村教师结构的一些维度上存在的现实问题。

三 模型建构

课题组全景式了解国际社会生师比①状况和中国生师比变化的历史对当前我们确定合理的教师需求模型，科学预测城乡义务教育师资需求具有重要意义。为实现区域间、区域内校际师资均衡，我们提出基于教学工作时间均等原则进行校际义务教育师资配置。义务教育师资需求需要根据教学工作时间来测算。教师教学工作时间分为班级面向教学工作时间（备课、课堂教学等以班级为单位产生的时间）与学生面向教学工作时间（作业批改、个别辅导等以学生为单位产生的时间）。为此课题组确立了小学和初中教师数量（或生师比）的核算公式。

小学教师数量（或生师比）的核算方法如下。

若小学的理想班级规模为35人，班级面向教学工作时间与学生面向教

① 在本书“导论”第三节的“三 模型建构”和“四 政策模拟”以及第一章第四节，为了方便计算，用生师比。本书其他部分均用师生比。

学工作时间之比为 2∶1，小学的生师比为 16。由于教师的班级面向教学工作时间由班级数量决定，而学生面向教学工作时间由学生数量决定，可以得出在小学阶段每个班级的班级面向教学工作时间与学生面向教学工作时间的比值为 70∶1。在教师充足条件下，如果学生的总数为 N_1，班级平均规模为 n_1，那么为了保证在班级平均规模不同条件下教师的平均工作量相等，教师数量 x 应有以下等式：

$$\frac{\frac{N_1}{n_1}+\frac{N_1}{70}}{x}=\frac{\frac{N_1}{35}\left(1+\frac{1}{2}\right)}{\frac{N_1}{16}} \tag{0-1}$$

由上式可得：$x=\frac{(n_1+70)\ N_1}{48n_1}$

此时的生师比为$\frac{48n_1}{n_1+70}$。

初中教师数量（或生师比）的核算方法如下。

若初中的理想班级规模为 45 人，班级面向教学工作时间与学生面向教学工作时间之比为 2∶1，初中的生师比为 12。由于教师的班级面向教学工作时间由班级数量决定，而学生面向教学工作时间由学生数量决定，可以得出在初中阶段每个班级的班级面向教学工作时间与学生面向教学工作时间的比值为 90∶1。在教师充足条件下，如果学生的总数为 N_2，班级平均规模为 n_2，那么为了保证在班级平均规模不同条件下教师的平均工作量相等，教师数量 y 应有以下等式：

$$\frac{\frac{N_2}{n_2}+\frac{N_2}{90}}{y}=\frac{\frac{N_2}{45}\left(1+\frac{1}{2}\right)}{\frac{N_2}{12}} \tag{0-2}$$

由上式可得：$y=\frac{(n_2+90)\ N_2}{36n_2}$

此时的生师比为$\frac{36n_2}{n_2+90}$。

四 政策模拟

为了控制政策风险，提升政策的实施效果，研究采用模拟现实的方法对政策的演进状况进行模拟仿真。通过对城市、县镇、农村在校生数和生师比需求的预测，我们可以对城乡义务教育师资需求进行预测。根据义务教育教师未来需求和目前义务教育教师年龄结构，可以测算未来师资盈缺状况，让我们提前得知义务教育师资补充数量，进而对义务教育教师队伍建设做出中长期规划和布局。

第四节 内容框架

作为课题“全面提升农村教育质量背景下的农村教师结构调整及编制需求研究”的最终成果，本书旨在研究适应全面提升农村教育质量的农村教师结构调整及编制需求。研究要首先解读“全面提升农村教育质量”这一背景，明确全面提升农村教育质量面临的机遇与挑战，明确目前和未来较长一段时间内中国作为发展中国家不能为农村教育发展提供奢侈条件，补齐短板、达到教育质量底线标准是当前和未来较长一段时间内农村教育发展的主要任务，是全面提升农村教育质量的可行性政策选择；之后，摸清农村教师结构与农村教师编制现状和问题以及农村教师编制问题对农村教师结构的影响，研究教育质量底线标准下农村教师结构与农村教师编制需求，探索农村教师结构优化与编制合理化策略。

沿着 a1→a2→a3 方向展开（见图 0-1），“质量普惠”（“全面提升农村教育质量”）对“功能可能”提出要求，“功能可能”对“数量充分”提出要求。沿着 b1→b2→b3 方向展开（见图 0-1），“质量普惠”作为背景，是一个起点；“要素配置”作为实践（实现目标的实践，即为全面提高农村教育质量，对编制合理、结构优化的教师科学地进行“要素配置”，为全体农村学生提供优质公平的教育服务）既是一个起点，也是希望的终点。“要素配置”对“编制调整”提出要求，“编制调整”为“结构优化”提供条件，“结构优化”为“要素配置”提供条件。a1→a2→a3 是一条目标逻辑路线，b1→b2→b3 是一条任务逻辑路线。

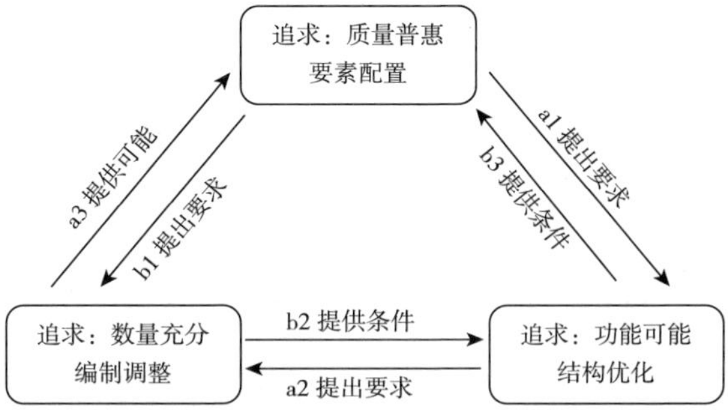

图 0-1 教育质量底线标准下教师编制合理化、结构优化与要素配置科学化逻辑路线

本书定位于政策研究，著作的行文线索更侧重沿着任务逻辑路线，也兼顾目标逻辑路线。从目标看，“质量普惠”作为背景，是一个起点。从任务看，“要素配置”既是一个起点，也是教师队伍建设希望的终点，达到这个目标，全面提高农村教育质量水到渠成。在这一研究框架下，本书建立起这样的逻辑，首先分析全面提升农村教育质量这一宏观背景。适应全面提升农村教育质量的需要，必须在编制标准上有充足的教师，保障学有所教；必须在结构上有结构合理的教师，保障可以更方便地发挥队伍的功能。在教师编制充足、结构合理的基础上，教师要素配置必须科学，保障有质量的教育服务成为现实。

因此，本书在分析全面提升农村教育质量这一宏观背景（导论）的基础上，主要从教师编制调整（第一章 编制调整）、教师结构优化（第二章 结构优化）与教师要素配置（第三章 要素配置）三个方面展开研究（见图 0-2）。第一章编制调整主要回应数量充分性目标，第二章结构优化主要回应功能可能性目标，第三章要素配置主要回应质量普惠性目标。虽然各章目标应有侧重，但是每个章节也会根据内容不同程度地回应其他目标。

1. 农村教师编制调整与数量充分性

农村教师编制政策主要围绕师生比（师班比）展开，从学段、城乡维度做出规定。某一（些）历史时期，我国曾使用师班比作为教师编制标准的操作性指标，做出量化规定。更多时候，我国使用师生比作为教师编制标准的操作性指标，做出量化规定。教师编制政策会分类型、分学段、分

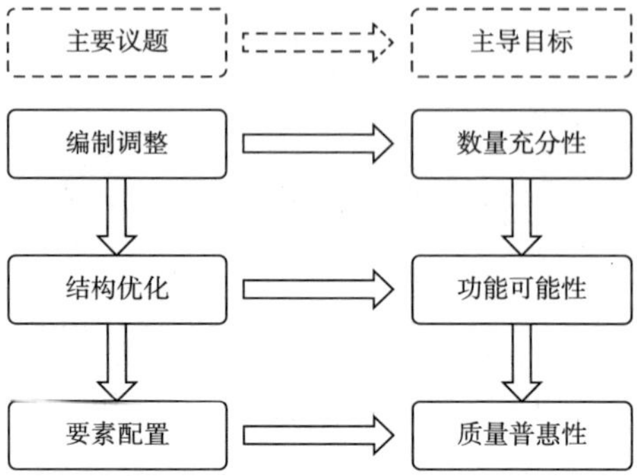

图 0-2　主要议题与相应目标逻辑关系

城乡规定教师编制标准。2014 年之前，分城乡规定基础教育教师编制标准，2014 年，统一城乡基础教育教师编制标准。

2. 农村教师结构优化与功能可能性

农村教师结构优化是从整体上考察农村教师结构，分析农村教师结构发挥其功能的可能性。年龄、性别、学科、学历、职称是考察教师结构的重要维度。从这些维度可以考察农村教师队伍的年龄结构、性别结构、学科结构、学历结构、职称结构的状况，分析在不同维度的教师结构方面表现出的特征与存在的问题，提出优化措施。

3. 农村教师要素配置与质量普惠性

农村教师要素配置是在区域层面把作为劳动力要素的教师分配到不同学校，在学校层面把教师分配到不同岗位，为最终实现公平而有质量的教育服务。农村教师要素配置改进要在反思传统简单套用编制标准进行区域校际教师分配的基础上，从区域校际分配公平、教授对口、教学时间适度、教学工作积极性措施得力方面进行，分析校际分配公平程度、科目教授对口率高低、教学时间长度分配、教学工作积极性措施得力与否，提出改进建议。

第一章　农村教师编制调整与数量充分性

本章导读

农村教师编制政策主要围绕师生比（师班比）展开，会分类型、分学段、分城乡规定教师编制标准。1986 年，《中华人民共和国义务教育法》颁布。1986 年以后，我国先后经历了三种取向的城乡义务教育教师编制标准，即师班比向城取向的教师编制标准、师生比向城取向的教师编制标准、师生比城乡统一取向的教师编制标准。在三种教师编制标准下，城乡教师编制呈现不同的样态。

我国教师编制长期存在单一按“师生比”指标确定教师编制标准，教师编制标准没有体现出城乡差异，教师编制调整滞后于经济社会与教育自身发展，教师编制标准没有充分考虑到编制稀释因素，以及“以县为主”管理体制制约省、市承担编制事权责任等问题。

为破解这些问题，需要我国核定城乡教师编制的原则与应然特征，对我国教师编制需求进行科学预测，预判我国义务教育教师盈缺，提出改善我国义务教育教师编制状况，改进我国义务教育教师编制标准的思路。

第一节　三种取向教师编制标准及编制状况

1986 年，《中华人民共和国义务教育法》颁布。此后在推进农村九年义务教育走向普及或全面普及的过程中，有三种取向的城乡义务教育教师编制政策曾经或正对城乡义务教育教师编制实践产生重要影响。这三种取向的城乡义务教育教师编制政策分别是 1984 年《关于中等师范学校和全日制中小学教职工编制标准的意见》、2001 年《关于制定中小学教职工编制标准的意见》、2014 年《中央编办 教育部 财政部关于统一城乡中小学教职工编制标准的通知》。分析三种取向的城乡义务教育教师编制标准及在每种教师编制政策下的农村教师编制状况，对于进一步完善当前农村义务教育教师编制政策具有重要价值。

一　师班比向城取向的教师编制标准及编制状况

进入20世纪80年代中后期，小学师资配置标准从政策文本上开始强调以班级为单位分配教师。1984年12月27日，教育部颁布《关于中等师范学校和全日制中小学教职工编制标准的意见》。这一政策文件在其附表《中等师范学校和全日制中小学教职工编制标准参考表》中列出具体的中小学教师编制标准：小学城镇[①]每班教师1.7人、职工0.5人，农村每班教师1.3人、职工0.1人；初中城镇每班教师2.5人、职工1.2人，农村每班教师2.5人、职工1.0人（见表1-1）。

表1-1　教职工编制标准参考

单位：人

学校类别	城镇				农村			
	每班平均学生数	每班平均教职工数			每班平均学生数	每班平均教职工数		
		计	教师	职工		计	教师	职工
小学	40~45	2.2	1.7	0.5	30~35	1.4	1.3	0.1
初中	45~50	3.7	2.5	1.2	40~45	3.5	2.5	1.0

注：（1）每班平均学生数很难统一，原则上中师、重点高（完）中以校，一般中小学以县平均按表列人数安排，但山区、牧区、湖区及海岛等人口稀少地区的单班校、复式班的学生数可按实际计算。（2）每班平均教职工数，在保证正常教学工作的前提下，教师和职工可以调剂使用，但不得突破学校编制的总数。（3）城乡初中和小学的编制标准有所区别，主要是考虑到农村地区学校分散、规模小、学生少等情况，因而班学额和编制标准有所不同。

资料来源：教育部：《关于中等师范学校和全日制中小学教职工编制标准的意见》，载国家教育委员会编《中华人民共和国现行教育法规汇编1949—1989》，人民教育出版社，1991，第718页。

---

① 本书在统计上出现的“农村”=“镇区+乡村”，与“城市”（即“城区”）对应；“城镇”=“城区+镇区”，与“乡村”对应。从2011年起，《中国教育统计年鉴》采用新的城乡划分标准，将原来的城市、县镇、农村三个分类调整为三大类七小类，即城区（含主城区、城乡接合部）、镇区（含镇中心区、镇乡结合区、特殊区域）、乡村（含乡中心区、村庄），见《中国教育统计年鉴》（2011），人民教育出版社，2013。

这一政策文件又强调，“实验中、小学可根据实验项目适当增加”，“有条件的地区应按学校规模等，规定不同职能教职工的定员标准”。[①] 这一师资分配政策带有明显的向城取向。用文件中的班级规模与实际教师配置数量测算一下不难发现，平均学校和班级规模小的农村学校师生比反而小于平均学校和班级规模大的城镇学校。

（一）农村义务教育师班比低于城镇且存在较大差距

1986 年，我国颁布《中华人民共和国义务教育法》，并逐步推进九年制义务教育，对保障适龄儿童入学和提高全民族的素质有重要意义。但从师班比这一指标来看，在城乡义务教育均衡发展方面仍然有待提高。

小学阶段，1986 年，城市、县镇、农村的小学师班比分别为 2.10、1.86、1.25，城市>县镇>农村，城市与农村的师班比之间存在较大差距，相差值为 0.85（见图 1-1）。城市与县镇小学的师班比已达到《中等师范学校和全日制中小学教职工编制标准参考表》[②] 中列出的中小学教师编制标准，农村小学的师班比尚未达到政策标准。

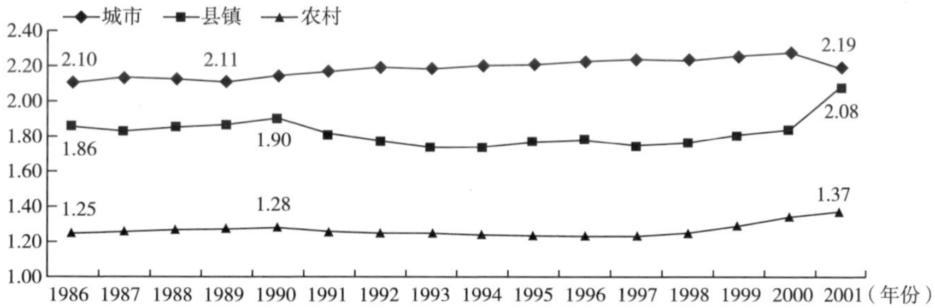

图 1-1　1986~2001 年小学师班比变化

资料来源：根据《中国教育统计年鉴》（1986~2001 年）数据测算。

① 教育部：《关于中等师范学校和全日制中小学教职工编制标准的意见》，载国家教育委员会编《中华人民共和国现行教育法规汇编 1949-1989》，人民教育出版社，1991，第 718 页。

② 教育部：《关于中等师范学校和全日制中小学教职工编制标准的意见》，载国家教育委员会编《中华人民共和国现行教育法规汇编 1949-1989》，人民教育出版社，1991，第 718 页。

1990~1997 年，城市小学师班比缓慢上升，县镇小学师班比呈下降趋势，农村小学师班比在原有基础上略有下降，1997 年，城市与县镇、城市与农村的师班比差距达到最大值，分别为 0.49 和 1.01。

但 1997 年之后，农村小学师班比呈逐步上升的趋势，2000 年之后，县镇小学师班比大幅上升，城市小学师班比略有下降，二者差距逐步缩小。2001 年之前，城市、县镇以及农村小学的师班比始终处于城市>县镇>农村的状态。

初中阶段，1986 年，城市、县镇、农村的师班比分别为 3.35、2.98、2.65，城市>县镇>农村，1990 年之前，城市、县镇、农村的师班比均处于缓慢上升的状态，城市在 1991 年达到这一时期师班比最大值 3.71，县镇在 1990 年达到师班比最大值 3.28，农村在 1990 年接近这一时期师班比最大值，并持续到 1994 年，始终保持在 2.98 左右（见图 1-2）。

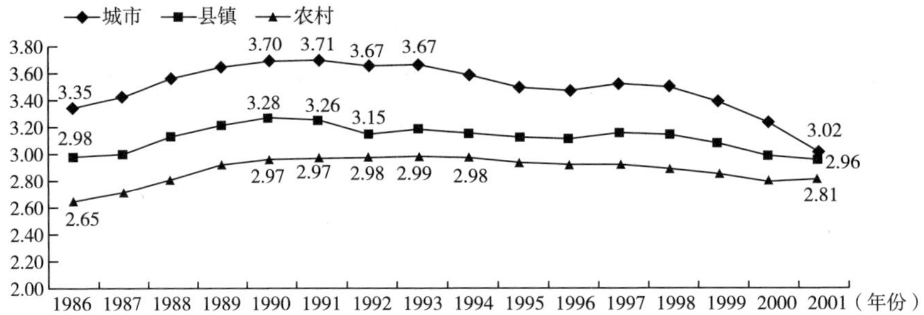

图 1-2　1986~2001 年初中师班比变化

资料来源：根据《中国教育统计年鉴》（1986~2001 年）数据测算。

1991 年之后，城市初中师班比逐步下降，2001 年达到这一时期最低值 3.02，县镇初中师班比在 1990 年之后缓慢下降，2001 年达到这一时期最低值 2.96，农村初中师班比在 1994 年之后略有下降，2001 年下降至 2.81，但相比城市、县镇初中在 2001 年下降至这一时期师生比最低值，农村初中在 2001 年的师班比仍略高于 1986 年。2001 年，城市、县镇、农村三者师班比差距最小，城乡间教师配置在师班比这一指标上达到相对均衡的状态。

值得注意的是，1986~2001 年，虽然城市、县镇、农村初中的师班比存在一定的差距，且始终保持在城市>县镇>农村的状态，但处于城乡最低水平的农村初中的师班比也超过了政策所要求的师班比 2.5 的标准。

（二）农村义务教育师生比低于城镇，师资配置呈现明显向城取向

除师班比外，师生比也是反映学校师资配置与衡量学校教学质量的重要指标，从师生比这一指标看，城乡义务教育发展不均衡。小学阶段，1986~2001 年，城市、县镇、农村的师生比整体呈现先上升后有所下降又上升的走势，三者变化曲线大致相同，且始终保持城市>县镇>农村的序列状态（见图 1-3）。

城市和县镇小学的师生比在 1991 年达到一个相对较高点，分别为 1∶19. 38 和 1∶20. 48，1997 年降到这一时期最低点，分别为 1∶20. 51 和 1∶22. 94。1997 年之后，城市和县镇的师生比小幅度上升，2001 年达到这一时期师生比的最大值，分别为 1∶19. 21 和 1∶19. 99。县镇在 2001 年之前师生比整体低于城市，二者之间存在一定的差距，2001 年二者差距最小（见图 1-3）。

农村小学在 1990 年达到这一时期师生比的最大值，为 1∶22. 51，1997 年达到这一时期师生比的最小值，为 1∶25. 39，在各个阶段，农村的师生比均与城市或县镇存在较大差距。在师生比这一指标上，与城市和县镇小学相比，农村小学的教师配置数量仍然不足，师资配置存在明显的向城取向（见图 1-3）。

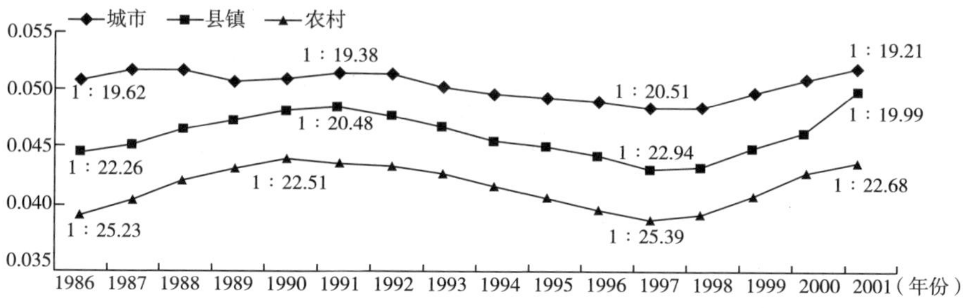

图 1-3　1986~2001 年小学师生比变化

资料来源：根据《中国教育统计年鉴》（1986~2001 年）数据测算。

初中阶段，1986~2001 年，师生比呈现先上升后下降的趋势。1986 年，城市、县镇、农村的师生比分别为 1∶20. 56、1∶27. 45、1∶20. 72，

城市>农村>县镇，1987 年县镇师生比超越农村，但 2001 年之前二者差距不大（见图 1-4）。

1986 年以后，城市初中师生比经历了大幅度的上升，1990 年达到这一时期师生比的最大值，为 1∶12.68，县镇与农村初中的师生比经历小幅度上升，同样在 1990 年达到这一时期师生比的最大值，分别为 1∶15.70 和 1∶16.56，在这一阶段，城市与县镇、农村初中的师生比拉开较大差距。自 1987 年以后，城市、县镇、农村初中的师生比始终保持着城市>县镇>农村的状态（见图 1-4）。

从初中师生比的变化趋势来看，自 1990 年之后，三者的师生比均有所下降，从三者的差距来看，城市与县镇、农村的差距在不断缩小，从教育均衡发展的角度来说，这对农村师生比而言是一个积极的变化。

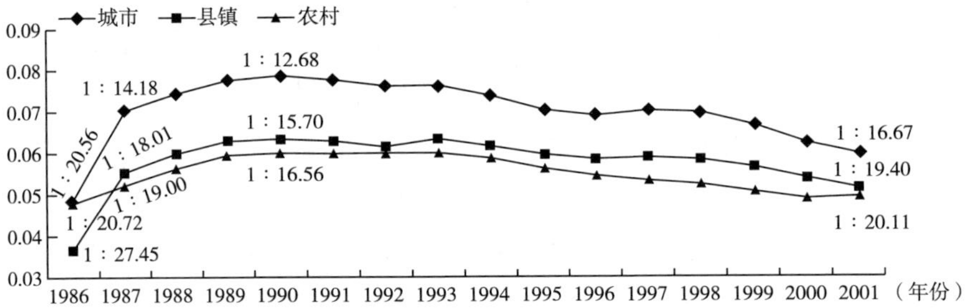

图 1-4　1986~2001 年初中师生比变化

资料来源：根据《中国教育统计年鉴》（1986~2001 年）数据测算。

（三）城乡义务教育师资配置向城性取向

《关于中等师范学校和全日制中小学教职工编制标准的意见》这一政策值得肯定的方面是，它倡导“以校为单位按班计算（包括单设和合设），规模大、条件好的学校要适当紧些”，“每班的学生人数，按照学校服务半径内的学生来源确定。牧区、山区、湖区和海岛等人口稀少地区的每班学生数，可按实际情况适当减少或举办复式班”，“规模小、条件差的学校要适当宽些”。① 从文本表述来看，这一政策文件开始关注学校和班级规模维

① 国家教育委员会编《中华人民共和国现行教育法规汇编 1949-1989》，人民教育出版社，1991，第 718 页。

度，开始考虑班级这一层面的需要。1984年，我国城市、县镇、农村小学班级规模分别为40.87人、41.04人、32.45人；我国城市、县镇、农村初中班级规模分别为49.84人、53.61人、49.23人。这一政策文件对城乡小学班级规模设定是比较贴近实际的，对县镇、农村初中班级规模设定显然比实际要低。从教职工编制标准来看，在师生比这一维度，政策并没有体现向城性的师资配置取向，但在师班比这一维度，这个政策制定的师资分配标准显然没有体现政策文本倡导的政策理念。

二　师生比向城取向的教师编制标准及编制状况

2001年10月8日，中央编办、教育部、财政部联合发布《关于制定中小学教职工编制标准的意见》，对教师编制进行了详细规定。在这一政策文件的附表《中小学教职工编制标准》中列出，小学城市、县镇、农村师生比分别为1∶19、1∶21、1∶23；初中城市、县镇、农村师生比分别为1∶13.5、1∶16、1∶18，具有明显向城取向。

这一政策文件也原则性指出，“省、市（地）、县应在核编过程中做好中小学教职工的总量控制和结构调整工作，引导教职工从城镇学校和超编学校向农村学校和缺编学校合理流动”①。但是，这个政策制定的师资分配标准是城乡倒挂的，这一师资配置政策对农村师资建设造成持续性影响。城市学校与其他地区的师资配置差异非常大，即使“以县为主”的教育管理体制提出多年之后，县教育行政部门也并没有很好地统筹使用教师资源，县镇（县政府所在地）和县域其他地区也存在较大的差异，这种差异的政策根源在于县镇（县政府所在地）与县域其他地区执行的是两个不同的师资配置标准。这一政策文件为县镇长期执行更高的师生比标准提供了政策依据，是一个学术界进行城乡师资配置均衡与公平研究时经常提及并屡遭诟病的师资配置政策。

（一）农村义务教育师生比高于城镇并持续提高

在城乡义务教育均衡发展政策的推动下，从师生比这一指标来看，城

---

① 国务院办公厅：《国务院办公厅转发中央编办、教育部、财政部关于制定中小学教职工编制标准意见的通知》，国办发〔2001〕74号，2001年10月11日。

乡义务教育均衡发展取得重大进展。小学阶段，2001 年，城市、县镇、农村的师生比分别为 1∶19.21、1∶19.99、1∶22.68，城市>县镇>农村，2003 年及之前，城市、县镇、农村师生比差距虽然在缩小，但是仍然处于城市>县镇>农村这一城乡师生比序列状态。到 2006 年，农村的师生比首次超过城市与县镇，之后一直保持着最高水平。城市与县镇师生比经历 3 次交叉之后，从 2008 年开始，县镇稳定大于城市。2008 年，城市、县镇、农村的师生比分别为 1∶19.41、1∶19.20、1∶17.75。之后，城乡师生比一直处于农村>县镇>城市的序列状态，并且从总体上看，农村、县镇、城市差异幅度呈现扩大趋势（见图 1-5）。

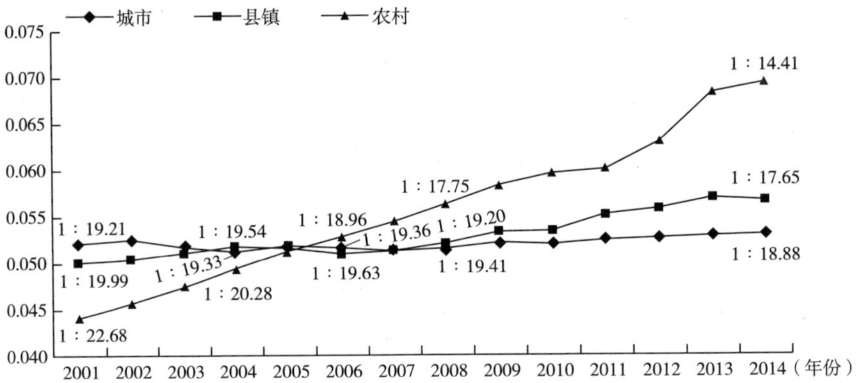

图 1-5　2001~2014 年小学师生比变化

资料来源：根据《中国教育统计年鉴》（2001~2014 年）数据测算。

初中阶段，2001 年，城市、县镇、农村的师生比分别为 1∶16.67、1∶19.40、1∶20.11，城市>县镇>农村，2004 年及之前，城市、县镇、农村师生比处于这一城乡师生比序列状态，县镇、农村师生比非常接近。2005 年，农村师生比超过县镇；2008 年，农村师生比超过城市；2012 年，县镇师生比超过城市。2012 年，城市、县镇、农村的师生比分别为 1∶14.11、1∶13.80、1∶12.46，农村>县镇>城市。2012 年及以后，师生比一直处于农村>县镇>城市的状态（见图 1-6）。

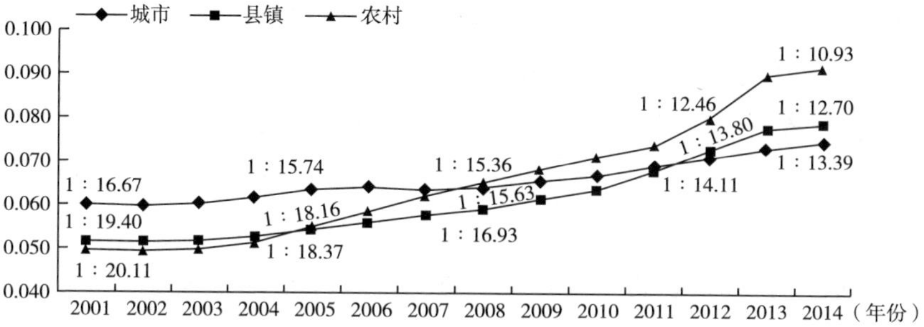

图 1-6　2001~2014 年初中师生比变化

资料来源：根据《中国教育统计年鉴》（2001~2014 年）数据测算。

（二）农村义务教育师班比低于城镇并持续低位

学校教学是以班级为单位展开的，从师班比观察城乡义务教育师资配置，可以从课堂教学实践立场分析师资在城乡课堂教学活动中的充裕程度。小学阶段，2001~2014 年，城市、县镇、农村师班比都呈现先提高后有所降低的走势。2010 年，城市、县镇师班比达到最高值；2013 年，农村师班比达到最高值。从城乡小学师班比差异来看，小学师班比城市、县镇出现 1 次交叉，但是总体上，城市、县镇师班比在数值上非常接近，而农村师班比一直与城市、县镇有较大差距，与城市和县镇相比，农村师资始终处于缺乏状态（见图 1-7）。

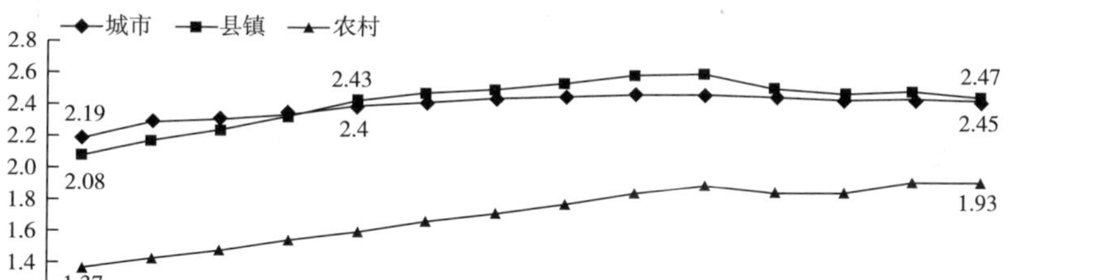

图 1-7　2001~2014 年小学师班比变化

资料来源：根据《中国教育统计年鉴》（2001~2014 年）数据测算。

初中阶段，城市、县镇、农村初中师班比总体呈上升走势，2006 年，农村反超城市、县镇，县镇反超城市。2001~2014 年，城市、县镇、农村初中师班比都呈现提高趋势。2001 年，城市、县镇、农村初中师班比分别为 3.02、2.95、2.81，城市>县镇>农村；2005 年及之前，一直保持着城市>县镇>农村的顺序。从 2006 年开始，城市、县镇、农村初中师班比发生逆转，城市、县镇、农村师班比分别为 3.23、3.25、3.26，农村>县镇>城市，2006 年及以后，初中师班比一直处于农村>县镇>城市的状态，并且从总体上看，农村、县镇、城市差异幅度可能将呈现扩大趋势（见图 1-8）。从师班比来看，这是农村初中师班比的一个积极变化。

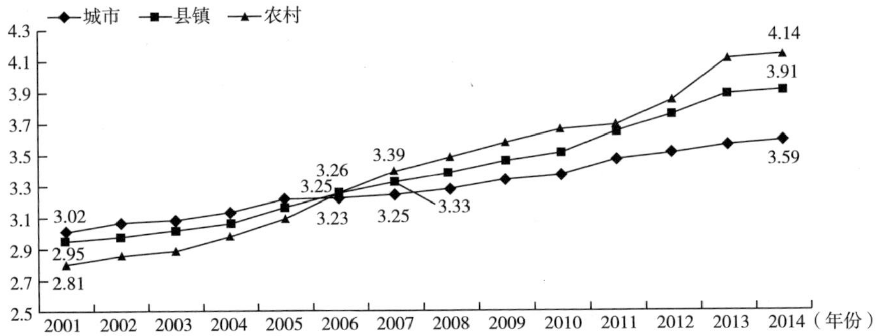

图 1-8　2001~2014 年初中师班比变化

资料来源：根据《中国教育统计年鉴》（2001~2014 年）数据测算。

（三）城乡义务教育师资配置均衡化陷阱使农村超编与缺人并存

小学阶段，当用师班比与师生比两种逻辑考查城乡师资配置均衡化水平时，出现了巨大反差。换言之，当用师生比指标考查城乡义务教育师资配置时，可以发现农村师生比有了明显提高，但是在日常教学实践中农村小规模学校总是反映“缺人”，更多情况是“超编缺人”[①]。为什么会超编

---

① 陈万鹏等人较早提出教师“又超又缺”问题，具体见陈万鹏、林勇、徐学锋《广州市中小学教师需求情况及其对策》，《广州教育》1991 年第 Z1 期，第 18~22 页。之后，唐松林、张儒辉使用“超编与缺人”，见唐松林、张儒辉《“‘小康’视野中的农村教师发展研究”研究线索介绍》，《当代教育论坛》2005 年第 2 期，第 13~17 页。李益众使用“超编缺人”，见李益众《缘何县域教师超编学校却喊缺人》，《中国教育报》2009 年 10 月 23 日，第 2 版。当然他们对“超编缺人”的具体解释不同。

缺人？学生数量与班级数量变化很多时候是非同步的。从师班比（课堂教学展开）的逻辑来看，一个学校的各班级人数从 45 人减少到 30 人，或者从 45 人减少到 15 人时，其课堂教学时间并没有因此减少。从师生比这一指标来看，在学生数量减少并且教师数量不变的情况下，各班级人数从 45 人减少到 30 人，这个学校的师生比会增加 0.5 倍；各班级人数从 45 人减少到 15 人，这个学校的师生比会增加 2 倍。

初中阶段，用师班比与师生比两种逻辑考查城乡师资配置均衡化水平时没有出现这种反差，但是引入师校比可以发现反差依然存在。从班级数量来看，2001 年，城市、县镇、农村班级数量分别为 211156 个、390913 个、551729 个，2014 年，城市、县镇、农村班级数量分别为 305584 个、436548 个、165577 个，与 2001 年相比，2014 年城市班级数量增加 44.72%，县镇班级数量增加 11.67%，而农村班级数量减少 69.99%。从班级层面来看，农村初中师班比增长是班级数量减少带来的，而不是政策倾斜带来的，是被动的师班比增长。

从学校数量来看，2001 年，城市、县镇、农村学校数量分别为 10999 所、21407 所、69926 所，2014 年，城市、县镇、农村学校数量分别为 11487 所、23429 所、17707 所，与 2001 年相比，2014 年城市学校数量增加 4.44%，县镇学校数量增加 9.45%，而农村学校数量减少 74.68%。比较学校数量与班级数量变化速度可以发现，农村学校数量减少速度比农村学校班级数量减少速度快 4.69 个百分点，农村初中校均班级数量在减少。2014 年，城市、县镇、农村初中校均班级数量分别为 26.60 个、18.63 个、9.35 个。由于农村初中校均班级数量少，而初中学科专业比较强，一些科目教师周课时量少，农村初中师班比增加的意义被打折扣，在一些小规模的初中，也不同程度存在一名教师教两门及以上学科的情况，这降低了对教师专业性的要求，影响了教育质量。

小学阶段，如果城乡义务教育师生比相等，我们就简单地认为师资均衡化已经实现了；如果我们单维地坚持以师生比为依据而枉顾师班比（课堂教学需要）进行城乡师资配置，就会出现按照师生比农村师资在数量上可能超编了，但是按照师班比（课堂教学需要）农村小学存在严重的超编缺人问题，特别是在农村学校、班级日益呈现小规模化的过程中，农村学校师资不足问题会更加严重。初中阶段，如果师班比相等，我们就简单地认为师资均衡化已经实现了，农村小规模的初中学校依然会面临超编缺人困境。因此，单维地坚持师生比（小学阶段）或师班比（初中阶段）这一指标评价城乡义务教育师资均衡水平或进行师资配置，很容易甚至必然落入城乡义务教育师资配置均衡化陷阱，落入城乡义务教育师资配置均衡化陷阱而不自知或认为是理所当然的，会使农村遭遇的超编缺人困境变成一个缺乏发展伦理反思的“存在即合理”的事实而熟视无睹。

三 师生比城乡统一取向的教师编制标准及编制状况

2014 年 11 月 13 日，《中央编办 教育部 财政部关于统一城乡中小学教职工编制标准的通知》将“县镇、农村中小学教职工编制标准统一到城市标准，即高中教职工与学生比为 1∶12.5、初中为 1∶13.5、小学为 1∶19”。[①] 2016 年，《国务院关于统筹推进县域内城乡义务教育一体化改革发展的若干意见》（国发〔2016〕40 号）再次重申“教师编制标准统一”，“办好必要的乡村小规模学校”[②]，肯定了在生均师资相等意义上的城乡教育公平。

2014 年《中央编办 教育部 财政部关于统一城乡中小学教职工编制标准的通知》这一政策对纠正 2001 年教师配置的向城取向具有重要意义。2014 年，小学阶段，城市、县镇、农村实际师生比分别为 1∶18.88、1∶17.65、1∶14.41；初中阶段，城市、县镇、农村师生比分别为 1∶13.39、1∶12.70、1∶10.93。从城市、县镇、农村实际师生比来看，2014 年，《中央编办 教育部 财政部关于统一城乡中小学教职工编制标准的通知》这一政策是对城市、县镇、农村师生比的一个“迟到”的承认。但是，这为体现积极城乡差异的师资配置政策奠定了良好的基础。

（一）农村义务教育师生比高于城镇并存在明显优势

2014 年，《中央编办 教育部 财政部关于统一城乡中小学教职工编制标准的通知》这一政策文件的发布进一步促进了城乡义务教育均衡发展，在师

① 中央编办、教育部、财政部：《中央编办 教育部 财政部关于统一城乡中小学教职工编制标准的通知》，中央编办发〔2014〕72 号，2014 年 11 月 13 日。

② 国务院：《国务院关于统筹推进县域内城乡义务教育一体化改革发展的若干意见》，国发〔2016〕40 号，2016 年 7 月 11 日。

生比这一维度上，政策理念得到了很好的落实，进一步巩固了 2001~2014 年城乡义务教育均衡发展成果。小学阶段，2014 年，城市、县镇、农村的师生比分别为 1∶18.88、1∶17.65、1∶14.41，农村>县镇>城市，农村的师生比相较于城市、县镇有较大的优势，县镇的师生比略高于城市，且三者的师生比从 2014 年到 2018 年一直保持相对平稳的状态（见图 1-9）。

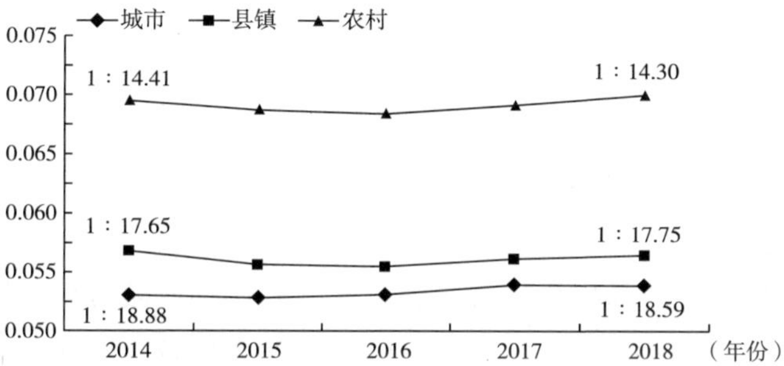

图 1-9　2014~2018 年小学师生比变化

资料来源：根据《中国教育统计年鉴》（2014~2018 年）数据测算。

初中阶段，2014 年，城市、县镇、农村的师生比分别为 1∶13.39、1∶12.70、1∶10.93，农村>县镇>城市，且农村的师生比相较于城市、县镇同样具有较大的优势。2014~2018 年，城市、县镇、农村的师生比整体呈现先略有上升进而小幅度下降的趋势，农村的师生比相较于城市、县镇下降较多，由 1∶10.93 下降至 1∶11.15，城市师生比略有上升，由 1∶13.39 上升至 1∶13.05，2018 年，城市与县镇的师生比非常接近（见图 1-10）。

（二）农村义务教育师班比低于城镇且存在较大差距

师班比相较于师生比更能反映一个学校的师资配置情况，特别对农村小规模学校来说，在学生数量不充足但学生年龄跨度较大的时候，不能单纯以师生比作为分配依据为学校配置教师，应该考虑学校课程的丰富性和班级的完整性。小学阶段，2014~2018 年，城市、县镇、农村的师班比整体呈现下降的趋势，且城市、县镇、农村的整体变化趋势大致相同。城市与县镇的师班比在数值上非常接近，县镇的师班比在 2014 年略高于城市，

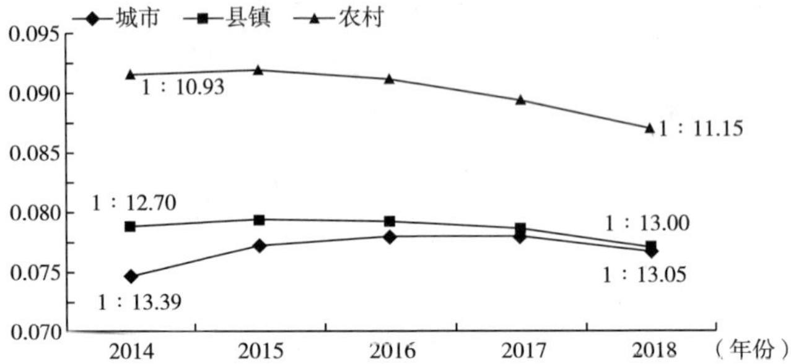

图 1-10　2014~2018 年初中师生比变化

资料来源：根据《中国教育统计年鉴》（2014~2018 年）数据测算。

2014 年之后，城市的师班比反超县镇，并一直保持着城市>县镇>农村的序列状态。农村的师班比与城市、县镇相比一直存在较大差距，由此我们可以看出，农村的师资力量一直处于相对缺乏的状态（见图 1-11）。

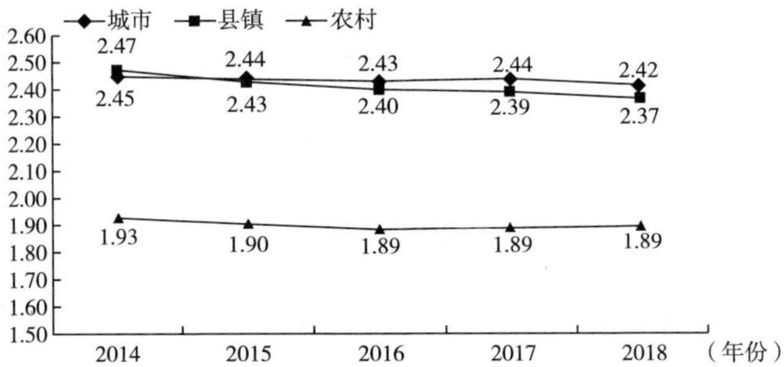

图 1-11　2014~2018 年小学师班比变化

资料来源：根据《中国教育统计年鉴》（2014~2018 年）数据测算。

初中阶段，城市、县镇、农村的师班比总体上呈下降的趋势。2014 年，城市、县镇、农村的师班比分别为 3.59、3.91、4.14，农村>县镇>城市，可以看出，城市与农村的师班比存在较大差距。但随着师班比的降低，农村师班比下降速度快于城市，城市、县镇、农村师班比差距呈现不断缩小的态势，到 2018 年，三者师班比分别为 3.56、3.65 和 3.78（见图 1-12）。

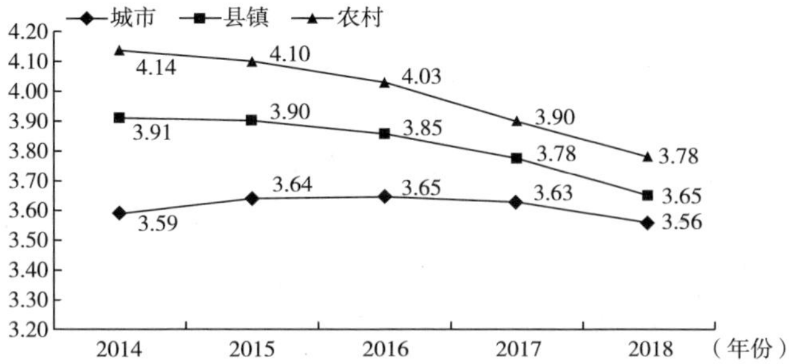

图 1-12　2014~2018 年初中师班比变化

资料来源：根据《中国教育统计年鉴》（2014~2018 年）数据测算。

（三）城乡义务教育师资配置均衡化陷阱尚未解决

上文中已经提到，2001~2014 年城乡义务教育师资配置均衡化陷阱使农村超编与缺人现象并存，且在小学阶段表现得更为明显。在 2014 年中央编办、教育部、财政部共同发布《中央编办 教育部 财政部关于统一城乡中小学教职工编制标准的通知》以及 2016 年国务院印发《国务院关于统筹推进县域内城乡义务教育一体化改革发展的若干意见》（国发〔2016〕40 号）之后，截至 2018 年，农村超编与缺人并存的现象并未得到解决。从师生比的维度来看，农村小学的师资配置明显优于城市小学；但从师班比的角度来看，农村小学的师资配置远不及城市小学和县镇小学。其中体现出来的城乡义务教育师资配置问题是仍待解决的，特别在我国目前城镇化的关键时期，农村小规模学校存在并将持续存在。

第二节　确定城乡教师编制标准的问题

城乡义务教育教师编制标准直接决定城乡义务教育教师编制状况，影响教师队伍建设质量。从教师编制政策历史变迁来看，从城乡编制标准“倒挂”再到城乡统一，编制政策改革取得重大进展。但是从城乡教育快速发展的形势来看，编制政策和编制管理机制严重滞后于城乡教育发展，同时没有充分考虑农村义务教育教师编制的稀释因素。“以县为主”的农村教育管理体制从宏观教育政策上制约着省、市承担农村义务教育编制事权责任。

一 单一按“师生比”指标确定教师编制标准

长期以来，教师编制政策使用“师生比”这一操作性指标。在现实班级规模接近标准班级规模的情况下，教师编制政策使用“师生比”这一操作性指标是方便而可行的。随着我国生育政策不断落实和城镇化快速推进，农村学龄儿童逐渐减少，乡村学校趋向小规模化。在农村学龄人口逐渐减少，农村学校规模、班级规模不断变小的情况下，若继续沿用以“师生比”为操作性指标的教师编制政策，就不能很好地反映农村学校的教师编制需求。对于农村学校特别是乡村小规模学校来说，一些小班级只有十几人、几个人，有的教学点只有几十人、十几人，甚至几个人。对于规模非常小的村小和教学点而言，虽然每班学生人数减少，但相应的课程和教学任务并未随之减少，若是按照现行的师生比标准，一个班甚至连一个教师编制都没有，这必将造成这类村小和教学点教师的编制困境。只参照“师生比”指标，义务教育教师编制政策难以反映农村教育发展实际，难以反映乡村小规模学校现实教师编制需求。

有研究者对我国民族地区一乡村小规模学校进行了调查，该校有 4 个班级，共计 67 名学生，按照最新城乡教师编制配置标准，最多可配置 4 名教师，但是该校现有 5 名教师，超编 1 人。在实际中，该校缺少英语、音乐、体育、美术、信息技术等学科教师，导致英语、音乐、体育、美术、信息技术等课程无法开设齐全。为了保证教学活动的正常开展，该校教师人均教学工作量达到每周 24 节。① 可见，在实际教育教学过程中，单一按“师生比”指标确定教师编制标准使得乡村小规模学校通常会出现“超编”与“缺人”并存现象，课程难以开齐开全。

具体来说，就是按照师生比为操作性指标的教师编制规定，小规模学校特别是超小规模学校教师总量已满编制甚至超编，但却不能满足甚至远

---

① 林云：《民族地区农村小规模学校教师队伍建设：问题与对策》，《教育与经济》2016 年第 5 期，第 84~90 页。

远不能满足教学需要，普遍面临音乐、体育、美术等学科教师结构性缺编，不能满足现实教学对音乐、体育、美术等学科专门教师的需求。因此，在村小和教学点，一名教师兼任多门课程，包班全科教学、复式教学等现象非常普遍。

二　教师编制标准没有体现出城乡差异

在2014年统一城乡教师编制标准之前，城乡倒挂的教师编制政策长期存在，长期城乡倒挂的教师编制政策背后形成了比改变城乡倒挂的教师编制政策本身更难改变的根深蒂固的向城取向教师编制管理思维。向城取向教师编制管理思维使农村教师存量重组长期面临困难。一方面，以“师生比”作为操作性指标的教师编制政策，为教师向城镇一定规模学校聚集、追求规模效益提供了政策合理性。城乡学校规模差异大，基于师生比分配教师，在城镇一定规模学校可以产生“规模效益”，城镇学校依据师生比这一教师编制标准的操作性指标就可以得到数量相对充足的教师。在理想规模学校假设与简单以学生规模确定一个学校的教师编制的认识惯性与粗陋做法下，乡村小规模学校与乡镇寄宿制学校的师资消耗长期以来没有受到应有重视。如果不改变简单依据在校学生数量核算学校教师编制（单一以学生数量与师生比的乘积确定教师编制供给）的方式，城乡之间教师编制供给将长期、稳定、“合法”地保持这种差异。①

正是看到向城取向教师编制管理思维的局限性，2014年11月13日，中央编办、教育部、财政部颁发了《中央编办 教育部 财政部关于统一城乡中小学教职工编制标准的通知》（简称“72号文件”），统一了城乡中小学教师编制标准，该文件否定了教师编制标准“城乡倒挂”的政策合理性，促进了城乡学校教师编制标准的统一，对我国农村教师队伍建设具有积极的意义。

2014年教师编制政策将县镇、农村中小学教职工编制标准统一到原城市标准，即初中教职工与学生比调整为1∶13.5，小学为1∶19，按此标准，县镇初中和小学编制标准应分别提高18.52%和10.53%，农村初

① 张宗倩、秦玉友：《供需增量：县域教师编制的现实挑战与政策议题》，《中国教育学刊》2020年第8期，第71~76页。

中和小学标准应分别提高 33.33%和 21.05%（见表 1-2）。但在具体执行中，一些地方政府相关部门在落实新的教师编制标准时产生畏难情绪，采取不作为态度，结果是本应增加的教师编制数量未能完全落地，农村学校教师编制紧张的问题依然严峻。有调研发现，现行教师编制中的农村教师编制相比之前存在被大量缩编的现象。① 与此同时，城镇学校教师编制也存在一些问题，有的学校缺编，有的学校超编。这些问题进一步加剧了城乡教师编制的缺编、虚编和超编问题，不同程度地影响着城乡教师队伍建设。

表 1-2　2001 年与 2014 年义务教育教师编制标准比较

		城市	县镇	农村
小学	2001 年	1：19	1：21	1：23
	2014 年	1：19	1：19	1：19
	增长（%）	0	10.53	21.05
初中	2001 年	1：13.5	1：16	1：18
	2014 年	1：13.5	1：13.5	1：13.5
	增长（%）	0	18.52	33.33

资料来源：中央编办、教育部、财政部：《关于制定中小学教职工编制标准的意见》，2001 年 10 月 8 日；《中央编办、教育部、财政部关于统一城乡中小学教职工编制标准的通知》，2014 年 11 月 13 日。

目前，很多经济落后、交通不便的农村和边远贫困地区，人口密度小，生源分散，小规模学校和教学点广泛存在。在这些地区使用城乡统一的编制标准，显然并不能反映乡村地区人口密度小、在校生居住分散的实际情况。从这些现实需求来看，2014 年教师编制标准政策仍然有进一步完善的空间。2014 年教师编制标准没有充分考虑到我国教育的城乡差异，特别是没有体现城乡积极差异。按照 2014 年教师编制标准，若不加区别地、简单地参照以“城”统“乡”的教师编制标准进行教师编制管理，则很难保障农村地区教育教学任务的正常完成及有限的农村教育资源的优化，导

① 杨挺、惠源：《中小学教师编制管理制度的发展瓶颈与应对策略》，《中国教育学刊》2017 年第 6 期，第 58~62 页。

致出台的教师编制管理制度与城乡教学实际需求相脱节。[①] 我国中小学教师编制标准、编制管理与城乡教育教学实际需求相脱离的问题需要进一步关注。

三 教师编制调整滞后于经济社会与教育自身发展

经济社会发展与教育自身发展影响着教师编制调整。改革开放后，随着户籍制度改革和城镇化持续推进，农村劳动力人口不断向城镇流动，大量农村家长选择带孩子一起向城镇流动，与家长一起进入城镇的孩子即我们通常所说的进城务工人员随迁子女。随着进城务工人员数量的增加，随迁子女数量不断增加，在一些人口流入主导型城镇，出现中小学学位紧张与随迁子女入学难问题，国家开始重视随迁子女城镇教育问题。

（一）教师编制调整滞后于经济社会发展

2001 年，《国务院关于基础教育改革与发展的决定》提出“两为主”（“以流入地政府管理为主，以全日制公办中小学为主”）政策，要求流入地政府依法保障进城务工人员随迁子女接受义务教育的权利。2003 年，再次重申“两为主”政策。2006 年，修订后的《中华人民共和国义务教育法》以法律的形式提出流入地政府应为外来务工人员随迁子女“提供平等接受义务教育的条件”。外部经济社会发展对教师编制的影响通过外来务工人员随迁子女城镇入学就学变得更加密切而直接。

外来务工人员随迁子女在各城镇入学就学，城镇在校生数量增加，导致人口流入主导型城镇学位紧张，教师编制紧张，许多城镇未能根据现实情况的变化对教师编制予以及时的调整，流入城市教师编制数量不能随着在校生数量特别是在校进城务工人员随迁子女数量增加及时调整的现象比较普遍。在人口流入主导型城镇，教师编制紧张，师资短缺，往往引发大班额问题，影响了这些地区的正常教学。在这一背景下，加之一些地区教师编制使用和管理规范性差，“占编”“压编”“有编不补”等现象普遍存在，教师编制紧张进一步加剧。

---

① 杨挺、惠源：《中小学教师编制管理制度的发展瓶颈与应对策略》，《中国教育学刊》2017 年第 6 期，第 58~62 页。

（二）教师编制存量滞后于教育事业发展

新中国成立后，国家积极推进教育事业发展，出现教师编制不能适应教育事业发展需要的问题。为了缓解教师编制紧张，在广大农村学校出现大量非在编教师。非在编教师可看成教师编制存量滞后于教育事业发展的注脚。非在编教师在不同历史时期称谓不同。20 世纪 50 年代后期，中央提出“两条腿走路”的方针，实行公办民助、民办公助、集体办学。为应对农村教育规模迅速扩大又没有相应师资储备的情况，民办教师大量出现。1977 年，我国中小学民办教师数量高达 491 万人，达到历史最高峰。[①] 20 世纪 70 年代末，国家开始对民办教师进行调整整顿，淘汰经培训仍不合格的民办教师。

1986 年底，民办教师的认定工作截止。在民办教师队伍整顿之后，国家明确规定，任何地方不准以任何理由再招用民办教师。[②] 1993 年，我国中小学民办教师数量减少到 215.4 万人。在此期间，为满足教学需求，农村中小学大量补充非公办教师，这些教师一般被称为代课教师。根据相关研究，1986 年全国普通中小学有代课教师 36.82 万人，1990 年有 55.24 万人，到 1997 年达到 100.55 万人。[③] 民办教师、代课教师占农村地区特别是偏远农村地区教师队伍的比例很大。有研究发现，1986 年，云南省镇源县（民办教师专题研究项目定点县）民办教师、代课教师占全县教师总数的比例为 47.1%，1991 年为 43.4%，1995 年为 33.3%。[④]

民办教师、代课教师的存在直接反映出教师供给不足，又反映出教育事业经费供给不足。拖欠教师工资现象在 20 世纪 90 年代引起研究者的广泛关注。有研究指出，1993 年，全国有拖欠中小学教师工资现象的省份达 28 个。这一研究以湖南省为例进行深入分析后发现，在湖南省 123 个县、市、区中，68.3%有不同程度的中小学教师工资拖欠现象，拖欠所涉及教

① 曹阿娣：《民办教师春秋》，北京燕山出版社，2013，第 334 页。

② 孟庆瑜：《近百万农村中小学代课教师面临抉择》，《瞭望新闻周刊》1998 年第 37 期，第 3~5 页。

③ 孟庆瑜：《近百万农村中小学代课教师面临抉择》，《瞭望新闻周刊》1998 年第 37 期，第 3~5 页。

④ 莫瑞芳、于萍：《民办教师现状问题思考及对策》，《云南师范大学学报》（哲学社会科学版）1998 年第 3 期，第 3~5 页。

师数量达36万人，占全省中小学教师总数的65%。[①]

进入21世纪，从整体来看，农村学校教师队伍建设取得重大进展。农村学校教师缺乏问题在一些农村地区不同程度地存在。2018年，全国农村小学有代课教师123048人（乡村72436+镇区50612）[②]，全国农村普通中学[③]有代课教师35475人（乡村11076人+镇区24399人）[④]。

（三）教师编制标准没有充分考虑教师队伍自身特点

教师编制标准没有充分考虑到中小学教师有着区别于其他行业的专业发展需要和职业人群特点，中小学教师编制调整滞后于教育自身发展，这些都是在制定编制政策时应予以充分考虑的。

1. 教师编制标准没有充分考虑城乡教师专业发展

为持续提高教师专业能力，更新教育观念，教师需要参加从国家到省、市、县、校不同层级的培训。根据《中小学教师继续教育规定》，在岗教师的培训时间每五年累计不少于240学时，新入职教师培训时间应不少于120学时，骨干教师也要按要求进行培训。这些培训有些可以在假期进行，但有些要到中小学校进行影子培训、参观学习，培训会占用相应教学工作时间。[⑤] 教师编制政策中没有充分考虑教师专业发展需要。

2. 教师编制标准没有充分考虑女性教师产假产生增编需求

女性教师是编制标准中应该考虑的一个因素。根据我们的研究，男性、女性教师在教学工作时间上存在显著差异。男性教师的日均教学工作时间较女性教师多1小时，且差异达到显著性水平（$t=6.768$，$p<0.01$）（见表1-3）。

---

① 朱俊杰、夏智伦：《拖欠中小学教师工资现象透析——对湖南省情况的调查统计》，《教育研究》1994年第4期，第36~40页。

② 教育部发展规划司：《中国教育统计年鉴》（2018），中国统计出版社，2019，第551~553页。

③ 农村普通初中和普通高中。

④ 教育部发展规划司：《中国教育统计年鉴》（2018），中国统计出版社，2019，第79页。

⑤ 秦玉友、赵忠平、曾文婧：《义务教育教师教学工作时间结构研究——基于全国10省20市（县）的数据》，《教师教育研究》2017年第4期，第39~45页。

表 1-3　义务教育阶段教师教学工作时间各维度比较分析

<table>
<tr><th colspan="2">类别</th><th>M±SD</th><th>差异比较</th><th colspan="2">类别</th><th>M±SD</th><th>差异比较</th></tr>
<tr><td rowspan="2">学段</td><td>小学（a）</td><td>8.52±3.68</td><td rowspan="2">1.319
(n.s)</td><td rowspan="4">城乡</td><td>城市学校（c）</td><td>8.04±3.49</td><td rowspan="4">3.529***
(g>d>c;
g>e>c)</td></tr>
<tr><td>初中（b）</td><td>8.63±3.72</td><td>县城学校（d）</td><td>8.47±3.72</td></tr>
<tr><td rowspan="2">性别</td><td>男性教师（h）</td><td>9.21±3.72</td><td rowspan="2">6.768***
(h>i)</td><td>乡镇学校（e）</td><td>8.91±3.75</td></tr>
<tr><td>女性教师（i）</td><td>8.14±3.62</td><td>村屯学校（g）</td><td>9.61±3.84</td></tr>
</table>

注：学段和性别维度的差异比较采用 *t* 检验，城乡维度的差异比较采用方差（*F*）检验；*** $p<0.01$；n.s 不显著。下同。

资料来源：秦玉友、赵忠平、曾文婧：《义务教育教师教学工作时间结构研究——基于全国10省20市（县）的数据》，《教师教育研究》2017年第4期，第39~45页。

从调查数据来看，男性、女性教师的教学工作时间存在显著差异，男性教师约是女性教师的1.13倍，而在二胎政策全面放开的情况下，产假等更会缩短女性教师实际教学工作时间。[①] 在教师编制政策中没有充分考虑女性教师产假，特别是三孩政策后产假对增加编制的需求。

3. 教师编制没有充分考虑教师老龄化产生的增量需求

城镇化与农村学校缺乏质量竞争力相遇，农村学校生源外流，在校生数量减少，长期不能补充青年教师，农村学校特别是边远艰苦地区学校出现教师“老龄化”现象。如广西河池环江毛南族自治县，教师队伍平均年龄为45岁，50岁以上的教师占全县教师的40%，30岁以下的教师仅占全县教师的9%。[②]

四　教师编制标准没有充分考虑到编制稀释因素

从近年的《中国教育统计年鉴》和我们的调研中可以发现，我国中小学教职工主要分为专任教师、行政人员、教辅人员、工勤人员、校办企业职工等。但是现行教师编制标准均没有通过操作性指标定量化地考虑行政人员、教辅人员、工勤人员配备。

从农村学校系统自身来看，一些地方部分非教学岗位人员长期占用专任教师编制，稀释教师编制，加剧了中小学专任教师编制的紧缺。这些问

① 秦玉友、赵忠平、曾文婧：《义务教育教师教学工作时间结构研究——基于全国10省20市（县）的数据》，《教师教育研究》2017年第4期，第39~45页。

② 张玲：《民族地区乡村教师队伍建设调研——以广西壮族自治区为例》，《中国民族教育》2016年第11期，第52~55页。

题产生的原因是复杂的，但是一些地方的规定无疑诱发和加剧了这些问题出现。例如，一些地方规定，如果中小学教师教学达到一定年限，退休之后可以享受全额工资的退休待遇。这些规定让一些学校其他教职工不愿意放弃可以给他们带来许多潜在好处的“专任教师”身份。正如有研究指出的那样，这些问题造成我国现行中小学教师编制存在其本身显性超编与专任教师隐性缺编、虚编现象。①

从农村学校系统外部来看，地方行政部门、事业单位挤占、挪用和截留中小学教职工编制等问题常常出现，稀释了教师编制，是加剧中小学专任教师编制紧缺的重要外部因素。为了扼制地方滥用中小学教师编制，2014 年，《中央编办 教育部 财政部关于统一城乡中小学教职工编制标准的通知》要求各级编制、教育、财政等部门加强督查，对违反教师编制管理规定的单位和责任人，依法依规严肃处理。②《中央编办 教育部 财政部关于统一城乡中小学教职工编制标准的通知》对地方滥用中小学教师编制进行有针对性的限制性规定：各地要严禁挤占、挪用和截留中小学教职工编制；严禁以各种形式“吃空饷”；严禁管理部门与中小学校混编混岗占用教职工编制。③ 但是，中小学教师编制管理各督查主体责任边界不清，在督查力度上过软，对中小学教师编制监督与管理的效果有待进一步提升。

五 “以县为主”管理体制制约省、市承担编制事权责任

为进一步改革与完善我国农村义务教育管理体制，2001 年 5 月，《国务院关于基础教育改革与发展的决定》出台，明确提出农村义务教育实行“地方政府负责、分级管理、以县为主”的管理体制。“以县为主”的农村义务教育管理体制，成为农村义务教育教师编制管理的宏观制度架构。

---

① 杨挺、惠源：《中小学教师编制管理制度的发展瓶颈与应对策略》，《中国教育学刊》2017 年第 6 期，第 58~62 页。

② 中央编办、教育部、财政部：《中央编办 教育部 财政部关于统一城乡中小学教职工编制标准的通知》，中央编办发〔2014〕72 号，2014 年 11 月 13 日。

③ 中央编办、教育部、财政部：《中央编办 教育部 财政部关于统一城乡中小学教职工编制标准的通知》，中央编办发〔2014〕72 号，2014 年 11 月 13 日。

近年来，各地“以县为主”的义务教育教师编制管理工作取得了一些成效，但也暴露出一些问题。一些县的县级财政特别是中西部地区县级财政紧张，制约了教师编制的核定，县级政府承担中小学教师工资待遇支出事权责任，但是财政收入有限。在以县为主的农村义务教育管理体制下，县级政府承担农村义务教育教师编制的主要事权责任，省、市级政府积极承担农村义务教育教师编制管理的事权责任的硬性政策依据不足。客观上出现了这样的情况，多数县在农村教师编制的事权责任和财政能力不对等的情况下承担着农村义务教育教师编制的具体事权责任，省、市级政府没有承担起与其财政权和财政能力相匹配的农村教师编制事权责任。

农村学校教师教育教学的规模效率低与课改过程中教学任务增加相遇，“省、市、县”科学划分农村教师编制事权责任显得更为迫切与重要。一方面，农村学校分散办学，学校规模和班额普遍偏小，近年来寄宿制学校学生数量增加，教职工需求量增大；另一方面，课改新增了许多教学科目及内容，如信息技术、小学英语、网络管理、校园安全管理等，使得教师需求量大大增加。①

当前，一些农村地区依然存在教师编制管理“有编不补”的情况。以广西壮族自治区编办统计数据为例，截至 2014 年底，全区空编数是 3.36 万。② 2014 年出台的《中央编办 教育部 财政部关于统一城乡中小学教职工编制标准的通知》对“有编不补”问题做出有针对性的限制性规定，提出“严禁在有合格教师来源的情况下‘有编不补’、长期聘用代课教师”。③“有编不补”在一定意义上可以说是县级财政在农村教师编制上的事权责任和财政能力不对等的一个无奈结果。科学划分“省、市、县”农村义务教育教师编制事权责任结构，特别是要强化省、市农村义务教育教师编制事权责任成为一个重要课题。

---

① 张玲：《民族地区乡村教师队伍建设调研——以广西壮族自治区为例》，《中国民族教育》2016 年第 11 期，第 52～55 页。

② 张玲：《民族地区乡村教师队伍建设调研——以广西壮族自治区为例》，《中国民族教育》2016 年第 11 期，第 52～55 页。

③ 中央编办、教育部、财政部：《中央编办 教育部 财政部关于统一城乡中小学教职工编制标准的通知》，中央编办发〔2014〕72 号，2014 年 11 月 13 日。

第三节 核定教师编制的原则与应然特征

教育创新理论指出："教育政策的创新来源于宏观（国家、省级政府）、中观（县域）和微观（学校、社区）三个主体的互助协作。"[①] 我国城乡中小学教师编制政策的制定便是教育政策创新的一个关键问题。当下的经济社会背景是编制政策制定的重要遵循，国家财政供养教师编制的能力是编制政策确定的重要基础。在核定城乡教师编制标准和核算教师编制时，要统筹考虑教师编制的总量需求、结构性需求，兼顾农村学校的差异性需求。

一 核定城乡教师编制的原则

中小学教职工编制是我国事业编制的重要组成部分。确立科学的中小学教职工编制标准的核算方法，合理核定城乡中小学教职工编制，直接关系到我国城乡义务教育的健康发展。做好这项工作，应遵循生源变化的宏观走向，基于政府的师资供给能力，体现公平而有质量的教育发展定位。

（一）体现生源变化的宏观走向

师生比的确定受到经济发展水平与人口空间分布状况的影响。一般而言，经济越发达，师生比就越大；经济越不发达，师生比就越小。从人口密度与交通条件来看，人口密度越大、交通条件越好，越容易调整师生比。在义务教育全面普及的情况下，生源变化的宏观走向体现为在校生数量的变化与空间分布。在校生的空间分布，主要涉及一个区域在校生的居住地分布（主要看人口密度）、到学校的交通状况及离学校远近（学校在其服务学生的居住地所涉及地理范围的位置），在核定城乡教师编制过程中主要反映在其对城乡班级规模的影响上。在义务教育普及进程中，为了方便适龄儿童就近入学，国家一般会规定家校最大距离。因此，在人口密度比较小的地区，学校和班级规模偏小，而要想开齐开足课程，师生比需

---

① Dan E. Inbar、Wadi D. Haddad、Terri Demsky、André Magnen、John P. Keeves：《教育政策基础》，史明洁等译，教育科学出版社，2003，第 38 页。

要比较大。[①]

在城镇化背景下与学校布局调整过程中，学生的流动性和教育资源配置相对固定化是城乡教育发展所面临的重大难题。2019 年，农民工总量达到 2.91 亿人，其中外出农民工达 1.74 亿人。[②] 农村劳动力进城带动大量农村学龄人口进城。2019 年，进城务工人员随迁子女为 1426.96 万人（初中 384.93 万人，小学 1042.03 万人）。[③] 按照现行政策，随迁子女就学要做到“两为主”“两纳入”，在保障他们在流入地享有教育权利的同时，也增加了流入地的学位压力。教师编制是按照学生数来核定的，国家义务教育教师编制标准规定：小学师生比为 1∶19，初中师生比为 1∶13.5。现在流入地教师编制往往根据户籍学生数来核定，当学校进城务工人员随迁子女超过一定比例时，流入地学校就会感受到学龄人口流动导致的学位压力。

随迁子女城镇就学现实地增加了流入地学校的在校生数量，提高了流出地学校师生比。从学生数量来看，流入地学校会表现出教师编制紧张，流出地学校会表现出教师超编。当然，如果流入地学校学生流入没有造成班级规模过大和增加班级，流出地学校学生流出没有导致班级合并，那么对流入地学校与流出地学校教师编制的现实需求影响不大。

教师编制是属地管理，当城乡教师编制明显失衡时，无法在流入地和流出地之间调剂。如果教师编制只参考当地户籍在校生进行分配，这样流入地只能靠代课或临聘教师维持学校正常教育教学活动。可以说，生源流动影响着城乡师生比的变化。如何破解“生的流动性”与“编的稳定性”之间的矛盾，在目前的解决办法中，同工同酬治标不治本，行业调剂、提高统筹层级收效甚微。[④] 体现生源变化的宏观走向这一城乡教师编制的原则，要求基于学生数量与班级数量，在乡村学校在校生减少时不轻易减少教师，而城镇学生数量增加时要适当增加教师，从根本上解决教师缺乏问题。

---

① 秦玉友、宗晓华：《2016—2030 年中国城乡义务教育师资需求预测》，《东北师大学报》（哲学社会科学版）2017 年第 1 期，第 8~21 页。

② 国家统计局：《2019 年农民工监测调查报告》，2020 年 4 月 30 日。

③ 教育部发展规划司：《2019 年教育统计数据》，2020 年 6 月 10 日。

④ 邓友超：《深化教育体制改革重在抓落实、见实效》，《教育研究》2018 年第 9 期，第 14~17 页。

（二）基于政府的师资供给能力

实行城乡统一的中小学教职工编制标准工作，关键在于强化地方各级政府的事权责任，提高师资供给能力。从国家财力来看，在义务教育阶段在校生数量一定的情况下，农村义务教育师资供给能力是教师数量（由师生比为操作性指标的教师编制标准和在校生数量决定）与教师工资的函数。国家制定以其他行业（公务员）工资收入为参照的教师工资标准，这一层级供给主要是从制度上确定各县可以聘用教师的编制数量与教师工资标准，向县进行制度供给。

目前，在农村义务教育师资供求关系中，中央与省是供给侧，县是需求端，在供求关系上表现出供给侧的强势与需求端的弱势。一般来讲，在经济领域中，供给侧是商品提供方，需求端是商品购买方。在作为基本公共服务的农村义务教育这一领域，师资供给侧与需求端表现出特殊性，即农村义务教育师资供给侧的师资提供方与需求端的师资购买方都是政府。

有效需求的两个要件是需求意愿（需要）和购买能力（买得起）。农村义务教育师资需求意愿由需求端发出，但需求端不用考虑是否能买得起，供给侧要考虑这个问题。农村义务教育师资需求端的购买能力变成了供给侧的供养能力（供得起）。因此，这不是在需求端产生了需求意愿和购买能力的张力，不是在需求端寻找需求意愿和购买能力二者间矛盾的妥协与解决，而是在需求端的需求意愿与供给侧的供养能力二者间产生了张力。①

一般商品供给的两个要件是供给意愿（愿意供）与提供能力（有得供）。与一般商品供给只考虑两个要件不同，在农村义务教育师资需求端的购买能力易位于供给侧的供养能力之后，农村义务教育师资供给还需要考虑供养能力。换言之，农村义务教育师资供给需求要考虑三个要件，即供给意愿、提供能力与供养能力。农村义务教育师资供给作为基本公共服务的一部分，尽管政府在供给意愿上总是会考虑需求端的农村义务教育师

---

① 秦玉友：《农村义务教育师资供给与供给侧改革》，《教育研究》2020 年第 4 期，第 139~151 页。

资需求，但是现实的农村义务教育师资供给主要是政府基于已获得教师资格证人员数量的师资提供能力与基于经济发展水平和可支配财力的供养能力判断决定的。① 基于政府的师资供给能力是核定城乡教师编制的一个重要原则。

（三）体现公平而有质量的教师编制定位

中小学教师编制标准从“城乡倒挂”走向“城乡统一”，体现了公平的教师编制改革发展定位。当前，“城乡统一”教师编制政策已经明确，但各地推进“城乡统一”教师编制政策不平衡，具体表现在各地对教师编制标准的执行态度与执行能力不平衡，各地义务教育教师编制调整进度不一。在“城乡统一”教师编制政策执行中，各地需要以公平为基点，考虑本地实际需求，在严格执行国家向农村特别是边远地区倾斜等规定的同时，推进城乡教师编制标准的积极差异。为推进城乡教师编制标准的积极差异，需要科学测算教师工作量，强调底线配置和督导责任的落实，保障教师为农村学生提供有质量的教育服务。

一是科学测算教师工作量，按照在岗教师校际师均教学工作量均等原则进行教师要素供给。科学进行教师要素供给管理，首先要有效整合不同教师供给渠道，把正式在编在岗教师，与特岗计划、购买服务、银龄计划、公益组织支教教师等一起纳入教师要素供给管理，规范与有效管理不同供给渠道的要素供给存量。非正式在编在岗教师的工作量是根据情况商定的工作量，不能简单与正式在编在岗教师相同。但是，一旦商定具体工作量后，没有特殊情况，这些来源的教师必须保质保量地按时完成相应工作。在明确教师要素供给存量的基础上，一方面，根据学校层面、班级层面与学生层面产生的工作量，科学测算不同学校工作量；另一方面，根据扣除其他来源教师承担相应工作量后县域内正式在编在岗教师校际师均教学工作量均等原则，进行县域校际师资要素供给。②

二是县域师资要素供给应该体现底线配置思维，所谓底线配置思维是

---

① 秦玉友：《农村义务教育师资供给与供给侧改革》，《教育研究》2020 年第 4 期，第 139～151 页。

② 秦玉友：《农村义务教育师资供给与供给侧改革》，《教育研究》2020 年第 4 期，第 139～151 页。

指从学校层面来看，考虑到安全问题，学校应该设立基本的教师数量底线。一所学校是一个相对封闭的组织，是一个涉及活动比较复杂的组织，是一个以儿童为服务对象的组织。学校的一个班级同样也是一个相对封闭的组织。一个班级至少需要一名教师。在我国教学点一般是 2~4 个年级，每个年级有一个班级，共有 2~4 个班级。尽管许多超小规模学校存在一校一师甚至一师一生的情况，但是，如果这个教师突然有事、生病、有其他情况不能到校，学校就会处于失管状态。即使是超小规模学校，也需要有两名教师。因此，基于农村经济社会发展水平，乡村小规模学校除校长和行政人员外，每所学校至少要有三名专任教师。①

三是强化教育督导责任，建立不合格教师提升与退出机制。全面监控正式在编教师素质情况，及时发现不合格教师。对接近退休年龄的在编的不合格教师，要尽快以退休方式使其离开教师队伍。对在编的不合格的中青年教师进行分流处理。对在编的不合格的中青年教师进行全面培训，培训后根据情况分流到不同类型教职工岗位。对不能胜任各类型教职工岗位的要依法依规予以辞退。

二　农村中小学教师编制标准的特征

农村义务教育师资按编制标准数据统计意义上的充裕与按现实实际需求学校缺人的矛盾是农村义务教育师资供给的一个基本现状。有研究基于 2004 年国家宏观数据测算发现，大部分地区义务教育阶段教师严重超编。②农村中小学教师"超编缺人"的结构性缺编问题较为突出。面对这一现实挑战，要关注农村中小学教师编制标准的核定依据，需要从农村学校规模特征、功能特征与地理特征方面考虑。

（一）规模特征：充分考虑乡村小规模学校规模效率衰减

随着城镇化进程的不断加快，农村义务教育学生数量总体回落。按照原来的教师编制标准，虽然农村教师总量可能富余，但教师结构性短缺问

① 秦玉友：《农村义务教育师资供给与供给侧改革》，《教育研究》2020 年第 4 期，第 139~151 页。

② 张力跃、于伟：《加强农村教师队伍建设亟待建立进出有序、供求平衡的管理机制》，《国家教育行政学院学报》2008 年第 5 期，第 62~69 页。

题仍难以解决。以简单“师生比”标准配置教师对学校的规模假设是区域内学校均具有一定规模且班级规模相当，若不符合这一规模假设，就会产生规模消耗型需求增量。一方面，乡村小规模学校班级面向的师资消耗产生需求增量。现实中班级数量与学生数量往往非同步增长。小规模学校学生数量少，依据“师生比”标准配置教师数量会相应较少。但小规模学校班级面向的工作量对教师的需求不会简单地、成比例地随着学生数量减少而减少，小规模学校产生了教师需求增量。另一方面，极端小规模学校（含教学点）对教师产生保底性消耗。小规模学校对师资的保底性消耗可以从班级面向与学校面向两个角度切入，班级面向的师资保底性消耗以保证课程开齐开足为目标，每个班级至少需要 1 名教师。学校面向的师资保底性消耗以保证学校安全运行与应急情况处理为目标，每所学校至少配置 2 名专任教师。①

从现实来看，目前村小和教学点在师资配备上既存在总量不足问题，同时也存在结构性短缺问题，相较于其他农村中小学校，村小和教学点在师资配置上面临的挑战更为严峻。② 基于此，从农村学校的规模特征出发，乡村小规模学校教师编制政策的制定要综合考量“师生比”“师班比”“师科比”。

现实中，乡村小规模学校主要按“师生比”供给教师，在有条件的情况下，乡镇中心校还会为小规模学校多提供一些教师。按照“师生比”测算农村义务教育师资是充裕的，但实际情况是另外一种情形，班级规模小就意味着在学生数量相同的情况下，小规模学校班级数量会更多，按“师班比”计算，农村学校师资供给就明显不足。对于艰苦偏远的农村地区小规模学校，名义上超编而实际缺人的现象比较普遍。③ 在以“师生比”为主的基础上，一方面，引入“师班比”有助于缓解村小和教学点等小规模学校教师数量不足的问题；另一方面，引入“师科比”有助于缓解大部分农村学校教师学科结构性缺编问题。

---

① 张宗倩、秦玉友：《供需增量：县域教师编制的现实挑战与政策议题》，《中国教育学刊》2020 年第 8 期，第 71~76 页。

② 汪明：《教师编制城乡统一要落地“有声”》，《中国教育报》2014 年 12 月 2 日，第 2 版。

③ 秦玉友：《农村义务教育师资供给与供给侧改革》，《教育研究》2020 年第 4 期，第 139~151 页。

（二）功能特征：乡镇寄宿制学校服务内容拓展

长期以来，由于家校距离较远与交通不便，乡镇存在大量寄宿制学校。与走读学校相比，乡镇寄宿制学校除教学功能，还增加了寄宿服务功能。乡镇寄宿制学校缺少甚至没有生活教师、安保人员编制，寄宿制学校专任教师除了承担日常教育教学任务外，往往还要承担生活教师、宿管人员、安保人员等的非教学任务。有研究对西部地区农村寄宿制小学教师现有编制调查发现，生活教师、宿管人员、安保人员等缺乏会对学校教师产生教学精力不足、心理压力较大、压力难以释放、教学质量不高等负面影响。[①]

以简单“师生比”为标准配置教师的学生上学状态假设是区域内学生普遍以走读上学为基本上学状态。寄宿制学校增加寄宿生日常生活和课后学习的管理、服务与教育工作，不符合这一假设，学校功能向非教学服务功能扩展，产生了寄宿生面向的生活教师需求。低龄寄宿生在学习、生活和心理方面表现得更消极，[②] 对生活教师的需求更加明显。现实中农村寄宿制学校生活教师在数量上还存有很大的缺口，[③] 寄宿制学校便会增加专任教师非教学服务的工作量，承担生活教师职责。在严格限制编制增加的政策语境下，生活教师编制增加空间被挤压，同时农村寄宿制学校购买服务能力较弱，无法配齐生活教师。但非教学服务需求并不会因生活教师缺乏而消失，专任教师在范畴与时间维度上跨界承担起非教学工作，产生功能扩展型教师需求增量。[④]

与走读学校相比，寄宿制学校承担了走读学校没有承担的寄宿服务（含提供校车接送）功能。由于服务半径大及交通、气候等原因，农村地

---

① 张鸿翼、李森：《西部地区农村小学教师结构性缺编现状调查研究——基于川、渝、滇、黔等六省市区的实证分析》，《云南师范大学学报》（哲学社会科学版）2019 年第 3 期，第 100～109 页。

② 赵丹、于晓康：《农村小学低龄寄宿生学校适应性及影响因素研究——基于陕西省两县的实证分析》，《教育科学研究》2017 年第 5 期，第 37～43 页。

③ 杨兆山、姚姿如：《农村寄宿制学校生活教师队伍建设研究》，《教育探索》2012 年第 6 期，第 112～114 页。

④ 张宗倩、秦玉友：《供需增量：县域教师编制的现实挑战与政策议题》，《中国教育学刊》2020 年第 8 期，第 71～76 页。

区无法避免存在大量的寄宿制学校。对此，需要尊重农村学校功能特征，强化对乡镇寄宿制学校功能特征的认识，充分考虑额外功能范围内增加的服务支出项目，如承担寄宿、校车接送等许多教学之外的服务功能，进行教育资源配置。一是尽可能对乡镇寄宿制学校人员的编制单独核算并适当增加，但受编制整体数量严格控制的约束，现实中可操作性低。二是深化农村中小学后勤服务社会化改革，逐步压缩非教学人员编制，探索政府购买乡镇寄宿制学校的社会服务方式。

2014 年，《中央编办 教育部 财政部关于统一城乡中小学教职工编制标准的通知》提出，深化后勤改革，各地按照中央改进政府提供公共服务方式、加大政府购买服务力度有关要求，继续对适合社会力量提供的工勤和教学辅助等服务进行购买。[①] 我们可以在相关政策框架内，积极推动将购买乡镇寄宿制学校的社会服务纳入当地政府购买服务指导目录，释放专任教师承担寄宿服务任务导致专任教师非教学任务占用专任教师编制带来的编制压力。

（三）地理特征：承认、肯定农村学校所处环境的经济学意义

《中华人民共和国教师法》第六章第 27 条规定："地方各级人民政府对教师以及具有中专以上学历的毕业生到少数民族地区和边远贫困地区从事教育教学工作的，应当予以补贴。"这种差异性的教师工资补偿规定体现出对在边远贫困地区工作教师的尊重与偏爱，承认、肯定农村学校所处环境的经济学意义。承认农村学校所处环境的特点，即考虑到农村学校在一定区域所处的地理特征（如离主城区距离等），要强化农村学校的地理特征认识，计算并补偿农村，特别是远离区域中心区的偏远农村地区教师走教、外出培训、吸引优秀教师任教所产生的更高的经济成本。

农村学校所处环境的经济学意义在地广人稀、人烟稀少地区表现得最为明显，自然环境恶劣、交通不便、人居生活环境受限是吸引并留住师范毕业生和教师的最大障碍。有学者选取陕西、甘肃、青海、宁夏、新疆五省（区）的教育发达县、中等县、欠发达县各 1 个为样本，对其中小学教

① 中央编办、教育部、财政部：《中央编办 教育部 财政部关于统一城乡中小学教职工编制标准的通知》，中央编办发〔2014〕72 号，2014 年 11 月 13 日。

师结构现状展开调查，发现青海、宁夏和甘肃三省（区）的中小学代课教师比例均高于全国平均水平；同时在小学阶段，青海、宁夏和甘肃三省（区）的兼课教师比例均高于全国平均水平，在初中阶段，宁夏和甘肃两省（区）的兼课教师比例均高于全国平均水平。[①] 这一现状说明，农村地区特别是西部农村地区中小学教师学科结构性缺编问题相对严重。基于此，《国家中长期教育改革和发展规划纲要（2010—2020 年）》指出，逐步实行城乡统一的中小学教师编制标准，对农村边远地区实行倾斜政策。

第四节　我国教师编制的需求预测

从理论上讲，义务教育师资需求是学生数量与生师比[②]的函数，义务教育师资需求会随着在校生数量与生师比政策规定的变化而变化。一般来说，在一个国家（或一个区域），在校生数量越多，所需要的教师越多，生师比越小，所需要的教师越多。基于这一认识，我们认为中国义务教育师资需求研究需要基于在校生数量预测与生师比的研究进行。

一　城乡义务教育在校生数量预测研究

预测义务教育师资需求的一个基础性工作就是义务教育学龄人口预测。中国义务教育学龄人口预测可以在中国人口预测的基础上进行。目前人口预测的主要方法是基于总和生育率的预测，但这种方法适用于生育政策相对稳定的情况。中国在 2013 年底、2015 年底和 2021 年 5 月三次调整了生育政策，第一次实施了“单独二孩”政策，第二次决定自 2016 年起实施“全面二孩”政策，第三次实施了三孩政策。因此，对学龄人口的预测必须考虑“单独二孩”、“全面二孩”和三孩政策的影响。

（一）中国义务教育学龄人口走势

本书的学龄人口基础数据采用李玲和杨顺光的学龄人口预测数据。[③]

---

① 周晔：《西北农村地区中小学教师队伍结构失衡问题与破解政策体系》，《教育科学研究》2018 年第 11 期，第 93~96 页。

② 为了方便图表呈现数据和计算方便，本节在图表中和计算时用生师比。

③ 李玲、杨顺光：《“全面二孩”政策与义务教育战略规划——基于未来 20 年义务教育学龄人口的预测》，《教育研究》2016 年第 7 期，第 22~31 页。

具体预测包含三个部分。第一部分，假定原有生育政策不变，预测未来的人口规模与结构。基础数据采用 2010 年第六次全国人口普查数据。其中，总和生育率根据 2010 年第六次全国人口普查数据计算。小学和初中的学龄人口分别界定为 6~11 岁、12~14 岁儿童。具体预测使用人口预测软件 CPPS 计算。第二部分，采用易富贤和苏剑测算出的“单独二孩”政策新增出生人口数，[①] 王广州测算出的“全面二孩”政策实施后 2016~2030 年的新增出生人口数，[②] 测算出这两次生育政策实施后的新增出生人口数。第三部分，将第一部分的人口预测数据与第二部分的人口预测数据加总，得到最终的 2022~2030 年中国义务教育学龄人口预测数据（见表 1-4）。

表 1-4　2022~2030 年义务教育学龄人口预测

单位：万人

年份	小学学龄人口	初中学龄人口
2022	8414.05	4485.91
2023	8967.08	4212.81
2024	9291.18	3949.42
2025	9603.63	3879.44
2026	9828.23	3950.25
2027	10001.31	3985.50
2028	9514.15	4524.66
2029	9062.90	5006.94
2030	8747.18	5295.89

资料来源：李玲、杨顺光：《“全面二孩”政策与义务教育战略规划——基于未来 20 年义务教育学龄人口的预测》，《教育研究》2016 年第 7 期，第 22~31 页。

联合国经济社会事务署（Department of Economic and Social Affairs）曾以 2005 年人口数据为基线对我国人口规模及结构变动进行了预测，[③] 后来

① 易富贤、苏剑：《从单独二孩实践看生育意愿和人口政策 2015-2080 年中国人口形势展望》，《中国发展观察》2014 年第 12 期，第 58~74 页。

② 王广州：《生育政策调整研究中存在的问题与反思》《中国人口科学》2015 年第 2 期，第 2~15、126 页。

③ Population（thousands）. http：//esa. un. org/unpp/p2k0data. asp. 2010-01-08.

又以 2010 年人口数据为基线更新了总量数据，但未公布分年龄段的数据。[①] 其中，2005 年的预测公布了中国 5~14 岁的人口预测值。我国目前实施九年义务教育，学龄人口为 6~14 岁，为了简便起见，将联合国的中国 5~14 岁人口预测数据乘以 9/10 得到中国义务教育学龄人口的近似数据。

与 2005~2018 年实际学龄人口数据进行对比可以看出，联合国 2005 年的预测学龄人口总量比实际数据大。与联合国 2005 年预测的中国学龄人口数据进行比较，本书所采用的基础数据更为接近现实，而且变化趋势也更为符合“全面二孩”政策实施后的生育人口波动节奏。具体而言，“全面二孩”政策实施之后的学龄人口预测数据总量较小，但波动较大，其中小学学龄人口从 2022 年开始增加，2027 年达到峰值；初中学龄人口从 2026 年开始明显增加（见图 1-13）。

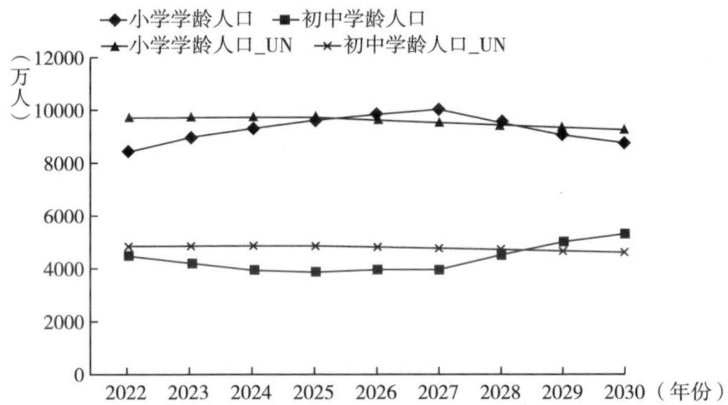

图 1-13　2022~2030 年义务教育学龄人口预测数据可靠性检验

（二）义务教育在校生数量预测

2018 年我国小学学龄儿童毛入学率为 103.2%，初中阶段毛入学率为 100.90%，2019 年我国小学学龄儿童毛入学率为 103.0%，初中阶段的毛入学率为 102.6%，可见义务教育阶段的在校生数与学龄人口数据有所出入。为了预测义务教育在校生数量，我们对 2000 年以来的毛入学率进行分

① United Nations, Department of Economic and Social Affairs, Population Division. “Demographic Components of Future Population Growth: 2015 Revision.” New York: United Nations. 2015.

析，发现了具体变化趋势（见图 1-14）。

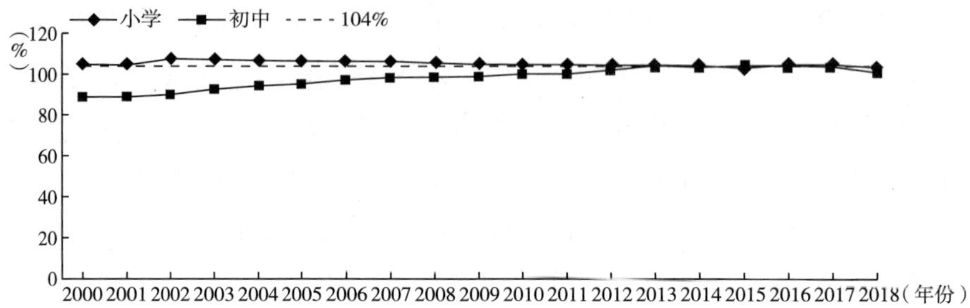

图 1-14　2000 年以来中国义务教育毛入学率收敛情况

资料来源：《中国教育统计年鉴》（2019）。

从图中可以看出，2000 年以来，无论是小学阶段还是初中阶段，毛入学率逐步收敛到 104%左右，2018 年，初中阶段毛入学率略有下降。毛入学率受入学政策和学制政策的影响较大，中国幅员辽阔，各地教育事业发展情况复杂，因此我们假定在预测时间区间内，小学和初中的毛入学率稳定在 104%的水平上。根据上文的学龄人口预测和毛入学率的分析，可以得到 2022~2030 年的小学和初中在校生数量预测（见表 1-5）。

表 1-5　2022~2030 年义务教育在校生数量预测

单位：万人

年份	小学在校生数量	初中在校生数量
2022	8750.61	4665.35
2023	9325.76	4381.32
2024	9662.83	4107.40
2025	9987.78	4034.62
2026	10221.36	4108.26
2027	10401.36	4144.92
2028	9894.72	4705.65
2029	9425.42	5207.22
2030	9097.07	5507.73

（三）义务教育在校生数量的城乡构成预测

城乡义务教育在校生数量是在校生总数与教育城镇化率的函数。在预测了义务教育在校生总数之后，要想获得义务教育在校生数量的城乡构成数据，需要对中国教育城镇化率进行预测。我国教育人口城镇化率显然受常住人口城镇化率的影响。按照《国家新型城镇化规划（2014—2020年）》，2020年我国常住人口城镇化率将达到60%左右，估算城镇化率增速为每年0.925%。然而，我国的常住人口城镇化率与教育人口城镇化率并不同步，预测2020~2030年城乡学生比例，必须基于过去中国的教育人口城镇化模式。

为了分析和预测义务教育在校生数量的城乡构成，依据国家统计指标的分类，将义务教育在校生分为城市、县镇和农村三个组成部分，构造城市集中度和县镇集中度两个结构性指标。其中，小学城市集中度指城市小学在校生数量占小学在校生总数的比例，小学县镇集中度是指县镇小学在校生数量占小学在校生总数的比例，小学在校生数量城市、县镇集中度不断提高（见表1-6）。

表1-6　2000~2018年中国城乡小学在校生数量与城市、县镇集中度

单位：人，%

年份	城市	县镇	农村	小学城市集中度	小学县镇集中度
2000	18166507	26928904	85037137	13.96	20.69
2001	16808781	22577859	86048027	13.40	18.00
2002	17212547	22937748	81416791	14.16	18.87
2003	18076855	21929021	76891519	15.46	18.76
2004	18314007	20362265	73785984	16.28	18.11
2005	17303773	21858606	69478276	15.93	20.12
2006	16035689	24318225	66761432	14.97	22.70
2007	17610813	25521904	62507310	16.67	24.16
2008	18043818	26022475	59248829	17.46	25.19
2009	17787684	26371538	56555439	17.66	26.18
2010	18204675	27700170	53502198	18.31	27.87
2011	26069589	32542101	40651984	26.26	32.78

续表

年份	城市	县镇	农村	小学城市集中度	小学县镇集中度
2012	26884287	33549812	36524886	27.73	34.60
2013	27729719	33705362	32170406	29.62	36.01
2014	29432481	34579558	30498612	31.14	36.59
2015	30708802	36554044	29658985	31.68	37.71
2016	32671812	37540969	28917345	32.96	37.87
2017	34622854	38560500	27753626	34.30	38.20
2018	37221569	39506834	26664138	36.00	38.21

资料来源：根据《中国教育统计年鉴》（2000~2018 年）数据测算。

同理，初中城市集中度指城市初中在校生数量占初中在校生总数的比例，初中县镇集中度是指县镇初中在校生数量占初中在校生总数的比例。初中在校生数量城市、县镇集中度不断提高（见表 1-7）。

表 1-7　2000~2018 年中国城乡初中在校生数量与城市、县镇集中度

单位：人，%

年份	城市	县镇	农村	初中城市集中度	初中县镇集中度
2000	10373922	17204519	34984446	16.58	27.50
2001	10675298	22740284	31728225	16.39	34.91
2002	11211687	24012929	31649710	16.77	35.91
2003	11461189	23319977	32127107	17.13	34.85
2004	11212647	22009690	32052803	17.18	33.72
2005	10370873	23626076	28152493	16.69	38.01
2006	9508499	24312660	25758332	15.96	40.81
2007	10483963	24351949	22526035	18.28	42.45
2008	10675524	24469770	20704416	19.11	43.81
2009	10594399	24428344	19386672	19.47	44.90
2010	10590766	24337317	17865217	20.06	46.10
2011	14363980	24674229	11629815	28.35	48.70
2012	14410251	23479363	9740993	30.25	49.29

续表

年份	城市	县镇	农村	初中城市集中度	初中县镇集中度
2013	14300203	21955710	8145335	32.21	49.45
2014	14686960	21674750	7484587	33.50	49.43
2015	14410106	21684430	7024964	33.42	50.29
2016	14894194	21729103	6670387	34.40	50.19
2017	15671422	22315114	6434094	35.28	50.24
2018	16918809	23122983	6484062	36.36	49.70

资料来源：根据《中国教育统计年鉴》（2000~2018 年）数据测算。

从总体上看，我国义务教育学生的城市集中度、县镇集中度呈逐渐上升趋势，但呈现先慢后快的特征。根据近 8 年小学、初中城市集中度、县镇集中度的平均增幅，假定按该增幅持续下去，但每年递减 0.05 个百分点，并且假定无论是城市集中度还是县镇集中度，达到峰值后将进入平台期。参数设置主要基于以下两个方面的考虑。第一，使用近 8 年的数据，主要原因在于城市、县镇和农村的统计口径在 2011 年有所调整，因此，2010~2011 年在数据上有一个跳跃，但是前后的长期增长趋势相对稳定。使用 2011~2018 年的数据，一方面可以保持统计口径的一致性，另一方面也能较好地体现这种发展趋势。第二，城市、县镇集中度按照近期的统一增幅持续下去，但是增幅每年递减，直至一个平台期，这种设置主要是基于对国际城镇化进程一般规律的认识，即城镇化进程一般经历先慢后快再逐步放缓的“S”形（the shape of an attenuated “S”）[①] 过程（见图 1-15）。

根据小学、初中的城市集中度和县镇集中度的发展预测，结合义务教育在校生数量预测，可以分别得到城市、县镇和农村的义务教育在校生数量的预测值。根据预测，可以看出，教育的城镇化虽然一直在提升，但是农村小学和初中始终占有一定的比例。具体来看，到 2030 年，农村小学的在校生数量为 1279.96 万人，占小学在校生总数的比例为 14.07%，之后年份这个比例基本进入平台期；农村初中的在校生数量为 489.15 万人，占初中在校生总数的比例为 8.88%（见表 1-8）。

① Ray M. Northam. *Urban Geography*. New York：John Wiley and Sons. 1979. pp. 65-67.

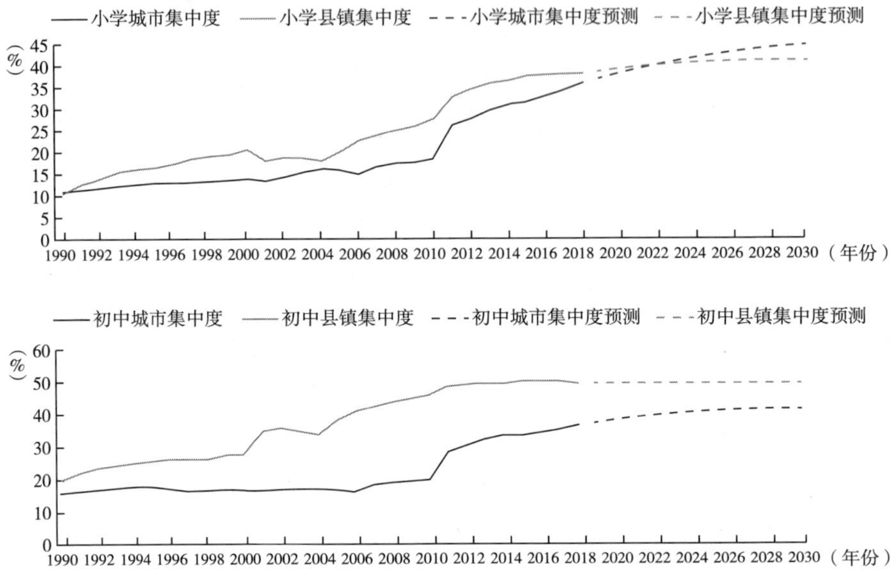

图 1-15　义务教育在校生的城市、县镇集中度变化及其预测

资料来源：根据《中国教育统计年鉴》(1990~2018 年) 数据测算。

李玲和杨顺光估算的城镇化率增速为每年 0.97%，到 2030 年中国城镇化率为 69.7%，并按照线性插值方法对义务教育在校生城乡构成进行预测，其预测 2030 年农村小学在校生数量为 449.29 万人，占小学在校生总数的比例为 20.63%，到 2035 年占比下降为 18.69%，与我们的估计大致相当；农村初中在校生数量为 83.76 万人，占初中在校生总数的比例为 5.43%，然后继续下降，到 2035 年下降到 3.49%。① 这与我们的预测差距逐步拉大。两者相比，根据“S”形而非线形的城镇化发展轨迹预测可能更为合理一些。我国地域辽阔，国情十分复杂，保留一定的农村学校不仅是客观的现实需要，而且也应该成为公共教育政策制定的一种价值取向。

① 李玲、杨顺光：《“全面二孩”政策与义务教育战略规划——基于未来 20 年义务教育学龄人口的预测》，《教育研究》2016 年第 7 期，第 22~31 页。

表 1-8　2022~2030 年城乡义务教育在校生数量预测

单位：万人

年份	城市小学	县镇小学	农村小学	城市初中	县镇初中	农村初中
2022	3520.37	3525.18	1705.06	1845.84	2320.83	498.67
2023	3831.72	3786.61	1707.43	1757.62	2179.54	444.16
2024	4045.34	3946.54	1670.94	1666.27	2043.28	397.85
2025	4251.05	4095.11	1641.62	1650.92	2007.07	376.63
2026	4413.58	4198.93	1608.84	1691.37	2043.71	373.18
2027	4547.22	4272.88	1581.27	1712.73	2061.94	370.24
2028	4370.99	4064.75	1458.98	1946.84	2340.88	417.92
2029	4199.26	3871.96	1354.20	2154.36	2590.40	462.47
2030	4080.03	3737.08	1279.96	2278.68	2739.89	489.15

资料来源：根据《中国教育统计年鉴》（1990~2018 年）数据测算。

二　国内外[①]生师比概观与生师比确定

全景式了解国际社会生师比状况和了解中国生师比变化的历史对当前我们确定合理的生师比，科学预测城乡义务教育师资需求具有重要意义。当然生师比的确定也受人口分布状况、经济发展水平、生师比对教育质量的重要性的影响。一般而言，经济越发达，生师比就越小；经济越不发达，生师比就越大。在义务教育普及的过程中，为了方便适龄儿童入学，国家一般会规定家校最大距离。因此，在人口密度比较小的地区，学校规模小，班级规模小，要想开齐开足课程，生师比就需要比较小。人口密度在本书中主要反映在对城乡班级规模差异的关注。

（一）国际生师比横向比较

生师比有什么意义呢？全民教育全球监测报告 2005《全民教育：提高质量势在必行》认为，李（J. Lee）和巴罗（R. J. Barro）的研究是证明学校资源对考试成绩的重要性的最强有力的结果。他们的研究发现生师比的

---

① 2003 年国际社会曾用 pupil-teacher ratio（生师比），为了与国际对照，本研究生师比的操作性定义是学生数量/专任教师数量。按《中国教育统计年鉴》教职工由教师（teacher）、职工（staff）和工人（worker）构成，本研究所使用的生师比中的“师”是教师（专任教师）。根据《中国教育统计年鉴》提供的历年统计数据测算，学生数量与专任教师数量之比，要略大于学生数量与教职工之比。

提高引起了平均考试分数的下降，从而证明班级越小，学生的成绩越好。他们的研究显示，生师比降低一个标准差（1990 年为 12.3）会使考试分数提高 1.8 个百分点。[①] 也就是说，随着生师比降低，学生考试分数会提高。当然，生师比降低还可以带来分数提高之外的好处。

一个国家的生师比受到不同因素的影响，其中一个重要因素是国家的经济发展水平。我们这里将从经济发展维度分析国际生师比。世界银行运用世界银行阿特拉斯法（the World Bank Atlas method），按照各国人均 GNI（gross national income），把世界各国划分成低收入国家（low income countries）、中低收入国家（lower middle income countries）、中高收入国家（upper middle income countries）、高收入国家（high income countries）。联合国教科文组织统计研究所（UNESCO Institute for Statistics）按照这一维度测算了国际生师比情况（见表 1-9）。

表 1-9　2014 年国际生师比情况

	小学（primary education）	初中（lower secondary education）
低收入国家（low income countries）	42.84	27.63*
中等收入国家（middle income countries）	24.09*	18.83*
中低收入国家（lower middle income countries）	29.32*	23.38*
中高收入国家（upper middle income countries）	18.47	14.90
高收入国家（high income countries）	14.81*	12.42*

注：* 表示联合国教科文组织统计研究所（UIS）估算（estimation）。

资料来源：联合国教科文组织统计研究所数据中心。

从世界银行提供的可观察数据来看，1996 年及以前，中国处于低收入国家行列；1997 年，中国进入中低收入国家行列；1998 年，中国出现反复，又回到低收入国家行列；1999 年，中国再次进入中低收入国家行列；2010 年，中国进入中高收入国家行列。[②] 从国际比较的视野来看，中国义务教育生师比可以参照中高收入国家确定。

① J. Lee & R. J. Barro. “Schooling Quality in a Cross-Section of Countries.” *Economica*, 2001, 68 (272): 465-488.

② “World Bank Country and Lending Groups Historical Classification by Income in XLS Format.” https://datahelpdesk.worldbank.org/knowledgebase/articles/906519. 2016-06-06.

（二）中国义务教育生师比变化

从小学生师比总体走势来看，自 20 世纪 80 年代初以来，总体生师比呈下降趋势，1990 年到达波谷，降至 21.93；同年，农村生师比也降到波谷，为 22.51；城市与县镇生师比于 1991 年降至波谷，生师比分别为 19.38、20.48。1990 年之后，总体生师比开始上升，1997 年达到波峰，总体生师比上升到 24.16，城市、县镇、农村生师比分别升至 20.51、22.94、25.39。之后，从总体变化趋势来看，我国小学生师比呈现下降趋势（见表 1-10）。

表 1-10　1976～2018 年中国小学生师比变化

年份	城市	县镇	农村	总体	年份	城市	县镇	农村	总体
1976	23.45	28.92	28.78	28.37	1998	20.51	22.85	25.16	23.98
1977	17.85	28.46	28.39	27.59	1999	20.00	22.07	24.21	23.12
1978	23.20	28.47	28.40	27.99	2000	19.59	21.45	23.12	22.21
1979	23.09	27.68	27.61	27.25	2001	19.21	19.99	22.68	21.64
1980	22.28	26.62	27.02	26.60	2002	19.02	19.85	21.90	21.04
1981	21.12	25.33	26.17	25.69	2003	19.30	19.57	21.09	20.50
1982	19.98	24.10	26.06	25.38	2004	19.54	19.33	20.28	19.98
1983	—	—	—	25.03	2005	19.26	19.42	19.47	19.43
1984	20.21	23.01	26.09	25.25	2006	19.36	19.63	18.96	19.17
1985	19.73	22.68	25.80	24.87	2007	19.49	19.50	18.38	18.82
1986	19.62	22.26	25.23	24.35	2008	19.41	19.20	17.75	18.38
1987	19.29	21.95	24.44	23.62	2009	19.14	18.74	17.15	17.88
1988	19.30	21.34	23.51	22.79	2010	19.22	18.73	16.77	17.70
1989	19.63	20.99	22.95	22.32	2011	19.09	18.12	16.64	17.71
1990	19.56	20.61	22.51	21.93	2012	18.99	17.94	15.88	17.36
1991	19.38	20.48	22.72	21.99	2013	18.91	17.56	14.63	16.76
1992	19.40	20.84	22.83	22.08	2014	18.88	17.65	14.41	16.78
1993	19.83	21.25	23.14	22.37	2015	18.96	18.01	14.57	17.05
1994	20.05	21.77	23.70	22.85	2016	18.83	18.06	14.64	17.12
1995	20.15	22.05	24.32	23.30	2017	18.56	17.84	14.47	16.98
1996	20.30	22.38	24.90	23.74	2018	18.59	17.75	14.30	16.97
1997	20.51	22.94	25.39	24.16					

资料来源：《中国教育统计年鉴》（1976～2018 年）。

城市、县镇、农村生师比是不是应该有差异？差异应该有多大？2001年《关于制定中小学教职工编制标准的意见》中的“教职工编制标准”中，规定的城市、县镇、农村小学生师比分别为：19、21、23。2001年，城市、县镇、农村的生师比分别是19.21、19.99、22.68[①]。2018年，城市、县镇、农村的生师比分别为18.59、17.75、14.30[②]，农村的生师比比城镇小了一些，但是要保证农村达到与城市相同的师班比，农村的生师比还要降低一些。

从初中生师比总体走势来看，自20世纪80年代初以来，1986年达到一次波峰，生师比达到21.84；之后开始下降，在1990年出现一次波谷，而且城市、县镇、乡村同时达到波谷，总体生师比降低到15.66，城市、县镇、农村生师比分别降低到12.68、15.70、16.56。1990年之后，生师比开始上升，2002年达到波峰，总体生师比升到19.25，城市、县镇、农村生师比分别升至16.78、19.45、20.17。之后，初中生师比呈现下降趋势（见表1-11）。

对初中生师比的确定没有更多集中的国际文献可以参考。2001年，《关于制定中小学教职工编制标准的意见》中的“教职工编制标准”，对城市、县镇、农村初中生师比进行了规定，城市、县镇、农村初中生师比分别为：13.5、16、18。2001年，城市、县镇、农村初中生师比分别为16.67、19.40、20.11，与城市相比，农村生师比是比较大的。2018年，城市、县镇、农村初中生师比分别为13.05、13.00、11.51，城市、县镇、农村实际初中生师比有所降低，农村生师比降幅高于城市和县镇。

城市初中学校由于优质教育资源分布不均衡，存在校际差异，只要有效控制校际差异，现有的生师比完全可以满足教学要求；县镇一般规模也较大，在较大的县镇可能有两所初中，个别县镇会有两所以上初中，对绝大多数初中而言，现有生师比完全可以满足教学要求；相对于农村小学，农村初中都是比较有规模的，但规模相对较小，生师比近年来也是最小的。

① 如用教师职工数，城市、县镇、农村的生师比分别是16.53、17.67、21.07。

② 如用教师职工数，城市、县镇、农村的生师比分别是20.51、18.92、14.57。

表 1-11　1976~2018 年中国初中生师比变化

年份	城市	县镇	农村	总体	年份	城市	县镇	农村	总体
1976	23.26	24.70	20.71	21.39	1998	14.29	17.08	19.05	17.56
1977	22.24	23.88	20.64	21.09	1999	14.94	17.66	19.66	18.17
1978	20.91	22.88	20.15	20.47	2000	15.98	18.55	20.38	18.99
1979	18.09	21.23	19.09	19.14	2001	16.67	19.40	20.11	19.21
1980	16.16	20.14	18.77	18.53	2002	16.78	19.45	20.17	19.25
1981	14.95	18.58	18.09	17.64	2003	16.59	19.30	20.03	19.09
1982	14.69	17.97	18.21	17.55	2004	16.26	18.94	19.40	18.62
1983	—	—	—	17.56	2005	15.74	18.37	18.16	17.78
1984	15.09	18.77	19.31	18.42	2006	15.63	17.87	17.10	17.14
1985	10.35	12.01	17.79	14.95	2007	15.76	17.30	16.08	16.51
1986	20.56	27.45	20.72	21.84	2008	15.64	16.93	15.36	16.07
1987	14.18	18.01	19.00	17.94	2009	15.27	16.29	14.64	15.47
1988	13.39	16.67	17.72	16.71	2010	15.00	15.73	14.03	14.97
1989	12.84	15.86	16.72	15.82	2011	14.48	14.73	13.58	14.38
1990	12.68	15.70	16.56	15.66	2012	14.11	13.80	12.46	13.59
1991	12.82	15.87	16.64	15.74	2013	13.67	12.89	11.14	12.76
1992	13.07	16.22	16.65	15.85	2014	13.39	12.70	10.93	12.57
1993	13.04	15.74	16.56	15.66	2015	12.96	12.62	10.89	12.41
1994	13.51	16.14	16.99	16.07	2016	12.83	12.64	10.98	12.41
1995	14.15	16.72	17.75	16.73	2017	12.83	12.73	11.19	12.52
1996	14.44	17.08	18.31	17.18	2018	13.05	13.00	11.51	12.79
1997	14.21	16.95	18.76	17.33					

资料来源：《中国教育统计年鉴》（1976~2018 年）。

（三）中国义务教育班级规模变化

从小学班级规模的变化趋势来看，农村小学的班级规模一直是最低的，目前班级规模基本维持在 30 人以下，并呈逐年下降趋势。县镇小学的班级规模变化最大，平均班级规模经历 1992 年的 37 人到 2010 年的 49 人的变化，之后逐渐下降。城市平均班级规模总体变化不大，最近经历的一次下降是 2010 年之后，但是从 2011 年开始，城市平均班级规模大于县镇与农村，目前平均班级规模为 45 人（见表 1-12）。

表 1-12　1976~2018 年中国小学班级规模变化

年份	城市	县镇	农村	全国	年份	城市	县镇	农村	总体
1976	43.88	43.64	33.24	34.18	1998	45.80	40.22	31.48	34.32
1977	33.98	43.53	33.32	33.76	1999	45.17	39.83	31.30	34.15
1978	43.45	44.10	33.56	34.51	2000	44.60	39.44	34.35	36.50
1979	43.23	44.55	33.28	34.30	2001	42.14	41.54	31.13	33.84
1980	43.12	45.20	33.11	34.18	2002	43.63	43.15	31.31	34.48
1981	42.75	45.08	33.03	34.12	2003	44.68	43.74	31.28	34.75
1982	41.98	44.54	33.08	34.13	2004	45.69	45.10	31.39	35.11
1983	—	—	—	—	2005	46.29	47.29	31.21	35.48
1984	40.87	41.04	32.45	33.53	2006	46.91	48.64	31.64	36.29
1985	40.85	39.43	32.15	33.28	2007	47.71	48.68	31.59	36.78
1986	41.26	41.36	31.50	32.84	2008	47.74	48.81	31.64	37.12
1987	41.26	40.17	30.69	32.15	2009	47.54	48.66	31.82	37.39
1988	41.06	39.49	29.82	31.44	2010	47.70	48.88	32.08	37.99
1989	41.39	39.13	29.22	31.04	2011	47.09	45.63	30.98	38.49
1990	42.01	39.17	28.83	30.75	2012	46.45	44.61	29.56	37.78
1991	42.06	37.18	28.57	30.57	2013	46.53	44.09	28.25	37.46
1992	42.62	36.99	28.55	30.72	2014	46.23	43.65	27.81	37.42
1993	43.38	37.00	28.90	31.24	2015	46.22	43.71	27.74	37.72
1994	44.21	37.87	29.46	31.95	2016	45.77	43.29	27.60	37.71
1995	44.48	38.90	30.08	32.67	2017	45.25	42.61	27.38	37.61
1996	45.26	39.79	30.73	33.44	2018	44.90	41.99	27.10	37.54
1997	45.99	40.08	31.28	34.10					

资料来源：《中国教育统计年鉴》（1976~2018 年）。

从初中班级规模的变化趋势来看，除 1992 年及 1996~2000 年外，县镇初中班级规模都是最大的，目前县镇初中平均班级规模在 47 人左右。城市初中的班级规模在 1987~2010 年一直是最低的，目前班级规模维持在 46 人左右。自 2007 年以来，城市、县镇、农村平均班级规模均呈现下降走势（见表 1-13）。

表 1-13　1976~2018 年中国初中班级规模变化

年份	城市	县镇	农村	全国	年份	城市	县镇	农村	总体
1976	50.82	51.36	43.11	44.84	1998	50.08	53.75	55.22	53.94
1977	50.65	51.84	43.34	44.87	1999	50.69	54.43	56.18	54.75
1978	49.06	51.67	44.48	45.63	2000	35.95	41.66	54.45	46.55
1979	49.86	51.43	44.41	45.63	2001	50.36	57.38	56.51	55.69
1980	49.25	51.33	44.07	45.31	2002	51.51	57.99	57.75	56.68
1981	49.04	51.34	44.89	46.06	2003	51.30	58.23	58.03	56.82
1982	49.48	52.12	46.56	47.61	2004	51.10	57.90	57.85	56.59
1983	—	—	—	—	2005	50.73	58.12	56.25	55.92
1984	49.84	53.62	49.29	49.92	2006	50.42	58.03	55.78	55.72
1985	49.56	54.22	50.31	50.81	2007	51.28	57.68	54.51	55.16
1986	68.88	81.71	54.93	61.33	2008	51.26	57.26	53.48	54.61
1987	48.67	54.07	51.60	51.55	2009	51.00	56.35	52.39	53.80
1988	47.83	52.31	49.85	49.94	2010	50.54	55.27	51.32	52.90
1989	46.90	51.05	48.91	48.95	2011	50.27	53.70	50.04	51.83
1990	46.93	51.44	49.09	49.15	2012	49.52	51.77	47.99	50.27
1991	47.50	51.65	49.44	49.54	2013	48.65	50.17	45.77	48.82
1992	35.97	37.17	46.79	42.32	2014	48.06	49.65	45.20	48.30
1993	47.87	50.14	49.47	49.35	2015	47.17	49.20	44.65	47.72
1994	48.56	50.97	50.51	50.27	2016	46.76	48.73	44.22	47.30
1995	49.54	52.31	52.20	51.74	2017	46.54	48.07	43.68	46.85
1996	50.21	53.28	53.60	52.90	2018	46.44	47.42	43.52	46.48
1997	50.16	53.49	54.87	53.67					

资料来源：《中国教育统计年鉴》（1976~2018 年）。

（四）基于校际教师教学工作时间均等的生师比

为实现区域间、区域内校际师资均衡，我们提出基于教学工作时间均等原则进行校际义务教育师资配置。义务教育师资需求需要根据教学工作时间来测算。教师教学工作时间分为班级面向教学工作时间（备课、课堂教学）与学生面向教学工作时间（作业批改、个别辅导）。一个区域（学校）的班级面向教学工作时间由班级数量决定，班级数量可以由学校学生数量和班级规模计算得出；学生面向教学工作时间由学生数量决定。

1. 两个模拟实例

情况 A（见图 1-16）：40 个学生在一个教室，教师上一节课需要班级面向教学工作时间 80 分钟，学生面向教学工作时间 40 分钟（平均每个学生 1 分钟）。这个班级共需用 120 分钟（80+1×40=120）。

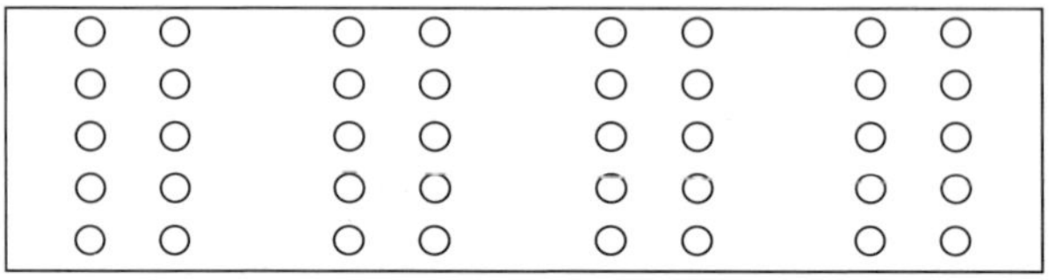

图 1-16　40 人班级规模示意

情况 B（见图 1-17）：40 个学生分别在 4 个班级，每 10 个学生在一个教室，教师给一个班级上一节课需要班级面向教学工作时间 80 分钟，学生面向教学工作时间 10 分钟（平均每个学生 1 分钟）。每个班级需要 90 分钟（80+1×10=90），4 个班级共需 360 分钟（90×4=360）。

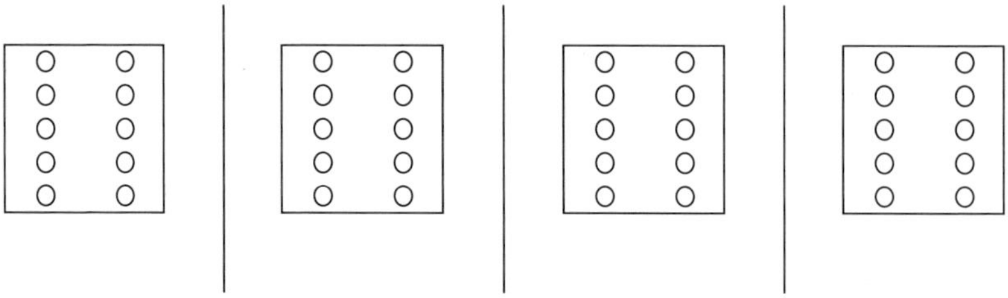

图 1-17　10 人班级规模示意

40 人的班级与 4 个 10 人的班级教师工作时间之比不是 1∶1，而是 1∶3。因此，应该基于班级规模与学生数量而不是简单地基于学生数量核定师资需求。

2. 几个变量设定

根据上述模拟实例，计算一个班级（学校/区域）学生应该配置的教师数量需要考虑班级规模、生师比、教师教学工作时间结构三个变量。结合我们的实证研究、政策文件规定和当前中小学的现实班级规模，这里假定小学的理想班级规模为 35 人，初中的理想班级规模为 45 人。

考虑国际生师比情况、当前中国现实生师比、生师比规定以及国家财政承受能力，本研究认为小学标准生师比为 16，初中标准生师比为 12。

经调查，小学班级面向教学工作时间和学生面向教学工作时间之比约为 2∶1，初中班级面向教学工作时间和学生面向教学工作时间之比约为 2∶1。

3. 小学教师数量（或生师比）的核算

若小学的理想班级规模为 35 人，班级面向教学工作时间与学生面向教学工作时间之比为 2∶1，小学的生师比为 16，由于教师的班级面向教学工作时间由班级数量决定，而学生面向教学工作时间由学生数量决定，可以得出在小学阶段每个班级的班级面向教学工作时间与学生面向教学工作时间的比值为 70∶1。在教师充足条件下，如果学生的总数为 N_1，班级平均规模为 n_1，那么为了保证不同学校在班级平均规模不同条件下教师的平均工作量相等，教师数量 x 应有以下等式：

$$\frac{\frac{N_1}{n_1}+\frac{N_1}{70}}{x}=\frac{\frac{N_1}{35}\left(1+\frac{1}{2}\right)}{\frac{N_1}{16}} \quad (1-1)$$ ①

由上式可得：

$$x=\frac{(n_1+70)N_1}{48n_1}$$

此时的生师比为$\frac{48n_1}{n_1+70}$。

4. 初中教师数量（或生师比）的核算

若初中的理想班级规模为 45 人，班级面向教学工作时间与学生面向教学工作时间之比为 2∶1，初中的生师比为 12，由于教师的班级面向教学工作时间由班级数量决定，而学生面向教学工作时间由学生数量决定，可以得出在初中阶段每个班级的班级面向教学工作时间与学生面向教学工作时间

---

① 在 2008 年“农村义务教育教师政策研究”课题研究过程中推算本公式时，东北师范大学农村教育研究所刘善槐老师参与公式推导工作。这里，本公式的一些参数有变化。

间的比值为 90∶1。在教师充足条件下，如果学生的总数为 N_2，班级平均规模为 n_2，那么为了保证在班级平均规模不同条件下教师的平均工作量相等，教师数量 y 应有以下等式：

$$\frac{\frac{N_2}{n_2}+\frac{N_2}{90}}{y}=\frac{\frac{N_2}{45}\left(1+\frac{1}{2}\right)}{\frac{N_2}{12}} \tag{1-2}$$

由上式可得：

$$y=\frac{(n_2+90)N_2}{36n_2}$$

此时的生师比为$\frac{36n_2}{n_2+90}$。

在保持当前（2018 年）义务教育班级规模不变的情况下，根据上述两个公式，城市、县镇和农村的生师比需求如表 1-14 所示。

表 1-14　生师比需求测算

	城市	县镇	农村
小学	18.76	18.00	13.40
初中	12.25	12.42	11.73

三　城乡义务教育师资需求预测研究

根据上文对城市、县镇、农村在校生数量和生师比需求的预测，本部分对城乡义务教育师资需求进行预测。

（一）城乡小学师资需求预测

城市、县镇和农村的小学在校生数量预测值分别除以相应的生师比，可得到小学阶段师资需求的预测。根据前文分析，我们将小学阶段城市的生师比设为 18.76，县镇为 18.00，农村为 13.40，测算出 2022~2030 年城乡小学师资需求（见表 1-15）。

表 1-15　2022~2030 年城乡小学师资需求预测

单位：万人

年份	城市	县镇	农村	合计
2022	187.65	195.84	127.24	510.74
2023	204.25	210.37	127.42	542.04
2024	215.64	219.25	124.70	559.59
2025	226.60	227.51	122.51	576.62
2026	235.27	233.27	120.06	588.60
2027	242.39	237.38	118.01	597.78
2028	233.00	225.82	108.88	567.69
2029	223.84	215.11	101.06	540.01
2030	217.49	207.62	95.52	520.62

资料来源：根据《中国教育统计年鉴》（1990~2018 年）数据测算。

（二）城乡初中师资需求预测

城市、县镇和农村的初中在校生数量预测值分别除以相应的生师比，可得到初中阶段师资需求的预测。根据前文分析，我们将初中阶段城市的生师比设为 12.25，县镇为 12.42，农村为 11.73，测算出 2022~2030 年城乡初中师资需求（见表 1-16）。

表 1-16　2022~2030 年城乡初中师资需求预测

单位：万人

年份	城市	县镇	农村	合计
2022	150.68	186.86	42.51	380.06
2023	143.48	175.49	37.87	356.83
2024	136.02	164.51	33.92	334.45
2025	134.77	161.60	32.11	328.48
2026	138.07	164.55	31.81	334.44
2027	139.81	166.02	31.56	337.40
2028	158.93	188.48	35.63	383.03
2029	175.87	208.57	39.43	423.86
2030	186.02	220.60	41.70	448.32

资料来源：根据《中国教育统计年鉴》（1990~2018 年）数据测算。

第五节　我国义务教育教师盈缺判断与调整思路

一　义务教育教师盈缺判断

根据义务教育教师未来需求和现有义务教育教师年龄结构，可以测算未来师资盈缺状况，让我们提前得知义务教育师资补充数量，进而对义务教育教师队伍建设做出中长期规划和布局。

（一）小学教师盈缺

《中国教育统计年鉴》只有分性别、分年龄的全国小学教师总数，因此，这里仅预测全国小学教师盈缺。根据2015年小学教师数量分性别、分年龄统计，小学男性教师处于55~59岁和60岁及以上的人数为38.09万人，处于50~54岁的人数为33.48万人，处于45~49岁的人数为27.90万人，处于40~44岁的人数为28.89万人；小学女性教师处于50~54岁、55~59岁和60岁及以上的人数为33.48万人，处于45~49岁的人数为42.47万人，处于40~44岁的人数为55.10万人，处于35~39岁的人数为73.62万人（见表1-17）。

表1-17　2015年中国小学教师年龄结构（以5岁为分段区间）

单位：人

年龄	男性教师数量	女性教师数量
24岁及以下	47087	241182
25~29岁	159468	636787
30~34岁	248567	698556
35~39岁	323170	736225
40~44岁	288908	551032
45~49岁	278976	424708
50~54岁	334774	330238
55~59岁	378418	3877
60岁及以上	2447	698
合计	2061815	3623303

资料来源：《中国教育统计年鉴》（2015年）。

一般来说，男性教师在60周岁退休，女性教师在55周岁退休。由于缺乏具体每个年龄的教师人数，为了简便预测，假定在一个年龄段中每年的退休人数相等，这样就能得出小学教师每年的正常退休数量。例如，2015年55~59岁和60岁及以上的男性教师为38.09万人，假定每个年龄的教师均匀分布，那么59岁的小学男性教师数量约为7.62万人，他们在2016年达到60岁这一退休年龄，此时需要补充7.62万名新教师才能保持教师数量不变。

根据《2015年全国教育事业发展统计公报》数据，2015年小学的专任教师数量为568.51万人。我们以此为初始年份教师存量，根据每个阶段的退休教师数量和师资需求数量预测值，推算相应阶段应该补充的教师数量。

具体的预测方法如下：第一阶段（2016~2020年）小学阶段累计退休教师为5年的加总数据，即71.57万人，那么到这一阶段末年，教师存量为2015年的教师存量568.51万人减去累计退休的数量，为496.94万人。对2016~2020年的师资需求预测值取年平均数，可得这一阶段的年平均师资需求为567.78万人。因此，可以推算该阶段需补充小学教师70.84万人。

对于第二阶段（2021~2025年），假设第一阶段按需求补充教师，小学阶段教师存量为2020年的567.78万人，2021~2025年累计退休教师为75.95万人，而这一阶段的平均师资需求为534.71万人。可以推算，该阶段需要补充的小学教师数量为42.88万人。

第三阶段（2026~2030年）以此方法类推，可以得出该阶段需要补充的小学教师数量为111.24万人（见表1-18）。

表1-18 分年龄段小学教师盈缺分析

单位：万人

师资需求	年份	2016~2020	2021~2025	2026~2030
	年均师资需求	567.78	534.71	562.94
教师退出	年份	2016~2020	2021~2025	2026~2030
	年段男性教师退出数量	38.09	33.48	27.90
	年段女性教师退出数量	33.48	42.47	55.10
	年段教师退出总量	71.57	75.95	83.00

续表

	年份	2015	2020	2025
按预测补充教师	教师存量※	568.51	567.78	534.71
	年份	2016~2020	2021~2025	2026~2030
	年段补充教师	70.84	42.88	111.24

注：假定到这一时段末教师数量要增减到与预测值相等；2015 年小学教师存量为 568.51 万人；因计算需要，2016~2018 年采用实际教师数量数据。

（二）初中教师盈缺

《中国教育统计年鉴》只有分性别、分年龄的全国初中教师总数，因此，这里仅预测全国初中教师盈缺。根据 2015 年初中教师数量分性别、分年龄统计，初中男性教师处于 55~59 岁和 60 岁及以上的人数为 11.32 万人，处于 50~54 岁的人数为 18.96 万人，处于 45~49 岁的人数为 28.76 万人，处于 40~44 岁的人数为 32.04 万人；初中女性教师处于 50~54 岁和 60 岁及以上的人数为 11.83 万人，处于 45~49 岁的人数为 24.37 万人，处于 40~44 岁的人数为 32.65 万人，处于 35~39 岁的人数为 39.61 万人（见表 1-19）。

表 1-19　2015 年中国初中教师年龄结构（以 5 岁为分段区间）

单位：人

年龄	男性教师	女性教师
24 岁及以下	32016	85285
25~29 岁	133659	312977
30~34 岁	563990	377798
35~39 岁	314450	396087
40~44 岁	320440	326508
45~49 岁	287607	243689
50~54 岁	189616	115696
55~59 岁	111856	2121
60 岁及以上	1322	519
合计	1614956	1860680

资料来源：《中国教育统计年鉴》（2015 年）。

与小学阶段的假定相似，即假定在一个年龄段中每年的退休人数相等，这样就能得出初中教师中每年的正常退休教师数量。例如，2015 年 55~59 岁和 60 岁及以上的男性教师为 11.32 万人，假定每个年龄的教师均匀分布，那么 59 岁的初中男性教师数量约为 2.26 万人，他们在 2016 年达到 60 岁这一退休年龄。

根据《2015 年全国教育事业发展统计公报》公布数据，2015 年初中的专任教师数为 347.56 万人。我们以此为初始年份教师数量，根据每个阶段的退休教师数量和师资需求数量预测值，推算相应阶段应该补充的教师数量。其他推算步骤和方法与小学阶段一致，具体预测结果如下（见表 1-20）。

表 1-20　分年龄段初中教师盈缺分析

单位：万人

师资需求	年份	2016~2020	2021~2025	2026~2030
	年均师资需求	365.98	358.528	385.41
教师退出	年份	2016~2020	2021~2025	2026~2030
	年段男性教师退出数量	11.32	18.96	28.76
	年段女性教师退出数量	11.83	24.37	32.65
	年段教师退出总量	23.15	43.33	61.41
按预测补充教师	年份	2015	2020	2025
	教师存量※	347.56	365.98	358.528
	年份	2016~2020	2021~2025	2026~2030
	年段补充教师	41.57	35.88	88.29

注：假定到这一时段末教师数量要增减到与预测值相等；2015 年初中教师存量为 347.56 万人；因计算需要，2016~2018 年采用实际教师数量数据。

二　政策建议

科学合理的教师编制政策是教师队伍建设的重要制度保障。不同时期，教师编制标准不尽相同，各学段城乡教师编制标准的操作性指标师生比（师班比）不尽相同。相关政策要在研究三种取向教师编制标准及其改进空间的基础上，体现核定教师编制标准原则与农村教师编制的应然特征，进一步改革农村教师编制标准。

（一）逐步建立体现积极城乡差异的义务教育教师编制标准

在学生数量一定的情况下，国家通过确定师生比这一教师编制标准的量化指标的方式决定供给多少教师。因此，每次教师编制标准修订与改革时，师生比都是重点。2014 年，中央编办、教育部、财政部联合颁布《中央编办 教育部 财政部关于统一城乡中小学教职工编制标准的通知》，结束了城乡编制倒挂的现象，城乡教师编制政策更加公平。目前，教师编制标准已实现城乡统一，且相关政策文件都提出根据需求侧的班级数量与学生数量配置教师。同时，我们应该看到农村由于学校规模、班级规模小，教师使用效率低，未来教师编制政策改革的方向是，在师生比上农村>县镇>城市。

未来制度供给变革在教师编制标准方面，要从生均简单公平走向体现积极差异的城乡义务教育师资供给公平，即在 2014 年国家统一城乡中小学教师编制的基础上，考虑城乡学龄人口密度，研制以师生比“乡村>镇区>城区”的定量规定为核心内容的中小学教师编制标准。具体可分两步走。第一步，可以先出台城镇和乡村有别的教师编制标准，乡村师生比大于城镇，具体师生比可根据城镇和乡村班级数量与学生数量测算。第二步，可以先出台城区、镇区和乡村有别的教师编制标准，师生比乡村大于镇区，镇区大于城区，具体师生比可根据城区、镇区和乡村班级数量与学生数量测算。

（二）省、市、县合力承担农村义务教育教师编制事权责任

在省、市级政府加强教师编制监控，县级动态实时监测本地区义务教育教师编制需求、超缺编数量的基础上，要与省、市、县财权和财政能力相匹配地科学划分省、市、县农村义务教育教师编制事权责任。

在省、市、县合力承担农村义务教育教师编制事权责任的基础上，省、市级教育行政部门要对农村义务教育教师编制政策落实情况进行督查，督查方式变“定期抽查”为“不定期抽查”。一方面，组织不定期抽查给予县级政府压力，严禁在县域内编制充足的情况下“有编不补”或其他事业单位、行政单位挤占或挪用中小学教职工编制。县级政府则负责本区县各个学校教师编制情况和编制需求的统计与上报工作，在上级机关审

核后，再进行教师编制调整的具体组织实施工作。[①]

另一方面，省、市级教育行政部门通过组织不定期抽查给予地方学校紧张感与压力，避免在核报教师需求与教师编制实际使用过程中弄虚作假。同时，省、市、县三级要定期公示他们对农村义务教育教师编制事权责任的完成情况，通过公开化、透明化、制度化，督促省、市、县三级财政在农村义务教育教师编制事权责任方面积极作为。

（三）尽快规范农村教师队伍的来源质量

目前，我国师资供给每年更新的部分主要是新入职高校毕业生。在义务教育新入职高校毕业生中，从所占比例来看，师范生是主体；从绝对数量来看，非师范生人数依然比较庞大。以 2018 年为例，根据相关统计数据测算义务教育阶段新增教师中录用的 39.92 万名毕业生，师范生占 66.45%；尽管非师范生占比不到 1/3，但是人数达到 13.39 万人。[②] 我们在农村中小学调查过程中发现，在农村义务教育师资需求侧，农村学校校长普遍反映没有接受过师范专业培养的毕业生职业认同度低、教学能力欠缺、教学效果差。基于义务教育师资的来源状况与能力准备情况，相关部门要推进师范教育改革，加强农村义务教育师资来源供给规范。

高校要加强需求分析，分类推进义务教育师资来源供给规范化，不断提高师资来源供给质量。进一步加强师范院校特别是地方师范院校教师教育课程教学改革。除了系统学习具体学科知识外，还要进一步加强师范生的教育学、心理学知识学习与教学技能训练，加强师范生在一定经济发展阶段、特定社会发展水平、具体教育情境下运用教育学知识的能力训练。

考虑到农村义务教育学校教学实践，在教师教育课程教学中要加强全科教学、复式教学、小班教学知识学习与能力训练，让师范毕业生有必要的在农村学校任教的知识准备和能力准备。加强非师范院校义务教育师资培养规范化。有条件设置教育学院的非师范院校，要加强教育学院、教育学科、教师教育学科与课程建设，不断推进教师教育课程教学改革，为未

---

① 金志峰、庞丽娟、杨小敏：《编制约束下的中小学教师队伍建设困境与政策改进策略》，《中国教育学刊》2017 年第 7 期，第 53~56 页。

② 教育部发展规划司：《中国教育统计年鉴》（2018），中国统计出版社，2019，第 148、168 页。

来有做教师志愿的学生提供高质量的教师教育学习机会。

重视非师范院校毕业生特别是地方非师范院校毕业生在农村学校任教的知识学习和能力训练。暂时不具备条件的非师范院校要积极与师范院校或有条件设置教育学院的非师范院校联合，努力为未来有做教师志愿的学生到师范院校或有条件设置教育学院的非师范院校系统学习教师教育课程创造条件，不断促进农村义务教育师资来源供给规范化。

（四）基于学龄人口变化及时评估与保障教师供给能力

由于农村生育政策的变化、城镇化的推进、教育吸引型流动对学龄人口变动的不同程度影响，相关部门要做到定期统计、定期检查，不定期抽查。生育政策变化是学龄人口自然变化的主要影响因素，各地要做好应对“单独二孩”、“全面二孩”及三孩政策效应的工作。国家实施“单独二孩”、“全面二孩”及三孩政策后，中国学龄人口会产生这些政策实施之初的政策堆积效应（不同年龄育龄妇女会在政策实施之后几年集中生二孩或三孩）与之后的政策常态效应，产生一定的学龄人口增量。同时持续推进城镇化，又是农村学龄人口的减量因素。必须及时采集政策堆积效应与政策常态效应下的本地学龄人口信息以及城镇化背景下和教育吸引型流动情况下学龄人口的流动信息，对学龄人口数量变化做出综合研判。

基于农村义务教育学龄人口变化信息管理与科学预测，提前进行师资培养、招聘、退出政策调整以及其他相关调整，最大限度地降低政策成本，减少政策风险。基于农村义务教育学龄人口变化信息管理与科学预测，科学确定农村义务教育教师培养数量，提高培养质量。进一步加强师范院校特别是地方师范院校教师教育课程教学改革，加强非师范院校义务教育师资培养规范化。

（五）把教师编制标准与教师要素配置相对分开

教师编制政策主要规定教师编制标准。从新中国成立后教师编制政策文件来看，教师编制政策分类型、分学段、分城乡规定以师生比（师班比）为操作性指标的教师编制标准。但是，在地方的农村教师要素配置过程中，往往把教师编制政策的逻辑简单套用于教师要素配置实践，导致长期的城乡教师编制倒挂。

教师编制管理改革要进一步强化把教师编制标准与教师要素配置相对分开的观念，避免在农村中小学教师要素配置时简单套用编制标准逻辑。基于教师编制标准核定国家或区域教师编制数量，地方根据教师编制数量确定招聘、退出与调整教师队伍总量。在此基础上，根据各学校的教学工作量，配置区域或学校教师。招聘、退出与调整教师队伍总量上坚持国家教师编制标准的逻辑，在给区域或学校配置教师时坚持教师数量与区域或学校教学工作量匹配的逻辑，努力把教师编制管理与区域或学校教师配置相对分开。

第二章　农村教师结构优化与功能可能性

本章导读

结构是要素及其关系的整合。结构决定功能，好的结构更有利于发挥功能。好的教师结构也为教师队伍发挥应有功能提供了前提条件。本章从整体上静态地考察农村教师结构，分析农村教师结构发挥其功能的可能性。

从不同维度考察农村教师队伍结构，可以观察到不同维度的农村教师结构的状况。年龄、性别、学科、学历、职称是考察教师结构的重要维度，从这些维度可以考察农村教师队伍的年龄结构、性别结构、学科结构、学历结构、职称结构的状况，分析在不同维度的教师结构方面表现出的特征与存在的问题。当然，目前许多被普遍认为是教师结构方面的问题，仍然需要我们探索这些问题到底是破坏或不符合什么样的理想教师结构假设。

结构决定功能。从教师队伍结构的现实表征和历史变迁规律中发现问题，总结师资优化配置策略的经验，探索教师队伍结构优化组合方式，建设一支数量适当、结构优化、高素质、专业化的教师队伍，是发展教育事业的根本大计。对于教师结构的分析，有利于我们更加深入地了解教师群体的外显和内隐功能，为优化教师资源配置、提升教育立德树人的水平发挥重要的作用，也为中小学教师队伍建设和均衡城乡教育资源提供理论支持和建议参考。

第一节　农村中小学教师的年龄结构

近年来，农村中小学教师的年龄问题，尤其是师资队伍老龄化越来越为人诟病，之所以诟病，一个潜在的假设是教师老龄化是一种畸形的状态，直接影响农村教育质量提升。教师个体在生物学意义上的年龄要素在教师群体意义上构成教师队伍年龄结构，并且该结构具有重要的教育价值和功能可能性。一般来讲，从整体上看教师个体的年龄代表了其自身的教学经验和教龄，关涉教育教学水平。为此，当前我国农村中小学教师的年龄结构是什么样的状态？影响年龄结构的因素有哪些？师资队伍年龄结构具有怎样的功能？这是我们实现师资队伍优化不能避开的话题。

一 农村中小学教师年龄结构表征分析

年龄结构作为教师结构的一种客观尺度和重要指标，具有强烈的时间属性，不仅可以反映当前或未来教师队伍的总体状态，又能体现不同时期教育发展的现状和教师队伍建设的特征及问题。从管理层面来说，教师年龄结构是为相关部门教育决策提供师资队伍结构表征，并进一步影响对教师的管理与政策的制定。从教师个体来说，教师年龄结构的变化影响教师进入与退出教师队伍，不合理的年龄结构往往会影响教师队伍正常的“新陈代谢”。从教育自身发展来说，教师的年龄结构与教育功能的发挥有着密切的关联。在城镇化和教育现代化的时代背景下，当前农村中小学专任教师年龄结构样态对于研判农村教师队伍建设路向和优化师资结构具有重要的现实意义。

（一）农村小学教师年龄结构分布整体渐趋合理

据国家教育统计数据对教师年龄的划分，从“24 岁及以下”到“60 岁及以上”共划分了九个阶段。本书整理了 2018~2019 年农村小学教师年龄结构分布具体情况（见表 2-1），以了解农村小学教师年龄结构的特征，并考证是否存在老龄化的现象。从近两年农村小学教师年龄阶段的分布来看，2019 年，前三个阶段（34 岁及以下）的农村小学年轻专任教师共计 1539178 人，35~49 岁的中年教师为 1831559 人，50 岁及以上的年长教师为 745919 人。年长教师占总数的 18.12%，2018 年，农村年轻教师、中年教师、年长教师的数量分别为 1485676 人、1843419 人、760735 人，年长教师占教师总数的 18.60%。从总体上看，并未出现严重的农村教师老龄化的现象，农村小学教师年龄结构分布渐趋合理。

表 2-1　2018~2019 年农村小学教师年龄结构分布

单位：人

年份	24 岁及以下	25~29 岁	30~34 岁	35~39 岁	40~44 岁	45~49 岁	50~54 岁	55~59 岁	60 岁及以上
2019	261325	665876	611977	678142	640343	513074	461994	281377	2548
2018	250989	643320	591367	722420	611482	509517	486857	271188	2690

资料来源：2018~2019 年教育部教育统计数据。

从全国小学专任教师的年龄结构来看，近年来我国小学专任教师中，中青年教师数量呈现逐年增加趋势。如 2017 年，我国 34 岁及以下的小学年轻专任教师共计 2129382 人，而 50 岁及以上的年长教师为 1041996 人，2018 年该阶段的教师总数降至 981417 人，[①] 年长教师近年来呈现减少趋势。从农村教师年龄结构来看，现阶段农村小学专任教师以中青年为主，50 岁及以上的教师占比在降低。我国农村小学专任教师队伍的年龄结构倾向于合理，呈现良好的发展态势。

从整体上看，农村小学教师年龄结构渐趋合理，但是局部地区在教师年龄结构方面仍存在不合理现象。一方面，部分学校的小学专任教师，尤其是艰苦边远农村地区小规模学校教师年龄结构仍旧偏重于老龄化，出现老龄化问题。农村地区，尤其是艰苦边远地区农村学校教师老龄化，主要与该地区的经济发展水平和教师职业吸引力有很大的关系。由于年轻教师不愿来、留不住等问题，教师队伍以老教师为主，教师老龄化问题比较突出。一般认为，年长教师有其自身优势，但是学校教师队伍“老化”往往会使学校改革和发展表现得比较消极。解决教师队伍老龄化问题是一些农村地区教师队伍建设的一个重要着力点。

另一方面，一些农村地区也表现出教师年轻化倾向。调查发现，苏北某农村地区青年教师成为农村教师的大多数，占 65%，中老年教师只占 35%，其中作为学校中坚力量的中年教师最少，只占 16%。[②] 有学者对北京郊区的一些农村学校教师进行了实证调研，发现郊区农村学校的师资队

① 根据《中国教育统计年鉴》（2017~2018 年）整理。

② 刘文、朱沛雨：《苏北某市乡村小学教师培训现状的研究》，《中小学教师培训》2016 年第 8 期，第 14~18 页。

伍结构过于年轻化，其中35岁以下的教师占总量的40.5%。[①] 年轻教师被普遍认为更有活力，但是年轻教师往往缺少教学经验和管理才能，而且如果某一区域的教师年龄段过于集中，未来将会出现集中退休的状况，教师队伍会产生较大波动。

（二）农村中学年轻教师渐趋增加

根据教育部不同年龄段老中青教师的统计数据中2013～2019年农村中学教师年龄在各阶段分布情况可以发现，39岁及以下阶段农村中学专任教师数量基本上呈现逐年减少趋势，而50岁及以上阶段的教师人数在逐年增加。其中50～54岁阶段的教师从2013年的152034人增加至2019年的290107人（见表2-2）。近年来，40～44岁和45～49岁阶段的教师数量变化幅度较小，较为稳定。从农村中学专任教师总量来看，教师的年龄主要集中在25～44岁阶段，这反映了当前教师队伍结构的良好态势，老中青的年龄结构保证了教学工作的可持续性。

表2-2　2013～2019年农村中学教师年龄结构

单位：人

年份	24岁及以下	25～29岁	30～34岁	35～39岁	40～44岁	45～49岁	50～54岁	55～59岁	60岁及以上
2013	96267	354963	487648	522948	417842	308894	152034	93329	730
2014	86191	327895	445183	511515	425826	327982	174880	91514	726
2015	80074	313061	413261	490882	435691	344682	199741	85681	760
2016	78861	295094	379938	461325	447618	352448	230982	79406	903
2017	90036	292397	349601	441274	452662	365038	251739	83538	1076
2018	104758	302395	330264	412367	451808	368955	271344	99315	1264
2019	118018	316753	322910	381843	443062	377701	290107	118997	1414

注：从2013年开始专任教师的年龄统计口径发生变化，所以此处仅展示2013～2019年的专任教师年龄情况。

资料来源：2013～2019年教育部教育统计数据。

---

① 周惠：《北京市农村中小学教师队伍建设的现实困境及改革路径》，《教师发展研究》2018年第3期，第34～39页。

具体来看，2019 年，所有年龄段的农村中学教师总量为 2370805 人，其中 25~44 岁阶段的农村中学教师为 1464568 人，占农村中学教师总量的 61.78%。该阶段占比较大的年轻教师能够满足教学活动和课程开发的需求，表明师资队伍建设取得了一定成绩，与我国不断重视农村教师补充和农村教师队伍建设支持政策存在密切关联，其中免费师范生、特岗计划等就是最好的例证。年轻教师精力旺盛，他们对工作充满积极性和新鲜感，可以担负相对较多的教学工作。合理的教师年龄结构可以满足学生发展需要，也可以满足教师自身发展的需要。

具体考察近年来农村中学年轻专任教师数量的变化情况（见图 2-1），2013 年，农村中学年轻教师（34 岁及以下）为 938878 人，2019 年，农村中学年轻教师为 757681 人，下降了 181197 人。近年来，农村年轻教师数量在不断下降。在农村年轻教师三个年龄阶段中，30~34 岁的人数最多，24 岁及以下的人数最少，说明在年轻教师阶段，农村教师的年龄越大，人数就会越多。另外，从近两年数据来看，29 岁及以下的教师数量有所回升，但是相比 2013 年，此阶段的年轻教师总量要少得多。总的来说，当前农村中学专任教师的年龄结构较为合理，并未出现严重的老龄化趋向，究其原因，既有复杂的社会性因素，也有教育发展内在深层次的规律。

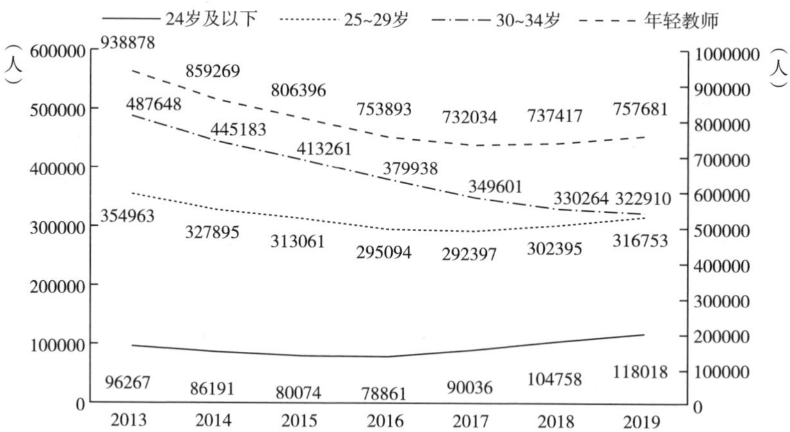

图 2-1　2013~2019 年农村中学年轻专任教师数量的变动情况

资料来源：2013~2019 年教育部教育统计数据。

二　影响农村中小学教师年龄结构分布的因素分析

教师年龄结构随着时间变化，是教师队伍特定年龄段人数总量累积的结果。可以说，相对于个体特定的年龄阶段具有不同的生物学意义。但从教师队伍整体来看，教师的年龄结构具有动态性特征，而且教师年龄具有重要教育学意义，即与教龄有密切关联。教师年龄变动是客观性的、不容易察觉的，是岁月累积的自然结果。可以从教师招聘和教师退出两个方面最直观地观察教师年龄结构变化，随着时间的变迁而发生教师结构变迁，进而生成不同的教师年龄结构。具体来说，年龄结构的分布有科学和不科学之分，即教师年龄结构分布是否有利于教育发展对现实社会诉求的回应和符合教育自身的发展规律。追求合理的教师年龄结构，需要我们了解影响教师年龄结构的因素，接下来，我们将从社会、政策和个体方面进行考察。

（一）基础性因素：社会经济文化的发展水平

社会经济文化发展水平是一个国家和地区文明程度和总体发展水平的重要标志，经济发展到一定的水平，文化诉求也会随之提出更高要求。在农村地区，经济结构单一，生产力水平较低，经济发展水平与城市之间的差距较大。因为经济发展水平的原因，囿于教育财政压力，年轻教师得不到及时补充的农村地区学校，往往会采取推迟年长教师退休年龄的方法稳定教师队伍，教师队伍老龄化就会凸显。中小学教师队伍老龄化，青壮年教师少，一方面与教师职业吸引力有关，其关键的和直观的表现就是中小学教师工资较低，难以满足年轻教师生活需求；另一方面是因为在教师编制数量限制下不能招聘新教师。当然，农村教师岗位吸引力低和编制数量限制与地方经济发展水平和财力不无关系。

当一个区域教师数量少到一定程度时，便不得不通过非常规措施大量进人。某一时期大量进人后，在相当长一段时间内，教师队伍的人数及人员固定不变，经年累月，这批同时进来的教师，由于年龄上的相似性，又会面临同时退休，往往容易造成教师队伍结构的不合理。大批老教师退休后又会大批量招聘新教师填补岗位空缺，也容易造成教师队伍年轻化。而且教师的年龄结构具有再生产性和复制性，这种不合理的教师队伍年龄结构在经济因素的制约下形成了恶性循环。

在城镇化过程中，到城市寻求高薪的工作机会成为人们的集体共识。在农村地区因教育教学付出与报酬严重不一致，且不能满足高质量的文化生活需求，农村教师岗位的吸引力比较劣势进一步凸显。农村教师招聘面临不愿来和进不来的窘况。由于学龄人口大量进城，在教师招聘入口上，限于编制政策可能一段时间不能招聘新教师，经过时间变迁，某一年龄阶段的教师人数就会相对较多或者较少，反映在教师队伍结构上就表现为某一年龄阶段大量教师聚集或人数稀少。但是在城镇化过程中，学龄人口数量的减少，虽然从编制上限制新教师的招聘，但是从学校教育教学工作现实需求来看，教师工作又没有成比例地减少，需要补充一定数量的新教师。在这种情况下，一些农村学校不得不通过购买服务的方式聘请代课教师、兼职教师，以抵消教师队伍结构不合理给教育带来的伤害。

（二）关键性因素：教育政策的引导

教育政策通过影响教育管理、学校领导、教师行动，最终作用于教育发展与教育实践。教育政策是教育管理奏效、学校改革发生以及教育实践改进的重要指示性的规约力量。教育政策引导教育符合社会发展的现实需要和遵循教育自身的发展规律。

现实中，教育政策规约教育发展的方向、目标以及理念等，而且教育政策在教师招聘过程中规定着教师的规模、年龄、学历等，设置限制性的条件筛选符合要求的应聘者。尤其是在教师编制遵循“总量不变”原则下，在实践中，一些地方未能很好地考虑农村教育发展的实际需求，例如，具有规模型特征（规模效益低）的农村小规模学校和功能型特征（需要提供寄宿服务）的农村初中寄宿制学校，会大大稀释学校教师存量。囿于教师编制标准的框定和政策执行的僵硬化，无法因地制宜，导致许多农村学校因为教师编制原因无法进人，出现结构性缺编、超编缺人等问题。教育政策在教师队伍建设的上游影响教师缺口的规模大小。尤其是在教师数量型扩展时期，教育政策为教师入口开大了阀门，让更多的应届毕业生加入教师队伍，吸引了年轻且有活力的个体加入，进而改变了当时以及之后的教师结构分布。

教师作为一个专门职业，教育政策对其有严格限制和规定，决定着教师的退休年龄和入职年龄。另外，教师职前受到的师范教育、所置身的培养模式和课程体系都会受到教育政策的影响。相关教育政策对教师学历有明确的规定，必须有四年或者三年大学专业学习经历，现在甚至需要研究生学历的教师，间接约束了教师的入职年龄，影响了整个教师队伍的年龄结构。

教育政策的存在保证了教师队伍的稳定性，在学生数量稳定的情况下岗位数量变动只能是达到退休年龄的老教师离开工作岗位才会有新的空缺岗位。如果到正常退休年龄而未退休的教师占有编制，会导致年轻教师无法进入教师队伍，也会影响教师年龄结构的分布。如延长部分教师的退休年限，就会导致教师队伍的平均年龄增加，年轻教师也会无法被招聘进来。当然，合理的教育政策是一种让教育发展朝向良性化的重要工具，科学合理的教师队伍结构离不开教育政策的保障和规约。

（三）潜在性因素：个体趋利性选择的动机

教师作为一个拥有专业知识和技能的群体，其通过前期多年的时间与金钱投资获取了知识和人力资本，为了追求教育投资与收益最大化，弥补自己的时间和金钱投入，广大毕业生在择业时必然展现一定程度的趋利性选择。也就是说，优先考虑工作岗位、社会环境、发展机会等是否利于自己利益最大化，实现工作各项收益总和与自己职业期待相符，以弥补前期的教育投入。这种趋利性的动机很好地诠释了人们为何宁愿离开熟悉的乡土，纷纷涌向城市。由此，带来了一种现象，即乡村教师职业成为许多人的次优选择，成为不少人在城市打拼失败后的退守空间和暂缓生活之困的“蓄水池”和“驿站”。所以，个人趋利性与农村职业环境的相对劣势往往会在农村中小学教师招聘源头对顺利进人起到一定的限制作用。

个人职业期待与令人不满意的农村环境使得农村教师的职业满意度严重降低。由于农村中小学学校的区位劣势、环境条件、发展机会等因素会大大降低对应届毕业生的吸引力，“下不去”“留不住”“教不长”的现象持续存在。具体来说，这种个人趋利性的选择反映在在职教师身上主要表现为，在职乡村教师尤其是干劲十足的年轻骨干教师，往往会选择自主向城或向上流动。在一定程度上，趋利性的个人选择会增强教师队伍的波动，进而会影响教师队伍结构应有功能的发挥。

三 中小学教师年龄结构的价值功能及意义

教师队伍中的众多教师个体在同一时空表现为不同的年龄刻度，教师队伍年龄结构是对教师个体在自然生长过程中因客观的年龄变化而形成的一种可见的群体年龄表征。教师年龄结构是自然演变的结果，一旦形成就会牢牢依附于教师群体，因为教师个体一旦入职，一般会稳定地在教育系统工作，直到达到一定的年龄退休。可以说，教师年龄结构是一个动态的要素组合，年龄结构的变迁在生物学、人类学、教育学等方面都发挥着一定的价值功能和意义。

（一）教师年龄结构及变迁符合生物成长的客观规律

年龄结构是一种自然演变的结果，年龄增长是客观事实，深入分析年龄结构可以更深层次地理解和认识教师结构及教师结构优化的意义。生物学意义上的个体无法抗拒从出生、成熟再到衰老的自然演变过程。教师年龄结构及变迁是教师队伍中各个教师生物学年龄的分布及其随时间变化表现出的分布特征。整体上看，教师队伍中单一的老、中、青年龄结构是不存在的。随着新教师的入职、老教师的退出、教师年龄的增加，教师结构会持续发生变迁。相似或相近的年龄在整个生命历程中是属于同一年龄阶段的，随着时间的推移，一个年龄阶段的教师将进入下一个阶段，教师结构可能会随之发生变化。

教师个体作为一种生物学存在，其经历的生老病死是自然界所有生物都会面临的一种过程，年龄结构是教师队伍的生机活力与发展前景的表现。从生理上看，年轻的教师特别是刚刚入职的新教师在精力上相对充沛，能够承担更多的教育教学任务以更好、更快地融入集体和积累教学技能与经验。由于年长的教师在体力上处于劣势，其承担的教学任务一般较少，但是其在多年的教学工作中积累的教育经验可以以教育实践知识的形式向年轻教师传递，对教师这个职业来说，年龄大并不完全是一种劣势。

教师职业的连续性把教师这个称谓贯穿在个体整个生命历程当中，教师个体对群体的依赖和职业认同具有鲜明的历时性。因此，不论是个体在年龄上的差异，还是在承担任务和工作量上的不同，都表现出一种尊重客观规律的安排。认识到这一点，对团结教师队伍、合理分配团队教育教学任务、优化教师队伍结构具有重要的意义。

（二）教师年龄结构影响教师生涯发展

教师个体年龄与教师队伍年龄结构都是教师生涯发展过程中必须考虑的重要影响因素。教师生涯发展对个体来说是一种纵向的时间跨度，具有周期性的特征。教师生涯发展研究即探究教师成长过程中所经历的工作、职位及角色的选择与发展，使教师能够进行有效的生涯规划，并不断地丰富专业知识与增强能力，进而达到自我实现的目标。[①] 教师既代表一种职业，也是一种专门的教育教学从业人员，因此考察教师的生涯发展可以主要从教师作为一种职业和从业人员两个角度进行。

迪牟临和加藤（D. F. DeMoulin & J. W. Guyton）从教师作为一种职业角度出发，提出了教师生涯发展论。他们把教师生涯发展阶段分为预备阶段、发展阶段、转换阶段和衰退阶段，[②] 划分的依据更加侧重于教师个体的共同心理特征、态度、需求等，注重显著的个别差异。虽然不是按照年龄阶段划分职业生涯，但是教师的年龄作为一种时间属性在不同的年龄阶段表现出不同的心理特征以及理解、认知事物的能力，对于理解教师职业生涯不同阶段的特征和外显性表征，具有不可忽视的现实意义。例如，从人的生理发展视角来看，年龄是一个很好的指标，因为在不同年龄阶段，生理的状况影响人们对职业的认同和精力投入。另外，在教师工作岗位上经年累月形成的教学经验、教学技能对自己职业生涯发展特别是职称评聘、比赛评比、评优评先、绩效考核等发挥重要的作用。

比特森（A. Peterson）从年龄维度将教师生涯发展划分为三个阶段。第一阶段，教师年龄为 20~40 岁，此阶段称为专业承诺与成长期；第二阶段，教师年龄为 40~55 岁，随着教龄的增加和教学经验的积累，此阶段的

---

① 彭小虎：《国外中小学教师生涯发展研究述评》，《外国中小学教育》2010 年第 12 期，第 15~20 页。

② DeMoulin, D. F & Guyton, J. W. "A Measure of Common Variable Associated with Career Stage as Perceived by Principals and Teachers: Validation of a Model for Career Development." Paper presented at the Annual Meeting of the Mid-South Education Research Association. Louisville, KY, November, 1988.

教师达到了职业巅峰期；第三阶段，教师年龄为55岁至退休年龄，此阶段因为无法抗拒的生理机能的下降，面对教育教学会“心有余而力不足”。[①] 比特森通过描述教师不同年龄阶段所具有的不同教学态度，剖析了在教育教学过程中教师年龄在不同的职业生涯发展阶段对教师个体的重要影响。比特森对作为教育教学从业人员的教师生涯概括性的总结，展现了年龄对教育场域中从业人员尤其是对教学人员的发展期待以及情感态度具有重要的影响。

我国学者王俊生和陈大超根据终身教育思想和教师专业化的特征，把教师的职业发展划分为六个阶段：第一阶段，学知、引导阶段（1~7年），包括教师职前培养和入职后的2~3年；第二阶段，成长、成熟阶段（8~12年），随着教龄和年龄的增加，教师个体能够灵活轻松应对教育教学实践中的问题，并能发挥个体的积极性、创造性，注重教育教学方法和技巧，形成自我的教学风格；第三阶段，稳定发展阶段（13~26年），教师个体已经具有较高的教育教学能力和技巧，孕育了自己的教学理念，对教育有了深刻的理解；第四阶段，高原停滞阶段（27~30年），教师职业生涯发展遇到瓶颈，职业成就感不强，出现倦怠感；第五阶段，超越、专家阶段（31~35年），随着教龄的增加，教师的经验极其丰富，对教育对象的关注和关怀成为工作中的重点，对工作和学生的感情态度也发生变化；第六阶段，夕阳、退出阶段（36~39年），因教师年龄的增加而带来的体力和精力的限制，逐渐退出教育场域。[②] 教师职业生涯是在人生纵向的时间轴上展开的，教师职业生涯伴随年龄增长而向前推进，二者关系密切，且兼具动态性。

（三）合理的教师年龄结构有利于教育教学以及教师和学生发展

合理的教师年龄结构能够满足课堂教育教学的需求。无论是教师队伍年龄结构还是教师个体年龄的价值功能对于教育教学活动都具有重要作用。在农村中小学教师队伍中，老、中、青的年龄结构保证了教学工作的

---

① Peterson, A. "Teacher's Changing Perceptions of Self and Others Throughout the Teacher Career." *Some Perspective from an Interview Study of Fifty Retired Secondary School Teachers*. San Francisco: Sera. 1979. pp. 101-103.

② 王俊生、陈大超：《教师个体职业生涯发展阶段初探》，《辽宁教育研究》2004年第12期，第67~69页。

持存性。首先，教龄长且经验丰富的年长教师可以满足教学经验、教学技能、教学方法传播的需要。由于年龄原因，年长教师的体力和精力不允许他们承担过多的一线教学任务，他们可以依据经验，保持对教学知识难点、重点的敏锐性，把积累的技巧性的教学技能和教学实践知识传给年轻教师。其次，年轻教师精力旺盛，需要历练，可以担负相对较多的教学工作，他们对工作充满积极性和新鲜感，承担更多的工作有利于他们积累教育教学经验。“尺有所短，寸有所长”，发挥好新老教师各自的长处，可以稳定教师队伍结构和保障教学秩序。

合理的教师年龄结构可以实现老、中、青教师优势互补，通过跨越年龄结构形成相互促进、相互帮助的教师共同体，相互借鉴和学习以促进教师自身专业发展。新入职的年轻教师，面对同样信心满满的同侪，以及优秀且仍努力工作的年长教师，在无形中产生一种压力和进步的动力，不仅是来自同伴的对比，而且更多地把中老年教师努力的工作状态、勤劳的工作事迹以及令人羡慕的工作成绩作为自己今后工作中的标杆，找到学习的标榜与对象。另外，新入职的年轻教师也为中老年教师带来不同的风景，为教师队伍注入新的活力，年轻成员的加入带来新的教育教学理念、教学方法和最新的知识信息以及学科发展情况等讯息。新的力量和理念的注入会有效缓解原先教师队伍中存在的工作倦怠、生活乏味和同事关系凝重等问题。每个年龄阶段的教师都有其年龄阶段教师所追求的发展价值，也有促进其他年龄阶段教师发展的意义。

教师年龄结构的多样化可以满足学生发展需要。大量研究表明教师年龄结构的失衡对于学生的全面发展是一种重要的阻滞因素，同样，单一化的教师年龄结构也不利于学生的学习和成长以及良好性格的培养。因为不同的年龄阶段的教师，其具有的教育教学功能会有一定的差别，尤其是教师在教学方法、理念、学习方式以及个人认知特征等方面，在无形中对学生的全面发展和素质教育的贯彻发挥着潜移默化的影响。

年轻教师初入教育教学工作岗位对自己未来的职业发展和教学技能有很高期望，他们工作上往往会比较卖力，展现出较高的工作积极性和热情，尤其是更可能站在学生的角度进行日常的教学和管理工作，容易形成较为民主的管理和教育教学氛围。年轻的教师以其亲和力和热情的形象更容易和学生沟通交流，在工作中没有所谓的倦怠感，与学生联系密切且更容易在生活和学习上给予学生中肯的建议。年长教师在业务能力上卓越的表现以及较为丰富的教学经验与职业生涯经验，能够对教学中的突发事件、学生厌学/冲突等棘手事件的解决与平息发挥“定海神针”的作用。由于年长教师在学校的工作时间长，经历事件多，教过的学生类型多样，在无形中会带给学生一种教育信服力。

四 农村中小学教师年龄结构的变迁趋势

从结构功能主义的视角出发，事物的结构变化对事物发展的功能具有制约性、促进性双面作用，关键是其结构的优良与否。因此要提升我国农村中小学教师队伍质量，优化教师结构是关键。尤其是在教师年龄结构上对各要素排列、优化组合，可以促使农村中小学教师年龄结构在不同历史背景下不断趋向优化与合理，以发挥年龄结构的功能优势，实现不同年龄阶段教师的优势互补。

年龄是一个客观属性，作为客观的时间尺度，每个人都无法逃避年龄的增长。不同的教育发展需求，对教师年龄的期待是各异的，不仅具有鲜明的时代特征和诉求，而且具有一定的历时性。如何把这种鲜明迫切的时代诉求与年龄结构历时性的规律结合起来，对于优化当前农村中小学教师结构具有重要的理论和现实价值。

在我国教育发展起步阶段，对农村中小学教师的基本诉求是数量上的满足，容易造成短时间内招聘大量的年轻教师以填补课堂教学人员严重不足的缺口，造成教师队伍中年轻教师占很大比例，进而导致这些教师到退休年龄时会同时出现大量年长教师，导致教师队伍老龄化现象。在倡导教育均衡发展和有质量的教育公平的今天，城镇化浪潮中大量农村人才外流，乡村教育吸引力不足，也会间接导致教师队伍的供给严重不足，即招不来年轻的教师，留不住优秀的乡村教师。教师年龄结构在时间维度上纵向的变化，必须适应当前新的教育矛盾，即人们对高质量教育的需求与不平衡不充分发展之间的矛盾。这一强烈时代诉求要求我国的农村中小学教师结构亟须向结构科学合理、功能全面且适合社会对人才的需求转变。

教师年龄结构的变迁是时间这个不可控因素带来的结果，合理的教师队伍结构变迁也会受到社会性因素的制约，如社会经济发展水平、文化观念、教育政策等因素。基于此，教师年龄结构的变迁要符合教育发展的规律，适应当地的经济发展水平。当前，国家对教师年龄的统计标准主要采用的是：24 岁及以下、25~29 岁、30~34 岁、35~39 岁、40~44 岁、45~49 岁、50~54 岁、55~59 岁、60 岁及以上。可以简化为三个年龄段标准，即年轻教师（34 岁及以下）、中年教师（35~49 岁）、年长教师（50 岁及以上），对教师结构进行简单分析。所以，教师年龄结构的变迁要在此三个年龄阶段科学合理分配人数。农村教师年龄结构变迁应符合当地教育发展需要、经济发展水平和教育财政能力，把教育政策及相关制度作为结构调整的主要抓手，使农村教师队伍年龄结构在老、中、青三个年龄阶段趋向动态化、科学化、合理化。

第二节　农村中小学教师的性别结构

在保持教师队伍稳定的基础上，促进教师队伍质量提升、结构优化是实现我国教育高质量发展的必要环节，是党和国家长期以来高度关注的重要方面。我国教师职业群体支撑起世界上最大规模的教育体系，[①] 随着我国教师队伍规模持续扩大，女性教师数量不断增长并反超男性教师，教师性别结构失衡现象凸显。

近年来，“男少女多”的教师性别结构样态引发了社会各界的思考与担忧。一方面，社会各界普遍认为女性教师过多会导致学校“阴盛阳衰”，影响学生特别是男生的性别意识养成；另一方面，农村地区女童遭受男性教师性侵的极端恶性事件引起社会各界的广泛关注。在这一背景下，在保护学生安全、促进学生健康成长的基础上优化教师性别结构需要明确当前中小学教师性别结构的实然样态，厘清教师性别带来的现实问题及其社会意义。

一　中小学教师性别结构的发展趋势

教师性别结构失衡作为一个全球话题被许多国家关注，通过对 1999~2018 年教师性别结构数据的追踪分析发现，全球教师性别结构呈现女性教师[②]

---

① 靳晓燕：《1673 万人，中国教师支撑起世界上最大规模的教育体系》，《光明日报》2019 年 9 月 4 日，第 9 版。

② 女性教师指女性专任教师，男性教师指男性专任教师。

占比不断增长的发展趋势。将视角聚焦到我国之后发现，同一时期我国教师性别结构样态经历了从“男多女少”到“男少女多”的变化过程，女性教师占比呈现增长趋势且发展迅速。截至2018年，我国中小学年轻女性教师群体职级较低、数量庞大，在未来一段时间内女性教师的群体规模存在继续扩大的可能性。

（一）世界范围内教师性别结构失衡由来已久

教师性别结构失衡作为普遍存在的国际现象由来已久。第二次工业革命极大地推动了生产力的发展，劳动分工的精细化、专业化加速了职业分化，促进了新兴职业的出现。在职业分化过程中，教育事业的进一步发展使教师职业的性别构成发生巨大变化。一方面，新兴职业的出现吸引了大量男性劳动力，导致男性教师的后备力量不足；另一方面，教育事业的发展加大了师资需求，男性的让位使越来越多的女性得以进入教师职业。例如，早在19世纪80年代末，美国女性教师占全国教师总数的比重就已经达到63%。[①]

2006年，经济合作与发展组织（OECD）根据20个成员国的相关数据发现，从事学前教育和初等教育教学工作的女性是男性的5.3倍，从事学前教育教学助理专业人员的女性是男性的14.5倍，从事小学教育教学助理专业人员的女性是男性的6.2倍。[②]《教育概览2018：经合组织指标》（Education at a Glance 2018：OECD Indicators）指出，教师职业存在严重的性别失衡——几乎所有的学前教育教师都是女性，但只有不到1/2的高等教育教师是女性。在过去十年中，这种性别差距在中小学扩大，吸引男性从事教师职业尤其困难：虽然女性教师的实际平均工资等于或高于其他全职、受过高等教育的女性的平均工资，但中小学男性教师的收入是其他全职、受过高等教育的男性平均收入的77%~88%。[③]

基于联合国教科文组织统计研究所（UNESCO Institute for Statistics，UIS）的统计数据考察1999~2018年中小学女性教师的占比情况，可以进

① Won，A. “The U. S. Teaching Population Is Getting Bigger，and More Female.”（2019-02-20）[2019-05-22]. https：//www. theatlantic. com/education/archive/2019/02/the-explosion-of-women-teachers/582622/.

② OECD. “Women and Men in OECD Countries.” 2006. p. 20.

③ OECD. “Education at a Glance 2018：OECD Indicators.” 2018. p. 26.

一步明晰世界范围内教师性别结构的发展趋势。1999 年，全球初等教育、初中阶段教育和高中阶段教育女性教师的占比分别为 59.15%、53.95%、50.09%；2018 年，女性教师占比分别达到了 66.35%、56.75%、50.54%。[①] 在过去 20 年中，全球初等教育女性教师占比增长了 7.20 个百分点，初中阶段教育和高中阶段教育分别增长了 2.80、0.45 个百分点，表明在世界范围内中小学教师性别结构呈现女性教师占比波动性增长的发展趋势。特别是在初等教育方面，女性教师占比的增长幅度要大于初中和高中阶段教育（见图 2-2）。从世界范围来看，中小学教师性别结构失衡由来已久，并且教育层次越低，女性教师占比越大。

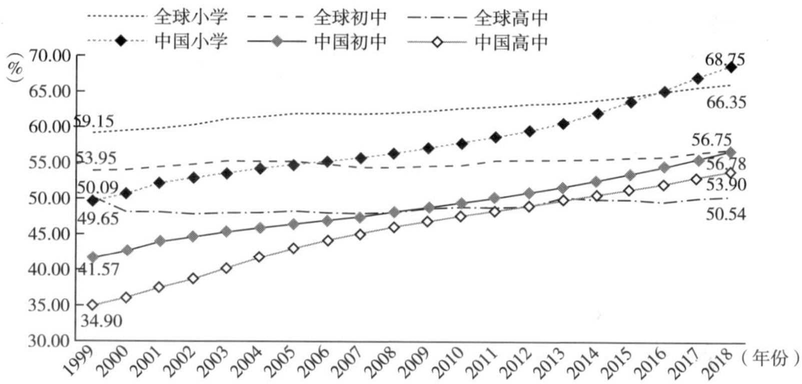

图 2-2　1999~2018 年全球及中国女性教师占比

资料来源：联合国教科文组织统计研究所统计数据和《中国教育统计年鉴》（1999~2018 年）数据以及基于相关数据的测算。

（二）我国女性教师占比呈现增长趋势且发展迅速

数据显示，我国中小学女性教师数量不断增长，占全国教师总数的比重显示出逐年增长的发展态势（见表 2-3）。1999 年，我国普通小学、普通初中和普通高中女性教师占比分别为 49.65%、41.57%、34.90%，教师性别结构表现为女性教师占比小于男性教师，特别是在普通高中女性教师数量远少于男性教师。2018 年，我国普通小学、普通初中和普通高中女性

① UNESCO Institute for Statistics. "Percentage of Female Teachers by Teaching Level of Education." (2019-09-16). http://data.uis.unesco.org/.

教师占比分别达到68.75%、56.78%、53.90%，教师性别结构表现为女性教师占比大于男性教师，特别是在普通小学女性教师数量远多于男性教师。在过去20年中，我国普通小学女性教师占比增长了19.10个百分点，普通初中和普通高中分别增长了15.21、19.00个百分点。从女性教师占比均小于男性教师占比转变为女性教师占比均大于男性教师占比，表明我国中小学教师性别结构样态经历了从“男多女少”到“男少女多”的变化过程，女性教师占比呈现不断增长的发展趋势且发展速度要快于全球平均增速（见表2-3）。

表2-3 1999~2018年我国中小学女性教师数量及占比情况

单位：人，%

年份	教师总数			女性教师数量			女性教师占比		
	普通小学	普通初中	普通高中	普通小学	普通初中	普通高中	普通小学	普通初中	普通高中
1999	5860455	3148117	692439	2909652	1308691	241650	49.65	41.57	34.90
2000	5860316	3248608	756850	2967252	1384336	273110	50.63	42.61	36.09
2001	5797746	3348396	840027	3023895	1469833	314637	52.16	43.90	37.46
2002	5778853	3430307	945995	3057582	1529702	365880	52.91	44.59	38.68
2003	5702750	3466735	1070575	3054234	1570041	430638	53.56	45.29	40.22
2004	5628860	3476784	1190681	3051704	1595046	496650	54.22	45.88	41.71
2005	5592453	3471839	1299460	3064024	1612501	558625	54.79	46.45	42.99
2006	5587557	3463478	1387182	3085808	1626865	612942	55.23	46.97	44.19
2007	5612563	3464296	1443104	3127783	1645522	651604	55.73	47.50	45.15
2008	5621938	3468957	1475533	3168663	1671093	679991	56.36	48.17	46.08
2009	5633447	3513438	1493313	3217059	1714963	699960	57.11	48.81	46.87
2010	5617091	3523382	1518194	3254965	1743360	723566	57.95	49.48	47.66
2011	5604861	3524517	1556829	3288734	1766987	752869	58.68	50.13	48.36
2012	5585476	3504363	1595035	3328015	1784590	782301	59.58	50.92	49.05
2013	5584644	3480979	1629008	3388375	1799565	811941	60.67	51.70	49.84
2014	5633906	3488430	1662700	3500101	1834243	841510	62.13	52.58	50.61
2015	5685118	3475636	1695354	3623303	1860680	870620	63.73	53.53	51.35
2016	5789145	3487789	1733459	3782693	1900525	903797	65.34	54.49	52.14
2017	5944910	3548688	1773953	3994105	1974445	941702	67.19	55.64	53.08
2018	6091908	3638999	1812584	4188201	2066233	976982	68.75	56.78	53.90

资料来源：《中国教育统计年鉴》（1999~2018年）。

二　农村中小学教师性别结构的表征分析

农村教育是我国教育发展的短板，关注农村中小学教师性别结构有利于我国教师性别结构的整体优化。那么，相比城市，近年来农村中小学教师性别结构呈现怎样的发展态势？在学段之维又呈现怎样的分布样态？这些问题对于明确我国农村中小学教师性别结构的实然样态具有现实意义。

（一）中小学教师性别结构的城乡差异

基于《中国教育统计年鉴》（2013~2018年）的相关数据发现，无论是城市还是农村，2013~2018年中小学教师性别结构均表现为女性教师数量多于男性教师，且城市中小学女性教师占比要大于农村（见表2-4）。具体而言，2013年城市中小学共有教师3286686人，其中女性教师有2218467人，女性教师占比为67.50%。随后城市中小学教师总数、女性教师数量以及女性教师占比呈现逐年增长的发展态势，到2018年城市中小学教师共有4218915人，其中女性教师有2976742人，女性教师占比达到70.56%，与2013年相比上涨了3.06个百分点。

表2-4　2013~2018年我国中小学女性教师数量及占比情况

年份	教师总数（人）		女性教师数量（人）		女性教师占比		
	城市	农村	城市	农村	城市（%）	农村（%）	城乡差距（个百分点）
2013	3286686	7407945	2218467	3781414	67.50	51.05	16.45
2014	3458376	7326660	2350595	3825259	67.97	52.21	15.76
2015	3549923	7306185	2432266	3922337	68.52	53.69	14.83
2016	3752283	7258110	2592619	3994396	69.09	55.03	14.06
2017	3977700	7289851	2778321	4131931	69.85	56.68	13.17
2018	4218915	7324576	2976742	4254674	70.56	58.09	12.47

资料来源：《中国教育统计年鉴》（2013~2018年）。

农村中小学教师性别结构呈现不同于城市的发展特点。2013年，农村中小学共有教师7407945人，之后的几年教师总数连续减少，到2017年才有所提升。然而，在教师总数持续减少的背景下，农村中小学女性教师的人数却始终保持逐年增加的状态，从2013年的3781414人增长至2018年的4254674人，女性教师占教师总数的比重增长了7.04个百分点，从2013年的51.05%增长至2018年的58.09%。可见，近年来农村中小学女性教师的补充量要远远大于其流失量。

将中小学教师性别结构置于城乡维度进一步描绘教师性别结构的分布样态可以发现，近年来农村中小学女性教师数量迅速增长，占比也持续增加。相较而言，城市中小学女性教师占比的增长速度小于农村，使女性教师占比的城乡差距逐年缩小，从2013年的16.45个百分点下降至2018年的12.47个百分点。尽管从绝对数量来看城市中小学女性教师数量少于农村，但从女性教师占比来看城市要始终大于农村。

可以发现，在城乡之维，我国中小学教师性别结构呈现职业选择空间越大，女性教师占比越大的分布特征。经济发展水平在一定程度上代表了地区提供可供选择的工作机会以及吸纳劳动力的能力。从个体职业选择来看，城市经济发展水平较高，职业类型丰富，个体职业选择的空间较大；相较而言，农村经济发展水平较低，职业类型单一，个体职业选择的空间较小。也就是说，男性在职业选择空间较大的情况下更倾向于从事其他职业而非教师职业。

虽然城市中小学教师性别结构失衡的现状更为严峻，农村中小学教师性别结构看上去更为均衡，但这并不是因为农村地区能够吸引更多的男性教师，而是因为农村地区职业类型较为单一，男性职业选择空间较小，所以有一定数量的男性进入教师职业。从个体职业选择的主动性来看，城市职业类型丰富，选择空间更大，受传统性别意识影响，男性劳动力倾向于选择劳动报酬更高的职业以提高自身的经济社会地位，主动选择教师职业的男性劳动力较少，同时也为主动选择教师职业的女性劳动力提供了更多的机会，使女性教师表现出在城市占比高的特点。从个体职业选择的被动性来看，一些职业对男性劳动力的包容度与接纳度较高，对女性劳动力的包容度与接纳度较低，在其他职业产生劳动力饱和之后，教师职业成为处于末位的男性劳动力和大量剩余女性劳动力“退而求其次”的被动选择，强化了职业选择空间越大，女性教师占比越大的分布特征。

（二）农村中小学教师性别结构的学段差异

通过中小学教师性别结构的城乡对比可以发现，农村中小学女性教师体量庞大且增长迅速。在对农村中小学教师性别结构发展态势有了总体认识之后，从学段维度将分析视角向农村聚焦，可以进一步探究农村中小学教师性别结构的分布样态。

数据显示，农村中小学女性教师性别结构表现出教育层次越低，女性教师占比越大的分布特征（见表 2-5）。从小学来看，2013 年农村小学共有教师 4117998 人，其中女性教师有 2250484 人，女性教师占教师总数的比重为 54.65%。尽管之后几年农村小学教师总数逐年下降，到 2017 年才有所回升，但是农村小学女性教师数量及其占比呈现逐年增长的发展态势。2018 年农村小学共有教师 4089830 人，其中女性教师有 2590710 人，女性教师占比达到 63.35%，与 2013 年相比增长了 8.70 个百分点。

表 2-5 2013~2018 年农村中小学女性教师数量及占比情况

单位：人，%

年份	教师总数			女性教师数量			女性教师占比		
	小学	初中	高中	小学	初中	高中	小学	初中	高中
2013	4117998	2434655	855292	2250484	1139566	391364	54.65	46.81	45.76
2014	4074719	2391712	860229	2286633	1137848	400778	56.12	47.57	46.59
2015	4065565	2363833	876787	2356202	1149641	416494	57.96	48.63	47.50
2016	4054178	2326575	877357	2417595	1152435	424366	59.63	49.53	48.37
2017	4079231	2327361	883259	2515266	1180286	436379	61.66	50.71	49.41
2018	4089830	2342470	892276	2590710	1214526	449438	63.35	51.85	50.37

资料来源：《中国教育统计年鉴》（2013~2018 年）。

从初中来看，2013 年农村初中共有教师 2434655 人，其中女性教师有 1139566 人，女性教师占教师总数的比重为 46.81%。同农村小学一样，之后几年农村初中教师总数连续减少，到 2017 年有所回升。女性教师数量在 2014 年略有下降之后一直保持着逐年增长的发展态势。农村初中女性教师占比逐年增长，并且在 2017 年农村初中女性教师数量首次超过男性教师，占比达到 50.71%。2018 年，农村初中共有教师 2342470 人，其中，女性教师有 1214526 人，女性教师占比增至 51.85%，与 2013 年相比，上涨了

5.04个百分点。

从高中来看，2013年农村高中共有教师855292人，其中女性教师有391364人，占比为45.76%。随后农村高中教师总数、女性教师数量及其占比均表现为逐年增长的发展态势。2018年，农村高中共有教师892276人，其中女性教师有449438人，首次超过农村高中男性教师数量，女性教师占比达到50.37%，与2013年相比上涨了4.61个百分点。

将农村中小学教师性别结构置于学段维度进一步分析可以发现，近年来农村中小学女性教师占比不断增长，呈现照看性工作内容越多，女性教师占比越大的分布特征。与2013年相比，2018年农村小学、初中、高中女性教师占比分别增长了8.70、5.04、4.61个百分点，农村中小学女性教师占比及其增长速度始终保持小学>初中>高中的发展态势。同时，农村初中、高中女性教师占比相近，二者差距较小，但与农村小学女性教师占比差距较大。如2018年农村初中、高中女性教师占比分别为51.85%、50.37%，农村初中女性教师占比略高于农村高中1.48个百分点。同年农村小学女性教师占比为63.35%，高出农村初中11.50个百分点，高出农村高中12.98个百分点，可见农村小学女性教师占比较大，且增长速度快于农村初中与农村高中。

教育层次在一定程度上可以体现教师的主要工作内容。随着教育层次的升高，学生的心智发展更为成熟，自理能力持续提升，学习内容的难度不断加深，教师的工作重点从照看学生日常生活逐渐转向学生学业的教授，工作内容体现的照看性减弱，知识传授的专业性增强。照看性工作内容越多，女性教师占比越大的分布特征体现了社会上普遍存在的传统性别意识观，即女性具有温柔、细致、亲和的性别气质，比男性更适合具有照看性、事务性工作内容的职业，这在一定程度上可以表明尽管女性通过就业进入了工作场域，但照看儿童仍然主要是女性的职责。

三　农村中小学教师性别结构失衡的现实影响

在我国女性教师数量不断增长的背景下，教师性别对学生可能产生的影响引起我国社会各界的广泛关注，一方面是男性教师与女童的相处方式得当与否，另一方面是女性教师过多是否会对学生性别意识养成产生不良影响。事实上，性别并不是评判一名教师合格与否的指标，也不应成为界定谁更适合从事教师职业的标准。教师性别结构失衡作为一种社会现象，在实际教学工作时间与招聘方面引发了一系列连锁反应，特别是农村学校师资紧张、留守女童众多等特殊状况为优化农村教师性别结构带来许多挑战。

（一）教师性别的社会关注点

近年来，教师性别对学生可能产生的影响引起我国社会各界的广泛关注，其关注点有二。第一点在于社会上普遍存在女性教师比男性教师更让其他主体感到安全与信任的观念。同样的教育教学行为，如拍拍肩膀、后背以示鼓励的身体接触，处理幼童的生理卫生问题等，无论幼童是什么性别，女性教师往往会得到更多的信任，让其他人产生误解的可能性极低。相反，男性教师在与学生接触，特别是身体接触的过程中难免会陷入尴尬境地。农村地区留守儿童众多，其中有相当数量的留守女童。在农村留守女童被极个别不良男性教师侵害的事件频频曝光后，男性教师与女童的相处变得极为敏感，特别是单独相处的过程中，为了避免引起麻烦与误会，男性教师会存有避嫌心理，教育教学行为受到一定制约。当前，许多农村学校都设有留守儿童之家，教师除了日常教育教学工作之外，还需要承担照料留守儿童的日常起居的任务。在这种情况下，女性教师在场成为各个利益相关主体的诉求。

第二点在于女性教师数量过多是否会对学生产生不良影响。一些学者从社会性别理论、性别角色观等不同角度分析了教师职业女性化的历史与成因，针对教师性别结构失衡是否会产生以及产生何种负面影响形成了两种截然相反的观点。一种观点认为教师性别结构失衡会影响学生性别角色意识的形成，不利于学生的成长与发展，需要提高教师待遇和地位，采取政策措施提高男性招收比例，提升男性教师数量。[①] 另一种观点认为教师性别对学生的负面影响需要进一步验证，女性教师数量不断增

① 惠中、韩苏曼：《论我国中小学教师队伍建设中的性别结构失衡问题》，《全球教育展望》2011 年第 10 期，第 66~71 页；翟春城：《基础教育男女教师性别失衡原因及对策研究》，《中国教育学刊》2013 年第 S3 期，第 112~113 页；武晓伟、郑新蓉：《我国农村中小学教师性别结构的女性化——基于河北、云南、贵州三省的调查分析》，《教师教育研究》2015 年第 3 期，第 86~92 页。

长被视为影响学生发展的重要问题，是社会文化中根深蒂固的性别刻板印象和性别本质主义偏见导致的，需要从多元角度分析其成因，基于审慎的态度进行根本性的政策干预，而不是盲目降低男性教师招聘标准。[①]

在当前的相关研究中，尚未证实女性教师过多是否会对学生性别意识养成产生不良影响。然而从学生发展的角度来看，女性教师在教学和维护女童合法权益方面的优势不容忽视。一项以我国 11 个省份 2380 名中小学教师为调研对象的研究显示，女性教师在教学情绪、教学期望、教学策略和教学业绩上都要优于男性教师。[②] 此外，国外相关研究表明，学校里有女性教师更能激励女童入学，[③] 那些得到充分尊重的女性教师可以成为激励女童的行为榜样，通过相关培训和专业认可的女性教师还可以就性、生殖健康等主题向女童提供信息、指导和建议。[④] 特别是我国农村地区留守女童数量庞大，社会舆论使男性教师需要与女童保持适当距离，女性教师在保护女童性安全方面的重要作用凸显。

（二）教师性别结构失衡的现实影响

从教师教书育人的职业定位来看，性别不应成为评判一名教师合格与否的指标，也不应成为界定谁更适合从事教师职业的标准。当女性教师数量持续增长时，教师性别结构失衡成为一种社会现象，引发了一系列连锁反应。

在过去 20 多年中，我国中小学教师性别结构从男多女少转变为男少女多，工龄较长的基层教育部门、学校领导以及教师都切实体会到了女性教师数量增多带来的工作上的变化。一项基于全国 10 省 20 市（县）调查数据的研究表明，男女教师的教学工作时间存在显著差异，男性教师约是女

---

① 王俊：《教师职业的性别标识探论——兼谈师范类院校男女生比例失衡问题》，《高等教育研究》2015 年第 6 期，第 65~72 页；余富强、胡鹏辉：《国外小学教师职业女性化话语研究及启示》，《教育科学》2018 年第 3 期，第 75~81 页。

② 李红梅、靳玉乐：《教师教学业绩的影响因素研究——基于全国 2380 名中小学教师的调查分析》，《湖南师范大学教育科学学报》2018 年第 1 期，第 69~74 页。

③ GPE Secretariat. "The Importance of Female Teachers for Girls' Education."（2016-11-08）[2019-05-22]. https：//www.globalpartnership.org/blog/importance-female-teachers-girls-education.

④ Tembon，M. & Fort，L. "Girls' Education in the 21st Century：Gender Equality，Empowerment，and Economic Growth." The World Bank. 2008. p. 133.

性教师的 1.13 倍，而在二胎政策全面放开的情况下，产假等更会缩短女性教师实际教学工作时间。[①] 也就是说，基于实际教学工作时间，100 名男性教师的工作量与 113 名女性教师的工作量相同。女性教师数量增多意味着教师编制相对减少，为学校的正常运行与发展带来不便。特别是在农村学校师资本来就紧缺的情况下，受二胎政策影响，农村女性教师接连休产假，使农村学校师资紧缺的困境进一步加剧。

实际教学工作时间的差异导致基层教育部门和学校领导更加偏向男性教师，同时为了避免学校长期处于师资紧张状态，女性教师往往成为教育部门和学校的第二选择。相对而言，生育政策对男性教师工作的影响较小，并且学校有着对男性教师优先偏好，促使教育部门和学校在教师招聘过程中对男性表现出"物以稀为贵"式的照顾倾向——在可以选择的情况下更倾向于男性优先，一些地方甚至放宽招聘标准、破格录取男性教师。虽然男性优先甚至放宽标准的教师招聘原则在一定程度上吸纳了部分男性进入教师队伍，但是只追求数量而不要求质量的单一的放宽招聘标准并没有考虑到低标准招聘来的男性教师是否能够胜任教育教学工作，相比女性教师是否更有利于学生发展等问题。

第三节　农村中小学教师的学科结构

教师学科结构就是教师队伍中专任教师担任具体科目、教授相关知识的一种教育教学活动的现实样态，结构的优良与否是衡量学校是否可以开齐开足不同学段课程的重要指标。一般来说，一名教师在实际教学中所教科目是由这名教师的学科背景、专业知识以及教师资格证类别所决定的，教师所属学科直接影响教师的专业知识类别和思维方式。

在农村地区教师普遍缺乏的情况下，"所教非所学"是一种常见的现象，这种安排在一定程度上是遵循满足课程标准和开齐课的最低要求，是追求教师数量充足的初级阶段。随着素质教育推进，中小学课程改革不断深入，尤其是人们对有质量的教育公平的教育诉求增加，教师学科结构问

---

① 秦玉友、赵忠平、曾文婧：《义务教育教师教学工作时间结构研究——基于全国 10 省 20 市（县）的数据》，《教师教育研究》2017 年第 4 期，第 39～45 页。

题不断引起人们的关注。为了进一步优化教师结构，我们需要把握农村中小学教师学科结构面貌，找寻学科结构的改进空间，对比城乡教师学科结构差异及其原因，从教师学科结构深耕农村教师队伍建设，旨在进一步理解与优化农村教师学科结构，提高农村教师队伍建设水平。

一　农村中小学教师学科结构的现状

教师学科结构是教师结构的一个重要维度，教师教授与归属某个学科强化了教师个体的专业归属感，塑造其专业知识、教学能力和理念，延续其职业生命力。不同学科的教师知识和能力对应了学校的教育服务供给，合理的教师学科结构有利于保证国家规定课程开齐开好。我们提倡农村义务教育阶段由“开齐课”向“开好课”迈进，这对教师学科结构提出了新的诉求，即保证教师的专业性和教学质量。当下，我们关注教师学科结构是从细节着手推进教师队伍建设，把握和了解农村教师学科结构，可以进一步提高“教师专业对口”意识，有利于解决“所教非所学”等问题，提升农村教育质量。

（一）农村小学音体美教师占比低于城市

为了更好了解我国农村小学专任教师学科结构分布，我们通过对比城市和农村的差异来考察农村小学教师学科的真实样态（见表 2-6）。在 2018 年农村小学传统主科教师中，语文和数学教师分别占专任教师总数的 35.71%和 29.92%，高于城市专任教师比例，农村担任数学学科的教师比例远高于城市（25.29%）。2019 年农村语文、数学两门主科教师的占比分别为 35.20%、29.34%，农村担任数学学科的教师比例远高于城市（25.14%）。

但是外语、科学、体育、音乐、美术等学科的教师比例是低于城市的，也间接说明农村小学专任教师比例在传统主要科目上是高于城市的，而在一些强调素质教育、全面发展等非主科方面，农村教师比例低于城市。例如，2018 年，城市体育教师占全体教师总数的 7.12%，高于农村体育教师占比（5.35%）。数据反映的农村教师学科结构现状也回应了当前农村地区体育、美术、音乐等学科教师短缺的事实，但是 2019 年农村综合实践科目的教师比例高出城市教师 1.23 个百分点。

表 2-6 2018~2019 年城乡小学专任教师各学科占比分布

单位：%

学科结构	2018 年		2019 年	
	城市教师	农村教师	城市教师	农村教师
品德与社会	3.26	4.00	3.24	3.98
语文	35.42	35.71	35.28	35.20
数学	25.29	29.92	25.14	29.34
外语	9.15	7.24	9.22	7.44
体育	7.12	5.35	7.24	5.45
科学	3.63	3.52	3.67	3.51
艺术	0.35	0.46	0.35	0.45
音乐	4.96	3.73	5.01	3.80
美术	4.67	3.54	4.72	3.60
综合实践	3.58	3.91	3.70	4.93
其他	1.55	1.68	1.41	1.44
当年不任课	1.04	0.94	1.00	0.86

资料来源：根据教育部 2018 年和 2019 年教育统计数据测算。

（二）农村初中各学科教师规模变动稳定

学科的合理分布有利于教师发挥自身所学学科的专业能力，达到所学与所教相匹配。特别是初中阶段所学科目增多，各学科专业性的边界较为明显，良好的学科布局对于教育教学质量的提升具有重要意义。从近五年我国农村初中各学科专任教师分布情况来看，农村初中主科教师（语文、数学、外语）的规模基本保持稳定，其他副科教师变动幅度不大。例如，语文教师 2015 年为 420890 人，2019 年为 422392 人（见表 2-7）。

从城市初中专任教师总量来看，城市 2018 年的主科教师为 658968 人，2019 年的主科教师为 696981 人，[①] 与城市初中相比，农村初中各学科专任教师规模大于城市初中各学科专任教师规模。从单个科目教师占比情况来看，传统上我们认为农村初中一些学科教师是短缺的，从实际统计数据来

① 教育部发展规划司：《2019 年教育统计数据》，2020 年 6 月 10 日。

看，一些学科教师的占比与城市学科占比相比，两者差别逐渐消失。例如，2019年农村初中数学教师占比为17.27%，城市初中数学教师占比为16.90%；农村初中物理教师占比为6.74%，城市初中物理教师占比为6.75%；农村初中体育教师占比为5.49%，城市初中体育教师占比为6.22%；农村初中英语教师占比为15.57%，城市初中英语教师占比为16.44%。

表2-7　2015~2019年农村初中专任教师学科结构分布情况

单位：人

学科	2015年	2016年	2017年	2018年	2019年
思想品德	159642	156082	155335	155153	156722
语文	420890	416033	414943	417246	422392
数学	403117	398049	396586	399213	404711
外语	356856	353154	353937	358787	365007
科学	18307	17295	16785	16057	15704
物理	160504	158176	156556	156239	158038
化学	103062	101524	100537	99861	100916
生物	100201	98675	99667	100369	101560
历史与社会	21167	20530	19825	19863	19784
地理	95972	94506	95478	96266	97685
历史	123267	121214	122378	123467	125619
体育与健康	121655	121605	123252	125909	129179
艺术	5051	4878	4973	4870	4856
音乐	61112	60887	62493	63915	64803
美术	58928	58891	60612	62551	63634
综合实践活动	91045	89141	89493	89098	89947
其他	32927	29944	29490	25275	23038
总计	2333703	2300584	2302340	2314139	2343595

资料来源：教育部2015~2019年教育统计数据。

二　农村中小学教师学科结构现实隐忧及原因分析

从已有研究、实地调研以及相关媒体报道来看，当前我国农村中小学部分学科教师严重缺乏，导致一些新增学科不能开齐，不能配备专业的教师进行教学，这也是农村教师学科结构分布不合理导致的直接后果。从某种意义上说，这种情况是满足农村教师数量充足之后向教师质量提升发展过程中的必经阶段。但是，不合理的教师学科结构容易引发课堂教学的引导能力弱化，教师教学的专业性不强，教学的知识深度和广度以及学科素养培养力不足。而造成学科结构不合理的因素不仅与历史上教师配置政策城乡二元化倾向有关，也与地方经济发展水平和教育供给能力（主要是教育财政压力）有关。

（一）农村中小学教师学科结构的问题检视

我们通常所说的教师结构性缺编主要是指教师在数量供给方面已经达到政策的规定和要求，而在农村学校需求端的某些学科仍然存在“供不应求”的窘况，供给的教师数量不能满足学校某些学科的教育教学需求。教师队伍中存在的这种结构性的矛盾反映在教师个体要素中，主要表现在学科、学历、职称等方面。当前，在中小学教师学科结构方面存在的结构性问题，反映在教育实践中表现为以下几个方面。

1. 能满足“开齐课”，但无法做到“开好课”

当前，我国农村中小学专任教师学科结构的不合理——小学副科专任教师短缺，尤其是音乐、体育、美术等学科的教师，大都是由其他学科教师兼任。专任教师往往会更有时间和精力以及专业知识拓展学生在该学科的知识习得、兴趣爱好，借用该学科特点与优势丰富学生的综合素养、学科知识。同时，也使组织丰富的社团活动成为可能。因为丰富多样的学校社团活动不仅需要有专业的教师，更需要其长期以来对于该学科发展的敏锐性，并把学生的学习生活与社会发展需要联系起来。唯有拥有该学科专业知识素养的专任教师才能做到。专任教师更有时间和能够更顺畅地开展专业相关课外活动，有更多机会、更专业的能力和更丰富的信息资源了解该学科发展动向，并与时俱进，鼓励学生参加各种专业水平高的活动与比赛。如果缺少副科专任教师或者教授这些科目的教师没有专业学科背景，往往会出现在学校的教育教学中仅仅满足了一门课程有教师教授这一最初级要求的情况，并没有满足学生对这些学科的学科活动和学科知识的需求。

2. 新进教师学教不对口，影响发挥学科专业优势

作为教师供给端，地方教育行政部门按照以师生比为操作性指标的编制政策对教师进行分配，作为需求端的学校，对教师的需求往往不用考虑供给成本和供养能力。地方教育行政部门在遵循编制总量不增加原则的前提下，对于农村学校师资的需求有一套严密的分配体系。农村义务教育师资供给作为基本公共服务的一部分，尽管政府在供给意愿上总是会考虑需求端的农村义务教育师资需求，但是现实的农村义务教育师资供给主要是政府基于已获得教师资格证人员数量的师资提供能力与基于经济发展水平和可支配财力的供养能力判断决定的。[①] 所以，学校需求端总是面临教师供给的乏力局面，即供不应求。

为此，为体现师资利用效益最大化，满足师资需求的底线要求，学校往往在对现有教师和新进教师分配教学岗位的过程中，采用一些非正式的策略以满足各学科有教师教的底线标准。这样一来，往往会出现让新进教师从事跨学科教学的现象，出现学教不对口问题。初中阶段各学科边界清晰，容易产生跨学科教学的专业性障碍。跨学科教学现象在小学阶段较为普遍，在文化课方面跨学科教学的专业性障碍相对较小。广泛存在的跨学科教学现象，会让专业准备充足的新进教师把本专业的知识和职业期待搁置一旁，从事自己陌生学科的教学。作为新进教师，其本身的教育教学经验不足，从事跨学科教学对自身提出了专业内容和专业归属的挑战，在一定程度上压抑了跨学科教学教师自身学科优势的发挥。

3. 部分学科教师缺乏，增加了其他学科教师工作量

开齐开足课程是国家相关教育政策和课程标准的底线要求，是保障学生全面发展的基本要求。在某些学科没有专任教师的情况下，学校不得不安排其他科任教师兼任一些开不齐、缺乏专任教师的学科的教学工作。例如，语文教师教授音乐课程。由于没有进行过音乐教育方面的专门学习与训练，教师很难达到专业教师水平，又由于时间和精力有限，无法立即进行系统学习与培训，这在一定程度上会影响对学生的音乐教育效果。其他科任教师兼任缺乏专任教师学科教学工作的做法，是一种权宜之计，这种做法不仅不利于学生的发展，也会在无形中增加兼任教师的工作负担。在学校不能配齐合乎专业要求的专任教师情况下，这所学校的一些教师往往

---

① 秦玉友：《农村义务教育师资供给与供给侧改革》，《教育研究》2020 年第 4 期，第 139~151 页。

不得不身兼多门学科教学任务，同时完成不同学科的教学任务，导致教师工作量加大，进一步影响教师专业发展。这是教师学科结构不合理造成的一个现实隐忧与问题。

（二）农村中小学教师学科结构不合理的归因

那么造成教师学科结构分布不合理，部分学科专任教师不能按量按质配备的原因有哪些？从目前来看，既与相关的宏观政策规制有关，同时农村地区的内在实际情况也是不可忽略的因素。

1. 长期存在的城乡倒挂教师编制标准的认识惯性

长期以来，农村中小学教师的分配基本是依据教师编制标准，编制政策认识惯性导致学科结构性失衡，影响教师学科结构分布的合理性，即主科教师远远多于副科教师。在各学科教师队伍中，语文教师数量远远超过教师配备标准，音乐教师、美术教师却严重不足。尽管 2014 年以来国家实行了城乡统一的教师编制政策，但是历史上长期存在的城乡二元、三元的教师编制政策的认识惯性影响短时间内仍然无法消除。

作为一种人力资源，教师分配依据教师编制标准，尤其是在教师编制总量不变的情况下，增量分配解决教师学科问题的空间有限，地方学校调整教师学科的空间受限。这个问题的焦点主要集中于农村小规模学校。必须指出的是，仅仅按照师生比这一简单的操作性指标分配教师，对于农村学校尤其是小规模学校并不完全适用。这种做法没有充分考虑农村小规模学校的规模特征，小规模学校按编制标准分配教师会导致部分学科仍然缺乏教师，即使在教师总量已经超编的情况下一些学科仍然没有专业对口教师。教师学科结构性的缺编与教师总量超编并存的现实问题导致部分农村学校尤其是小规模学校无法招聘新教师弥补副科教师的缺乏。

对于农村小规模学校，若是教育行政部门仍按照编制标准分配教师，就会出现教师数量无法满足学校日常运转的问题。学校优先考虑主科的教育教学，以语文、数学、英语为主，又会造成其他科目教师边缘化，往往会出现牵强性的开课或者象征性的开课。这些问题直接反映了学校一些学科教师不足的问题。教师编制政策不能完全适应农村学校尤其是小规模学校的教育教学需求与教师要素配置没有充分考虑农村小规模学校教育教学需求，在一定程度上影响了农村教师学科结构分布，农村小规模学校受此影响更大。

2. 我国城乡经济发展水平差异大，农村地区教师岗位吸引力不足

农村教师岗位对教师的吸引力普遍较低，在很多学校特别是边远艰苦的农村学校都是老教师在坚守教学岗位，大学毕业生，特别是优秀大学毕业生把农村学校教师岗位当作自己毕业后寻找工作的次优选择。2015 年，《乡村教师支持计划（2015—2020 年）》指出，到 2017 年，力争使乡村学校优质教师来源得到多渠道扩充，乡村教师资源配置得到改善，教育教学能力水平稳步提升，各方面合理待遇依法得到较好保障，职业吸引力明显增强，逐步形成“下得去、留得住、教得好”的局面。这反映出国家对乡村教师队伍建设的空前重视。同时，也从另一个侧面说明农村教师岗位吸引力较低的现实，招不来、留不住等问题的存在。农村教师岗位数量需要进一步增加。

从宏观背景来看，农村发展相对缓慢和城市经济飞跃发展不断推拉着农村劳动力向城市流动，农村成为他们千方百计逃离的地方。农村地区人才外流对于农村自身的发展活力产生了一定影响，而嵌入农村社区的农村教育也会受到一定的影响。在这种情况下，农村教师流失以及向城性流动进一步加剧了农村教师学科结构的不平衡。经济欠发达农村地区对教师的岗位补偿、生活津贴等物质方面的待遇不足，以及社会文化环境不能满足年轻教师的生活需求，抑或传统的离农思维等一系列推力因素，催促着农村教师离开农村。与农村形成鲜明对比的城市教师岗位作为一种拉力因素，吸引着农村在职骨干教师或者应届毕业的潜在教师留在城市。由于农村地区的一系列推力因素和城市的一系列拉力因素，农村教师职业吸引力不足问题凸显，加剧了教师学科结构不平衡。

3. “以县为主”的管理体制使得地方教育财政压力大、投入不足

由于农村地区经济发展水平相对落后，县级财政面临较大压力，农村教育投入不能完全适应教育均衡发展与高质量发展要求。一方面，教育投入不足主要表现为，很多农村地区没有根据农村教师需求进行体现积极差异的城乡教师分配；另一方面，在缺乏教师的一些农村地区没有承担购买教育服务的费用，没有通过购买教育服务的方式开齐开足国家课程标准规定的课程。在这种财政压力下教育发展受到限制。

发展教育事业事关国计民生，同时也具有高耗费、回报周期长、公共性等特点。农村教育发展需要更大的财政投入。尽管近年来我国教育经费支出占 GDP 比例连续高于 4%，但是相较于发达国家对教育经费的投入我国还有较大的提升空间。2001 年，国务院印发了《国务院关于基础教育改革与发展的决定》，正式确立了“以县为主”的义务教育管理体制，县级政府对义务教育事业统筹负责。由于县级政府政绩压力、财政压力大以及教育事业耗费性的特点，在斟酌教育发展与经费投入回报过程中，往往会更加倾向于投资回报周期短、效益高、政绩外显性强的产业与项目，在无形中就会显现重经济发展轻教育投资的倾向。在这种情况下，向农村教育倾斜的政策往往落空，尤其是在面临“超编缺人”的情况下，解决教师缺乏与学科结构问题就显得更复杂。在农村教育投入不足情况下，本来可以通过购买服务的方式解决开不齐课问题的方案也往往会落空。

以上主要从宏观的政策层面、经济发展层面以及教育投入层面分析了教师学科结构分布不合理的原因。其实教师学科结构分布不合理的原因错综复杂，除了上述原因，还有一些其他的影响因素也是不可忽略的。一方面，当前农村一些小规模学校因为班级有限，学生少，没有达到分配除主科以外科目教师的教师编制标准。这种小规模学校会优先开设语文、数学这样的主科课程，教师根本没有时间和精力开设其他副科课程，此种情况在村小或者教学点尤为明显。另一方面，新课程改革对学科教学的教师在学科门类和数量上的需求陆续提出新要求，语文、数学等原有的传统学科的教师需求减少，而对英语、艺术、体育、综合实践活动等课程的教师需求量增加。

也有一些农村学校教师流失比较严重，在城镇优质学校对教师需求增加的情况下，一些紧缺型科目的教师会从农村学校流向城市学校，尤其是一些农村初中骨干教师、优秀教师会流向待遇较好的城市学校。导致一些农村初中学校部分科目的教师数量急剧减少，农村学校教师学科结构受到影响，在教师岗位吸引力和招聘上，城乡学校形成分隔的主要教师劳动力市场与次要教师劳动力市场，影响了农村教师队伍建设水平，形成城乡教育质量差距，影响城乡教育均衡发展。

三　农村中小学教师学科结构的现实功能发挥探析

当前，教师队伍建设进入深耕细节阶段，需要以教师学科结构为切入点，在了解学科分布现状的基础上，明晰教师学科结构的功能追求。对教师学科功能的正确认识，是我们改进不同学科教师配置和教师专业水平的重要抓手。国家倡导“提供公平且有质量的教育”和人们对“上好学”的需求，要求教师学科结构兼顾“开齐课，开好课”的需要，不断提高农村教育质量。

（一）合理的学科结构利于兼顾“开齐课，开好课”

较为理想的农村中小学教师学科结构衡量的最低标准是能开齐国家课程标准规定的课程，满足不同学龄儿童在不同阶段对课程学习的需求。而较为合理的教师学科结构是强调开好每门课程，更加倾向于强调相关科目不仅要有具备学科背景知识的专任教师，而且要求专任教师精通本学科的知识型和实践型课程，甚至要求能较好融会贯通本学科与其他学科教育教学，促进学生全面发展。换言之，“开齐”是在数量上对开课教师的一种最低限度的要求，“开好”则在教育质量上关注开课教师的教育教学实践。所以，对于农村教师学科结构现实功能的认知和了解需要从两个维度入手，即“开齐”和“开好”。

农村中小学教师学科结构在满足开齐相关课程上，主要表现为要求开设的课程学校都有教师教授。课程表上不能仅仅有语文、数学、英语等传统科目，这是对学校开设课程简单化、单一化、以传统课程为主的做法的突破，符合教育发展规划和教育发展规律的要求。开齐相关课程为走出初级阶段的教育公平，向更高层级的教育公平发展，促进城乡教育一体化，提升学生综合素养和开展好素质教育奠定了基础。

社会经济发展对人才要求的提高，不仅表现在数量上的增加，也表现在质量上提出新的更高的要求，这种客观因素会催促教育的改革和发展。学校作为培养经济社会发展所需人才的主要场所，要满足人才培养对经济社会发展的需要必定要在学校课程设置和教育教学上下功夫，而教师正是教育活动的关键指导者、引领者。学生需要的各学科的概念、知识以及实践活动都来自不同课程和有不同学科背景的教师。不同学科专任教师借着开设的课程这一平台可以丰富学生知识、提升认知丰富度、增强综合能力、培养学术兴趣。所以，优化教师学科结构不仅仅是对教师数量上能满足师生比提出要求，也要对教师类别、学科知识与背景多样化提出要求，以保证教师能够承担不同科目的教育教学。可以说，能够满足开齐规定课程要求的农村教师学科结构体现了其结构的合理性和教师队伍建设的成就，教师学科结构的合理性是学校课程正常开设和有专任教师教授相应课程的保障，是满足学生对课程多样性学习需求的保障。

当前，由于我国社会矛盾已经发生转变，反映到教育领域主要表现为人民对优质教育的需求和不平衡不充分的发展之间的矛盾。2017 年，党的十九大报告中提出乡村振兴战略，解决好农村经济社会发展问题更加需要人才支撑。为适应新的社会发展要求，满足学生对高质量、多元化、个性化、优质化教育的诉求，中小学教师学科结构需要在“开好”课的维度上不断优化。这就远远超越了学生对开齐课程的初步需要，并进一步对每门课程的质量以及教师自身的专业水准、知识素养、综合教育教学能力等提出了新的挑战。

在这种新的社会背景下，农村中小学教师学科结构发挥的现实功能就是通过学科专业知识在以课程为载体的教育教学过程中开展更好的立德树人、传授知识、培养兴趣和认知能力活动。教师学科结构在“开好”课的维度上更加注重课程内容的指向性、前沿性，课程设计和方法的精致化、多样化。

（二）不合理学科结构制约乡村教师和教育质量改善

教师学科结构不合理是其无法充分发挥正向功能的原因所在，不合理就是在现实中中小学教师学科结构无法满足按规定要求的课程设置，影响教师教育教学水平的发挥，并制约乡村教育的进一步改善。不合理的教师学科结构会产生负向效应，影响的主体主要包括学生、教师和家长。

首先，教师个体所承担的科目和自身的学科专业有一个匹配性问题。教师作为一个个体也具有明显的学科标签和相关学科知识属性，若当前教师队伍无法满足开设不同课程的要求，教师学科结构就有需要进一步改进的现实需求。对学生来说，不合理的教师结构不同程度地限制了他们全面发展和兴趣培养的可能性，这种教师学科结构的负向功能对学生的影响是深刻的、持续存在的。不良的教师学科结构与当前人们对高质量公平的教育诉求之间存在巨大反差，将会进一步拉大城乡教育发展的差距，大部分可以承担城市优质教育资源费用的家庭纷纷选择城镇学校，“乡弱城挤”的现象进一步加剧，甚至农村教育相对劣势地位更加明显。

其次，寻求优质城镇教育资源会增加农村家庭的教育支出，加重农村家庭的经济负担。一些进城就读学生需要父母一方（或其他亲属）陪读，一年不计算成人的劳动力成本，租房和生活费直接成本就要两三万元，这是一个昂贵的教育机会，如算上父母陪读的劳动力成本，这个教育机会将更加昂贵。[①] 同时，需要反思过分集中与过大的班级规模可能带来的问题。从表面来看，孩子到城镇学校读书，可以获得高质量的教育机会，但是由于班级规模过大，无论是班级学习环境还是孩子可能获得的教师的个体化关注方面都受到严重影响，优质教育的效果被大班额稀释了。[②]

最后，教师学科结构的负向功能直接影响教师队伍的专业发展和稳定性，因为教师同侪之间的交流学习往往是以学科背景为基础的，这样会有更多共同的语言且能够组成一个学习小组共同分享教育教学知识、实践经验和教研成果，但是不合理的学科结构会大大降低这种学科团队形成的可能性，不利于年轻教师找到学习共同体、学科归属感，这进一步影响教师队伍的稳定性。尤其是农村初中教授科目多，一些学科师资缺乏，但是面对培养计划又不得不设立这些课程。因此，就会让一些年轻、有能力的现有教师兼职担任，这种兼任往往会加重教师的工作负担，导致教师分散正常的教育教学精力，占用原来所教学科的备课、研课与教学反思等的时间，也会影响其原来所教学科的备课和教研能力的提升。不同的学科要求主讲教师的知识储备、教学方式与方法以及学科背景不同，所教非所学，教师在实施教学过程中遇到困难无法求诸自身已储备的专业知识，往往面临一定程度的专业自信压力，容易导致教师教学不自信、不认真，甚至引发职业认同感降低等问题。

总之，优化教师队伍学科结构，要研判农村中小学教师学科结构现状与分析合理性，更加重要的是要结合当今经济社会发展需求，促使教师学科结构不断趋向最优。对于教师学科结构的探索是一个不断深入的过程，从开始对课程数量的追求，再到如今对课程质量的追求，下一步的关注重点是在不断回应社会需求与教师学科结构自身合理化的基础上研究教师学科结构问题，持续推进教师学科结构优化。

四　农村中小学教师学科结构优化的实践路径

通过以上的分析，我们得知教师队伍建设是一个漫长的过程，且在不

① 秦玉友：《教育城镇化的异化样态反思及积极建设思路》，《教育发展研究》2017 年第 6 期，第 1~7 页。

② 秦玉友：《教育城镇化的异化样态反思及积极建设思路》，《教育发展研究》2017 年第 6 期，第 1~7 页。

同时期其关注重点不同。教师队伍建设初级阶段会较为注重数量层面的问题，往往遵循在数量上满足教育机会需求的思考逻辑，随后呈现从数量扩张到质量提升的一个持续不断的趋优过程。在各个时期，我国农村中小学教师学科结构对农村地区教育发展的重要作用不言而喻，从结构功能论的角度，我们知道教师学科结构制约着其功能的发挥。在新的时代背景下，为了应对教育主要矛盾，对人民对高质量的教育需求进行有效回应，我们试图从以下几点入手探索农村中小学教师学科结构优化的可能路径。

（一）着力培育全科教师，增强教师一专多能的业务能力

着力培养全科教师是优化教师学科结构的措施，是源头式的治理方式，针对性强、见效快、解决问题彻底。20 世纪七八十年代，为了满足社会发展对人才的需求，解决各级学校教师短缺的现实问题，国家开始培养能够承担多门学科教学的教师即中师生。培养全科教师的主要着力点是从师范生的培养源头开始，培育全科型教师。

全科型教师能够应对多学科的教育教学任务，增强职后的工作适应能力和个人附加值。全科型教师培养模式，具体来说，即全科型教师的培养与地方学校需求相结合，师范院校或者其他院校为农村中小学订单式培养师范生。通过这种方式培养的师范生目标指向性更强，也提升了教师的环境适应能力。职前准备的充分性可以提高教师素质，使教师不再是只能胜任一门学科教学的教师，而是能胜任多门相近学科教学的“多面手”，从而自如地应对教师学科结构性缺编问题。

在日常教学中，增强教师一专多能的提法更多的是对在职教师提出的期望。因为教师学科结构不合理有时候是突发性事件造成的，如教师流动、教师病假或者女性教师孕假等情况，具有不可预测性和不可控性。提倡一专多能主要是指教师在专业发展和自我业务提升过程中，迁移性地运用自己的学习和教学经验，不断提升适应多学科教学的能力，激发当前学校教师承担多元教学任务的内生力，多渠道寻求其他路径解决学科结构的不合理问题。这种一专多能的教育教学能力主要强调在职教师深入研究其他一个或多个感兴趣学科的教学，在自己所教学科的基础上，有意识地提高其他科目的教育教学能力。所以，一专多能就是最大限度发挥现有教师的专业外延能力，让跨学科教学、多学科教学成为教师短缺、开不齐课程

等问题的解决办法。通过职前教师培养和加强教师职后培训“双管齐下”，让全科型教师和一专多能的教师共同致力于解决教师学科结构不合理问题，以保障学校开齐开好国家规定的课程。

（二）促使富余教师流动，优化校际师资配置

在教师编制总量控制情况下，让教师富余型学校教师流动起来以缓解教师学科结构不合理，解决农村教师学科结构性缺编的问题，是教师学科结构优化最迫切、最可行的策略。富余教师流动，可以进一步盘活县域内教师资源，最大化发挥师资效能。教育行政部门要定期、精准核对城乡学校各个学科教师闲置与紧缺情况，积极打破阻滞学校教师流动和交流的壁垒，鼓励教师富余型学校的富余教师流动到教师紧缺型学校，在流动过程中同时解决教师学科结构不合理问题，实现校际教师资源有序性调配、学教匹配。

这种学科取向的教师流动带有帮扶性质，体现优化师资校际分布要求，既可以让流动教师拥有一种社会责任感和工作成就感，也有利于流入学校的教育教学工作正常开展。流出学校的富余教师到流入学校后就成了岗位需求教师，会受到广大师生欢迎。教师流动在国内外都受到重视，这种学科指向性较强的专任教师流动更需要把一个地区内的学科教师看成一个整体，需要体现教师个体对该职业理想的追求和奉献精神，需要统筹规划，注意适当的激励和退出机制，以求最大限度整合教师资源。

（三）遵循“所教即所学”的原则，促进农村教师专业对口

由于当前教师编制政策规约，在农村学校大量引进紧缺型学科教师不仅有悖于编制政策，而且在地方财政能力有限的客观现实面前也不可行，但是，我们应最大限度保证农村中小学教师“所教即所学”。当前，以编制为抓手通过核对学校编制需求数量与教师供给能力来完成教师供给，其中涉及两个重要的环节，即学校层面的编制缺口核对和区域层面的教师要素配置。由于编制数量限制与学校需求缺口较大，教师供不应求的局面长期存在。

在区域层面，根据编制标准配置教师无法满足农村学校教育教学需求，即使学校突破编制标准也依然存在“超编缺人”现象。在学校层面，上报自身实际教师缺额申请教师补充，往往教育管理部门不会等额

批准分配教师，导致分配的教师与需求的教师数额不对等。为尽量保证教师专业对口，学校层面应严格核准各个学科缺额的教师，遵循“所教即所学”原则申请补充教师，不随意摊派新教师或者让现有教师从事跨学科教学。

（四）积极建立农村学校联盟，促进多校紧缺学科教师共享

探索农村学校联盟和城乡学校共同供养紧缺型科目教师，实行共享教师和走教制度。现行教师编制标准不能为农村中小学提供足额的教师，而且还存在满编又缺人的两难困境。要继续加大对农村学校教师编制数量的倾斜力度，加强教师编制的动态管理，增强教师配置模式的灵活性。尤其是在农村地区，可以实行农村学校联盟制度，在农村地区的几所学校因缺某一科或几科专任教师而无法开齐课的情况下，可以开展多校合作的紧缺型教师聘用模式。既可以让农村几个学校“抱团取暖”，也可以减少学校占用过多编制，且可以发挥紧缺型教师的最大化效能，如多校联合共享一名音乐教师，既可以满足每所学校的学生每周一到两次的音乐课，又可以避免音乐教师闲置的现象。从专业性要求的角度来讲，可以避免其他非音乐学科教师教授音乐科目，实现副科教师在几所小规模学校之间“走教”的运行模式。另外，“走教”产生的相关费用由几所学校联合承担，也避免了学校因教师“走教”产生额外经费支出的压力。

第四节 农村中小学教师的学历结构

个体在职前学习和职后学习培训过程中，通过系统的学习和训练达到某一教育阶段学习要求，可以获得国家承认的学历（位）证书。教师学历结构是教师群体中不同学历教师所占的比例。教师学历结构由不同教师个体的学历要素组成，是教师学历的层次性和差异性的表现。对教师队伍学历结构的研究是为了从学历之维把握和了解教师队伍整体的学历构成情况和组成教师结构的学历要素的特性。一般来说，整体构成情况更多是从年龄结构、学科结构、学历结构、职称结构等进行考察，对于各要素的分析往往涉及教师个体的特性和结构，更多包含潜在和隐性的要素，如个人能力、职业理想、教育理念等。本节着重从教师学历结构的现状、现实问题

和学历对教师个体、教育教学的影响等方面分析农村教师结构，解读教师学历结构在农村中小学的现实教育意义。

一 农村中小学教师学历结构的现状分析

教师学历标准，一般出现在教师资格的政策法规规定中，主要对各级各类教育教师的最低学历资格进行相应规定。1993 年，《中华人民共和国教师法》第十一条对各级各类学校教师学历做出规定（见表 2-8）。[①] 通过法律的形式对教师的学历进行严格的规定，这是为保证教师队伍整体质量而采取的重要举措之一，在一定意义上，教师的学历水平代表着教师队伍的整体素质。在推进教育现代化过程中，教师现代化是教育现代化的根本保障。教师现代化的一个重要表现是不断的学习和知识的更新，而教师的学历提升是教师知识积累、眼界提升以及能力提高等的重要表现。提高教师学历，加强教师队伍建设是教育现代化的应有之义。了解教师学历水平的变迁轨迹、现状和特点，既是我们进行教师队伍建设的重要内容之一，也是我们综合考量教师发展动态的切入点。

表 2-8 基础教育阶段各类学校教师资格的学历要求

<table>
<tr><th></th><th>各级各类教师</th><th>教师资格学历要求</th></tr>
<tr><td>小学阶段</td><td>小学教师</td><td>中等师范学校毕业及以上</td></tr>
<tr><td rowspan="2">初中阶段</td><td>初级中学教师</td><td rowspan="2">高等师范专科学校或者其他大学专科毕业及以上</td></tr>
<tr><td>初级职业学校文化、专业课教师</td></tr>
<tr><td rowspan="7">高中阶段</td><td>高级中学教师资格</td><td rowspan="4">高等师范院校本科或者其他大学本科毕业及以上</td></tr>
<tr><td>中等专业学校文化课、专业课教师</td></tr>
<tr><td>技工学校文化课、专业课教师</td></tr>
<tr><td>职业高中文化课、专业课教师</td></tr>
<tr><td>中等专业学校实习指导教师</td><td rowspan="3">国务院教育行政部门规定</td></tr>
<tr><td>技工学校实习指导教师</td></tr>
<tr><td>职业高中学生实习指导教师</td></tr>
</table>

资料来源：根据《中华人民共和国教师法》相关规定整理。

① 全国人民代表大会常务委员会：《中华人民共和国教师法》，中华人民共和国主席令第 15 号，1993 年 10 月 31 日。

（一）农村小学教师学历水平渐趋提升

通过梳理我国近年来农村小学专任教师学历状况，可以更好地了解当前农村教师队伍各种学历的分布特征和变迁趋势（见表 2-9）。2011～2018 年我国农村小学教师队伍中拥有本科和研究生学历的人数逐年攀升，高中及以下学历人数大幅度减少。近年来教师高学历人数越来越多，低学历人数逐渐减少。这一变化，一方面表明我国教育事业发展取得显著成就，另一方面也表现出城乡教育差距和农村教育发展的不充分，这是未来乡村振兴战略和教育优质均衡发展的发力点。

具体来看，农村小学研究生学历教师人数从 2011 年的 2991 人增长至 2018 年的 16796 人，农村小学研究生学历教师人数增长约 4.6 倍；2011 年，本科学历教师为 915367 人，占农村小学专任教师总量的 21.59%，到 2018 年本科学历教师规模达到 2100112 人，占农村小学专任教师总量的 51.35%。2011 年，专科学历教师为 2412835 人，2018 年降至 1782141 人。农村小学本科学历教师仍是人数最多、占比最大的，且近年来呈现递增趋势。农村小学高中阶段学历教师人数逐年减少，农村小学高中阶段学历教师人数从 2011 年的 893241 人，减少至 2018 年的 189081 人。农村小学高中阶段毕业以下学历教师人数从 2011 年的 14575 人，减少至 2018 年的 1700 人。

随着国家对教师资格制定和分配政策的不断完善，农村小学教师队伍的学历水平大大提高。在今后相当长一段时间内，着重提升农村专任教师学历水平仍是新时代农村教师队伍建设的重点。

表 2-9　2011～2018 年农村小学专任教师学历分布

单位：人，%

年份	数量/占比	合计	研究生毕业	本科毕业	专科毕业	高中阶段毕业	高中阶段毕业以下
2018	数量	4089830	16796	2100112	1782141	189081	1700
	占比	100	0.41	51.35	43.57	4.62	0.04
2017	数量	4079231	13845	1932578	1880827	249887	2094
	占比	100	0.34	47.38	46.11	6.13	0.05

续表

年份	数量/占比	合计	研究生毕业	本科毕业	专科毕业	高中阶段毕业	高中阶段毕业以下
2016	数量	4054178	11349	1728701	1981904	328929	3295
	占比	100	0.28	42.64	48.89	8.11	0.08
2015	数量	4065565	9387	1556955	2081807	412752	4664
	占比	100	0.23	38.30	51.21	10.15	0.11
2014	数量	4074719	7006	1383583	2166212	511487	6431
	占比	100	0.17	33.96	53.16	12.55	0.16
2013	数量	4145998	3301	1223080	2248964	631592	9061
	占比	100	0.08	29.50	54.24	15.23	0.22
2012	数量	4169971	3802	1054779	2349323	752206	9861
	占比	100	0.09	25.29	56.34	18.04	0.24
2011	数量	4239009	2991	915367	2412835	893241	14575
	占比	100	0.07	21.59	56.92	21.07	0.34

资料来源：《中国教育统计年鉴》（2011~2018年）。

（二）农村初中低学历教师数量逐年降低

各学历教师占比是考察农村初中教师队伍学历变化的重要维度。我国农村初中研究生学历教师人数逐年增长，研究生学历教师占比从2011年的0.36%增长到2018年的1.24%，研究生学历教师的数量呈现递增趋势。农村初中本科学历教师占比从2011年的62.47%增长至2018年的81.57%，农村初中本科学历教师人数逐年增加。2011年，农村初中专科学历教师占比为35.84%，2018年，专科学历教师占比减少至17.02%，农村初中专科学历教师占比逐年减少。2011年，农村初中高中阶段学历教师占比为1.30%，2018年，农村初中高中阶段学历教师占比减少至0.17%。2011年，农村初中高中阶段毕业以下学历教师占比为0.03%，2018年，农村初中高中阶段毕业以下学历教师占比减少至0.00004%。农村初中高中阶段学历与高中阶段毕业以下学历教师占比大幅减少（见表2-10）。

表 2-10　2011~2018 年农村初中专任教师学历分布

单位：人，%

年份	数量/占比	合计	研究生毕业	本科毕业	专科毕业	高中阶段毕业	高中阶段毕业以下
2018	数量	2342470	29035	1910687	398581	4068	99
	占比	100	1.24	81.57	17.02	0.17	0.00
2017	数量	2327361	25133	1861487	435513	5029	199
	占比	100	1.08	79.98	18.71	0.22	0.01
2016	数量	2326575	20804	1807455	490974	7141	201
	占比	100	0.89	77.69	21.10	0.31	0.01
2015	数量	2363833	18219	1779910	555277	10100	327
	占比	100	0.77	75.30	23.49	0.43	0.01
2014	数量	2391712	13938	1740109	623168	14006	491
	占比	100	0.58	72.76	26.06	0.59	0.02
2013	数量	2434655	12198	1692268	708086	21436	667
	占比	100	0.50	69.51	29.08	0.88	0.03
2012	数量	2482831	9875	1640689	805272	26405	590
	占比	100	0.40	66.08	32.43	1.06	0.02
2011	数量	2532199	9000	1581855	907636	32944	590
	占比	100	0.36	62.47	35.84	1.30	0.03

资料来源：《中国教育统计年鉴》（2011~2018 年）。

目前，农村初中专任教师学历水平以本科为主，2018 年初中本科学历专任教师的占比为 81.57%，表明我国农村初中教师队伍学历水平提升成效显著。专科学历以下的教师占比为 0.17%，之所以仍有不合格者，主要是由于艰苦边远农村地区年长教师学历未达标。

（三）农村中小学专任教师学历合格率提升

教师作为一种国家公职人员，其任职学历要求有明确的规定。教师学历合格率是教师队伍建设和教育水平的重要标识。一般会用专任教师的学历合格率[①]来描述教师队伍的学历达标情况。运用近年来农村中小学教师学历数据可以测算出教师学历合格率。[②]

农村小学教师学历合格率稳步递增，从2011年的99.66%增至2018年的99.96%，教师学历合格率提高了0.3个百分点。教育部教育统计数据显示，2018年全国小学专任教师学历合格率为99.97%。[③] 对比2018年全国小学专任教师学历合格率与农村小学专任教师学历合格率可以发现，农村小学专任教师学历合格率低于全国水平0.01个百分点，农村小学专任教师学历合格率稍低于全国水平。我国农村初中专任教师学历合格率近年来都保持着较高的水平，2011年农村初中专任教师学历合格率为98.67%，2018年达到了99.82%，相较于2011年的98.67%提高了1.15个百分点。教育部教育统计数据显示，2018年全国初中专任教师学历合格率为99.86%。[④] 农村初中专任教师学历合格率也稍低于全国水平（见图2-3）。

从学历不合格专任教师人数变化情况来看，我国农村中小学教师中低于各级教育教师的最低学历要求的人数逐渐减少。小学学历不合格教师数量从2011年的14575人减至2018年的1700人，减少了88.34%；初中学历不合格教师数量从2011年的33708人减至2018年的4167人，减少了87.64%。但是学历不合格教师仍然存在，2018年，农村小学学历不合格教师数量为1700人，占农村小学教师总量的0.04%，学历不合格教师的数量逐年减少（见图2-4）。在一定程度上，不合格教师是农村教育发展和教师队伍专业化建设的重要阻碍因素。

---

① 专任教师学历合格率，是指某一级教育具有国家规定的最低学历要求的专任教师数占该级教育专任教师总数的百分比。各级教育教师的最低学历要求，参照《中华人民共和国教师法》中的相关规定：取得小学教师资格，应当具备中等师范学校毕业及其以上学历；取得初级中学教师，初级职业学校文化、专业课教师资格，应当具备高等师范专科学校或者其他大学专科毕业及其以上学历；取得高级中学教师资格和中等专业学校、技工学校、职业高中文化课、专业课教师资格，应当具备高等师范院校本科或者其他大学本科毕业及其以上学历。教育部：《2019年全国教育事业发展统计公报》，2020年5月20日。

② 1993年《中华人民共和国教师法》规定，中等师范学校毕业及其以上学历，其中没有明确高中毕业学历是否合格。小学教师学历是否合格在政策界定上有一个过程，参见国家教委、人事部《关于中小学教师职务聘任工作中有关问题的通知》（教人〔1991〕8号），1991年2月25日。

③ 教育部：《2018年全国教育事业发展统计公报》，2019年7月24日。

④ 教育部：《2018年全国教育事业发展统计公报》，2019年7月24日。

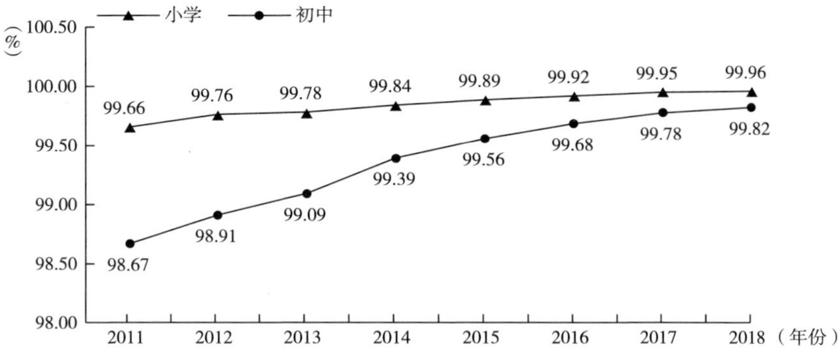

图 2-3 2011~2018 年农村中小学专任教师学历合格率的分布情况

资料来源:《中国教育统计年鉴》(2011~2018 年)。

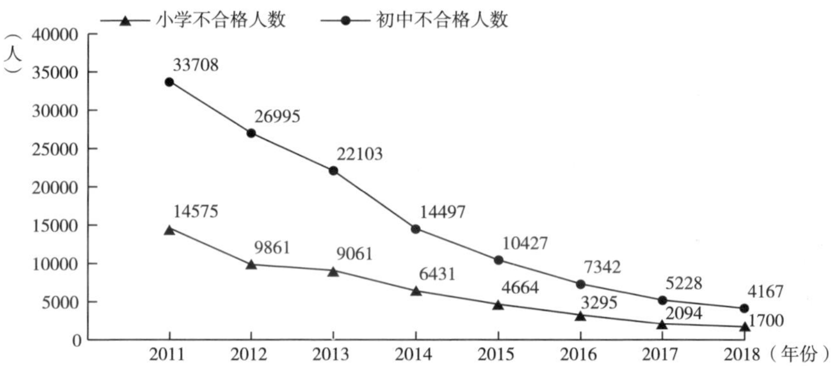

图 2-4 2011~2018 年我国农村中小学专任教师学历不合格人数变化情况

资料来源:《中国教育统计年鉴》(2011~2018 年)。

近年来,国家通过各种措施解决学历不合格教师问题,学历不合格教师无论数量还是占比都明显减少。但仍要重视教师学历,在高等教育普及化阶段尤其要关注新入职教师的第一学历,从教师入口严把教师学历关,提升和保证教师队伍的学历合格率以确保教育教学质量。尽管在招聘时严格执行政策规定,确保教师学历符合最低条件要求,但是教师队伍中仍然存在一些年长教师或者早年"民转公"教师,他们的学历仍然不高。在未来一段时间内,农村中小教师学历不合格问题将基本消除,但是我们仍然需要持续严把教师学历要求并通过相关政策与法律逐渐提高教师学历要求。

（四）农村中小学高学历专任教师占比稳定增长

农村中小学高学历[①]教师数量与占比是衡量教师队伍建设水平和教师专业化水平的重要指标之一。从绝对数量来看，农村小学高学历教师数量2011年为3331193人，到2018年增至3899049人，增加了567856人。从占比情况来看，农村小学高学历教师占比2011年为78.58%，2018年达到95.34%，增加了16.76个百分点（见图2-5）。

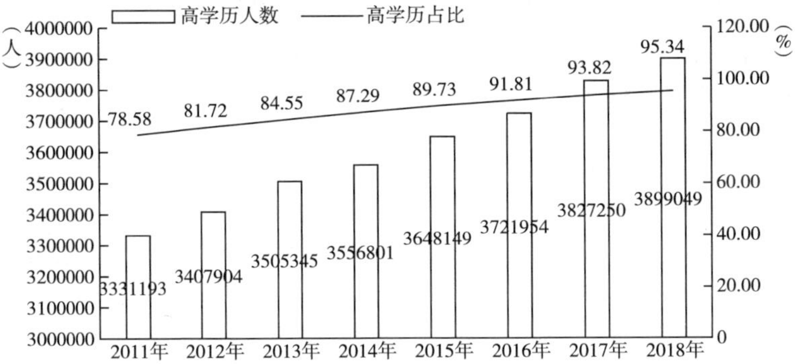

图2-5　2011~2018年我国农村小学专任教师高学历人数与占比变化情况

资料来源：根据《中国教育统计年鉴》（2011~2018年）数据整理。

农村初中高学历教师数量和占比变化情况如图2-6所示。从教师绝对数量变化来看，农村初中高学历教师数量在渐渐增加，农村初中高学历教师数量2011年为1590855人，2018年为1939722人，增加了348867人。从农村初中高学历教师占比情况来看，近年来农村初中高学历教师占比逐年增加，2011年农村初中高学历教师占比为62.83%，2018年为82.81%。总的来看，我国农村中小学高学历教师的数量呈现递增趋势，农村中小学高学历专任教师占比也呈现稳定增长趋势。

二　农村中小学教师学历结构的现实问题

教师作为一种职业，需要经过严格的师范教育训练、教育实践实习，

---

① 根据1993年《中华人民共和国教师法》规定的中小学教师学历资格判断，农村小学高学历教师是指专科及以上学历水平的教师，农村初中高学历教师是指本科及以上学历水平的教师。

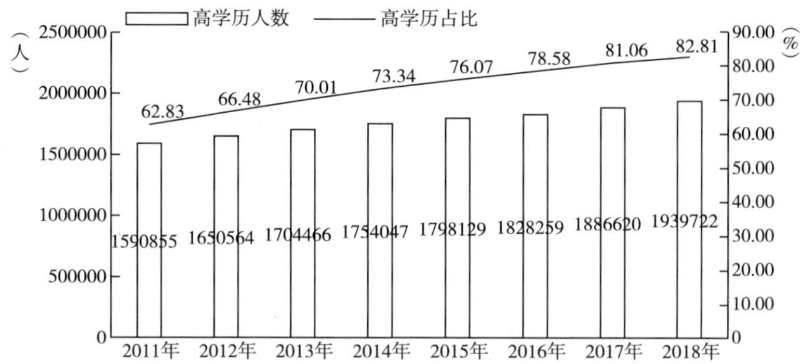

图 2-6　2011~2018 年我国农村中学专任教师高学历人数与占比变化情况

资料来源：根据《中国教育统计年鉴》（2011~2018 年）数据整理。

需要掌握教育学、心理学知识，全面了解教育教学事务，需要具有较高知识水平、学科背景、综合素质等。我国历来重视教师学历，积极通过政策、法律等规定教师学历资格，为农村教师队伍建设和素质提升提供坚实制度保障。我国义务教育经历了长时间的粗放式发展，内涵式发展时间还不长，不能适应教育高质量发展的要求。从适应教育内涵、高质量发展和经济社会发展需求来看，农村中小学教师学历结构还有较大优化空间，农村中小学教师学历结构方面还面临一些现实问题。

（一）农村中小学教师第一学历水平偏低

2018 年，教育部人文社会科学重点研究基地东北师范大学中国农村教育发展研究院对全国 18 个省（区、市）35 个县（区）进行义务教育阶段教师状况调查，原始样本为 57721 个，筛出义务教育阶段公办农村教师 40320 名。为了解中小学教师的学历结构及其存在的问题，我们梳理了农村中小学教师的第一学历情况（见表 2-11）。

调查数据显示，农村小学教师第一学历主要集中在大专、中专/中师两个阶段，2018 年第一学历为大专的小学教师占比达到 28. 24%，第一学历为中专/中师的比例达到 41. 01%，高中学历占比为 11. 80%，本科及以上的占比为 16. 66%。农村初中教师第一学历为本科及以上的教师占比为 28. 25%，第一学历为大专的教师占比为 40. 81%，中专/中师的占比为 27. 91%，高中及以下学历的占比为 3. 03%。

表 2-11 农村中小学教师第一学历分布情况

单位：人，%

学历层次	数量与占比	小学	初中
研究生	数量	19	56
	占比	0.07	0.39
本科	数量	4309	3999
	占比	16.59	27.86
大专	数量	7334	5857
	占比	28.24	40.81
中专/中师	数量	10650	4006
	占比	41.01	27.91
高中	数量	3064	411
	占比	11.8	2.86
初中	数量	580	20
	占比	2.23	0.14
小学及以下	数量	11	4
	占比	0.04	0.03
总计	数量	25967	14353
	占比	100	100

资料来源：2018 年，教育部人文社会科学重点研究基地东北师范大学中国农村教育发展研究院对全国调研的数据。

从当前部分省份对中小学教师资格证学历资格的规定来看，许多省份对学历资格的实际要求已经远高于法律规定，即小学需要具有专科及以上学历，中学需要具有本科及以上学历。但现实中，农村小学教师的第一学历主要集中在中专/中师和高中阶段，中专/中师和高中阶段学历教师占比为 52.81%，超过一半的农村小学教师第一学历水平是处于较低层次的。同样，农村初中教师的第一学历集中在大专和中专/中师的占比高达 68.72%。

由此，在当前对农村教育提出高质量发展诉求的背景下，为加快新时代乡村教师队伍建设，农村中小学教师第一学历水平偏低，是我们需要提升农村教师质量的重点关注问题。

（二）农村中小学教师第一学历毕业于高层次院校的占比低

据课题组对农村中小学教师第一学历毕业院校的具体情况进行的调查，其中农村小学教师共计 25967 人，农村初中教师共计 14353 人，筛选出中学和小学教师第一学历毕业于不同院校的数量和占比（见表 2-12）。我们把毕业院校依据不同的层次分为“985”高校、“211”高校或部属非“985”高校、省属重点非“211”本科高校等，其中把“211”高校或部属非“985”高校和“985”高校定义为高层次院校。

表 2-12　农村中小学教师第一学历毕业院校分布情况

单位：人，%

毕业院校	数量及占比	小学	初中
“985”高校	数量	49	43
	占比	0.19	0.30
“211”高校或部属非“985”高校	数量	174	313
	占比	0.67	2.18
省属重点非“211”本科高校	数量	513	698
	占比	1.98	4.86
省属普通本科高校	数量	4689	3856
	占比	18.06	26.87
独立学院或民办本科院校	数量	668	370
	占比	2.57	2.58
大专院校	数量	5741	4635
	占比	22.11	32.29
中师	数量	9564	3761
	占比	36.83	26.20
中专（不含中师）	数量	1224	270
	占比	4.71	1.88
高中	数量	2793	376
	占比	10.76	2.62
初中	数量	522	21
	占比	2.01	0.15

续表

毕业院校	数量及占比	小学	初中
小学	数量	30	10
	占比	0.12	0.07
总计	数量	25967	14353
	占比	100	100

资料来源：2018 年，教育部人文社会科学重点研究基地东北师范大学中国农村教育发展研究院对全国调研的数据。

具体来看，农村小学教师第一学历毕业院校占比前几位依次是，农村小学教师第一学历毕业于中师院校占调查总人数比例高达 36.83%，毕业于大专院校的占比为 22.11%，毕业于省属普通本科高校的占比为 18.06%，毕业于高中的占比为 10.76%。毕业于其他层次院校的占比均低于 10%，其中省属重点非“211”本科高校的占比为 1.98%，高层次院校的占比为 0.86%。农村小学专任教师第一学历毕业于省属重点非“211”本科高校及以上层次院校的占比仅为 2.84%，可以说，当前农村小学教师第一学历毕业于高层次院校的占比低。

从农村初中教师第一学历毕业院校层次的分布情况来看，农村初中教师第一学历毕业院校占比前几位依次是，第一学历毕业于大专院校的教师占比最多，高达 32.29%，有 26.87%的教师第一学历毕业于省属普通本科高校，中师毕业的占比为 26.20%，4.86% 的教师毕业于省属重点非“211”本科高校。而农村初中教师第一学历毕业于高层次院校的占比仅为 2.48%。总的来看，农村初中教师第一学历毕业于高层次院校的比例偏低。

（三）农村中小学在职教师提升学历的阻碍重重

学历结构并不是静止的学历要素堆积而成，而是在不断发展和变化的，教师学历资格条件也会随着社会发展和实践对人才需求做出一定的调整。教师个体更会在不同政策制度、职称评比压力、专业发展需求以及周围教师带动下主动或被动提升学历水平。国家也会通过一系列制度措施对在职教师提出学历提升要求和提供相应学历提升途径。而农村教师在学历提升和结构优化上面临不少现实困境，包括专业可持续发展条件不充分、专业自主发展意识不足、工作和生活环境差以及可行的政策支持不足等阻滞因素。

当前，我国农村地区教师学历提升的途径单一，专业发展机会少，教学任务重，很难开展教研活动，同行交流研讨机会少。[①] 由于教学人员少，在职教师想通过外出学习提升自己学历成为一种奢望。因为专任教师数量不足，农村教师教育教学负担重，在保证开齐课的情况下，教师上课时间过长，根本没有额外时间学习进修甚至是教研，外出短期培训也只是轮流参加。在乡村小规模学校，迫于教师学习而学生无人教的窘况，很多教师往往在学历合格的界限内无奈放弃学习进修机会。另外，教师产生了职业倦怠，形成“年轻老人”“青年老人”，更别提有提升自身学历的动机。尤其是一些年长教师，面对信息化、学历提升等要求一味拖延、躲避，不愿面对现实，他们中间不少是学历不合格或者学历偏低的教师，这种教师在外界环境和自身提升动力上产生了免疫力。

三　教师学历与教师质量的关系

很明显，当我们谈到或者指出教师队伍问题时，往往提及教师队伍的低学历水平，尤其是用教师队伍的学历合格率来衡量教师队伍的建设水平。这种思考问题方式的假设，即教师学历水平与教师质量有直接的关联。在我国农村教育事业发展的起步阶段，属于粗放式、数量取向的发展模式，教师学历水平与教师质量有直接的关联被人们广泛认同，甚至占有支配地位。之后随着义务教育普及，教育发展战略转向均衡化、城乡教育一体化、教育质量和公平取向的发展阶段，教师学历与教师质量的关系也一直受到人们的重视，同时人们也开始对二者的直接关联关系进行反思。

（一）教育外延式发展时期：教师学历与教师质量的简单对等

在我国教育事业起步阶段，教师极度缺乏，人民的文化水平普遍偏低，尤其是在农村地区存在大量的文盲和半文盲。在这种特殊社会背景下，涌现出大量民办教师，他们具有一定文化水平，但是并没有正规意义上的学历，这个时期更加注重教师数量和数量的增加。之后，农村民办教师成为农村教育事业发展的重要支柱，尽管大量的民办教师转为公办教

---

① 吴亮奎：《乡村教师专业发展的矛盾、特质及其社会支持体系构建》，《教育发展研究》2015 年第 24 期，第 47~52 页。

师，但其拥有的较低文化水平和较低学历的烙印难以消除。

因此，在我国农村教育外延式发展的背景下，为了大力发展教育，普及九年义务教育和满足社会发展对人才的需求，囿于教育财政压力和教师存量短缺的现实，在教育发展初期更多关注的是教师数量上的满足，对教师学历资格水平要求较低。农村教师学历与教师质量的关系即有学历即有水平，把两者简单地画等号，强调能者上，有一定学历就具备教师资格和符合教师应有的质量要求，简单地把教师的学历与教师质量等同起来，或者为解决教师短缺问题忽略教师的质量因素。

必须指出的是，对教师质量的要求是在教师数量满足之后更高层次的需求，在教育外延式发展取向下，教师学历水平与教师质量的关系未被正视，现实中关注更多的是“有没有”教师，在一定程度上还未达到对教师“好不好”的要求，更没有深究有学历是否有水平，而是简单认同与潜意识地承认有学历即有水平，教师学历与教师质量简单通约。

在注重教育发展的外延时期，教师学历与教师质量之间的关系被简单化，是一种线性、一元化的关系等式。20 世纪 90 年代，我国开始以法律的手段规定中小学教师的学历资格，这种学历资格不仅是对教师从事教师行业的最低要求，也是检验教师综合素质的一个指标。主要是因为在农村教育外延式发展阶段强调农村教育的发展规模，让更多的农村学生有学上，尤其是改革开放之后，社会发展对人才的需求催促着教育事业发展，扩建学校、改造危房、加强和完善师资队伍建设等系列工程占主导地位。在以“量”和规模发展为主导性任务的建设逻辑影响下，对教育质量的考量尤其是对教师质量的关注被大大遮蔽或简单对待。

在这一背景下，在招聘和选评过程中往往把教师学历与教师质量画上等号，教师质量这个需要综合指标进行考察的核心要素没有受到应有重视。这种简单的评价方式容易发生在事物发展的不成熟阶段，在特定的历史位序上和时代背景之下有一定的合理性，但是反过来看，这也是对教师质量认识不够全面和深入的结果。

（二）教育内涵式发展时期：教师学历是教师质量的充分非必要条件

为贯彻落实《国家中长期教育改革和发展规划纲要（2010—2020

年）》，巩固提高九年义务教育质量，深入推进义务教育均衡发展，2012年，国家提出“推进义务教育优质均衡发展”目标，[①] 2016年，国家实施“统筹推进县域内城乡义务教育一体化改革”，[②] 旨在统筹推进县域内城乡义务教育一体化发展，缩小城乡教育差距、促进教育公平。2019年，为深化教育教学改革、全面提高义务教育质量，中共中央、国务院印发《中共中央 国务院关于深化教育教学改革全面提高义务教育质量的意见》。[③] 从近年来国家教育发展战略布局和教育发展目标来看，越来越强调与突出教育公平发展、有质量发展。

我国教育发展正在从外延式发展转向内涵式发展，更加关注教育质量。农村义务教育教师队伍建设是提升农村教育质量的重要着力点，而提升农村师资队伍质量水平往往会考虑教师学历结构这一重要因素。考虑教师学历结构，就必须直面农村教师学历与教师质量关系这个问题。在越来越重视农村教育质量和对教育质量的影响因素认识越来越深入的情况下，人们越来越认识到农村教师学历与教师质量的关系不能用简单等同关系来描述，影响教师质量的要素是多样性的，教师学历仅为多种要素中的一种，教师学历对教师质量来说是一个充分非必要的条件。

过去，我们在师资队伍缺乏时代，教师数量方面的满足是发展乡村教育的基本需求，之后新的社会诉求，使得我们开始关注教师学历的资格标准。教师从教的标准从“能者上”到“有学历者上”，今天这种“有学历者上”的标准也不断受到质疑，因为追求教育质量的发展取向，教师学历与教师质量直接关联下的简单的“唯学历”取向逐渐显露出弊端和不合理之处。

另外，社会越来越强调教师师德师风建设，发挥教师立德树人的根本作用，亟须我们对教师学历等同于教师教育教学水平这样的问题进行深层次的追问。教师学历是实施高质量教育发展和提升育人质量的必要条件，在教师之间的横向比较中，学历水平高不能简单等同于教育教学水平高；

---

① 国务院：《国务院关于深入推进义务教育均衡发展的意见》，2012年9月7日。

② 国务院：《国务院关于统筹推进县域内城乡义务教育一体化改革发展的若干意见》，国发〔2016〕40号，2016年7月11日。

③ 中共中央、国务院：《中共中央 国务院关于深化教育教学改革全面提高义务教育质量的意见》，2019年6月23日。

在教师个体的纵向发展过程中，个体教师与教育教学相关的学历提高的过程中，教师会不断丰富教育教学专业知识，反思与梳理自身教育教学实践经验，学历提高又是教师质量提高的助力。我们不能简单否定学历提高对教师质量的积极作用。

四 农村中小学教师学历结构优化路径

审视农村教师队伍学历结构及其问题是为了把握教师队伍结构情况与教师结构特性。未来较长的一段时间内，提升乡村教育质量，加快教师队伍建设，仍需要明确教师学历结构特征，在教师数量满足的基础上强调学历达标，以提升教师质量为价值指向，力求减少学历不合格教师，增加高学历教师，进一步调整和优化农村教师学历结构。

（一）宽容对待教师学历，更加注重教师质量

教师队伍建设中的学历要素越来越受到重视，这是教育改革和发展新阶段的必然要求。在部分欠发达乡村地区仍存在教师“招不来”“留不住”的窘况，有些地区的教师还处于数量满足阶段。面对这种情况，在全国普遍提升教师学历一盘棋之下，补齐农村教育短板，需要我们重新审视和思考数量上的满足与学历达标或高学历的优先选择问题。

囿于地区经济发达程度不一，人文地理环境差异大，教育中的有些标准需要因地制宜，在教师学历达到底线要求的基础上，需要对农村教师学历有一定的宽容度。也就是说，在应聘者学历达到底线要求后，要综合考虑从教情怀、教学能力、从教稳定性等，不过分看重学历。而这种对学历的宽容度不仅是解决教师短缺问题的当务之急，更重要的是根植于教师的从教意愿、教学能力和教学质量。教师学历宽容的允许，可以弱化“唯学历”思维的影响，如能够有效减少教师学历与教师质量直接关联下的“唯学历”取向的影响，可以增强农村教师队伍稳定性，提高农村教师教育教学质量。

（二）多举措吸引高学历教师，改善农村教师学历结构

第一，利用政策举措提升乡村教师地位。通过法律手段凸显农村教师职业的公共性，确定教师作为国家公职人员特殊的法律地位，提升教师的经济地位、政治地位、社会地位，吸引高学历优秀人才来农村学校任教，

为高学历人才到乡村任教搭建理想、舒适的工作平台。第二，补偿农村教师因工作环境产生的额外经济支出，依法制定详细全面的农村教师工资待遇办法，提高农村教师岗位对高学历人才的吸引力。第三，应积极营造农村教师受人尊敬、受人爱戴、令人羡慕的社会氛围，营造尊师重教良好社会风尚，让高学历教师更有社区归属感。发掘在农村从事教育工作的自然环境、生活环境和工作环境优势。第四，完善乡村教师待遇保障机制，依据教师学历水平实行高学历教师差别化补助。在法律和政策上明确农村教师地位与合法权益以及差别化的待遇补助，在社会上营造尊师重道的良好文明共识，在工作与生活中给高学历教师提供物质与制度上的大力支持。

（三）支持在职教师学历提升，增强教师学历提升意识

在教育高质量发展和优质教育诉求不断增长的时代背景下，在职教师学历提升显得尤为迫切而必要。教师学历提升过程不仅涉及教师教书育人能力提高，而且涉及教师创新意识、知识迁移和批判能力以及灵活的思维等的全面发展。前者主要对教学技能、教学方法提出了新的要求，后者更加关注新时代教师的全面发展和综合素养的提升。

在制度政策层面上，制订合理的学历提升计划，明文规定低学历教师应主动参加学历提升学习，在学历提升中，注重专业知识的更新、新的教育理念的领悟、先进教育教学技能与方法的习得。在学校层面上，注重教师学历提升的机会供给与经费、时间支持，增强教师学历提升对教师质量提升意义的认识，把低学历教师纳入学历提升议程中，统筹安排教师学历提升计划，解决学历提升过程中的工学矛盾。在个人层面上，克服职业倦怠，增强学历提升意识，树立终身学习的自觉性，主动提升学历，提升自身的思想道德水平和能力素质。为进一步优化教师学历结构、提升教师队伍质量贡献力量。

第五节　农村中小学教师的职称结构

职称就是职务的名称，1960 年，《国务院关于高等学校教师职务名称及其确定与提升办法的暂行规定》中提出，高等学校教师职务分为教授、副教授、讲师、助教四级，主要依据思想政治条件、学识水平和业务能力

确定与提升教师职务。[①] 1981 年，《国家人事局关于贯彻执行国务院颁发的七种业务技术职称[②]暂行规定若干问题的说明》指出“确定或晋升业务技术职称，应以学识水平、业务能力和工作成就为主要依据，并适当考虑学历和从事专业工作的资历”[③]。

教师职称制度是专业技术职务聘任制度的重要组成部分，教师职称可以理解为根据教师的教学业务水平和科研能力以及其他工作实绩而授予教师的不同专业职务的名称。农村中小学教师职称结构的形成是我国教师职称制度改革发展的现实结果，我们通过回溯性地总结教师职称制度的历史嬗变，总结其在不同时期的变迁规律，为我们认识和理解农村中小学教师职称结构提供了一个政策背景。

一 我国中小学教师职称制度的历史沿革

1978 年，我国实行改革开放。1978 年以来，从农村到城市，从经济体制改革到全面深化改革，改革开放持续深入。1985 年，继经济体制改革和科学技术体制改革以来，教育领域迎来了重要的体制改革，为今后的教育发展指明方向，清除阻滞因素，为我国的教育事业发展提供政策支持。1985 年《中共中央关于教育体制改革的决定》提出，建立一支有足够数量的、合格而稳定的师资队伍，是实行义务教育、提高基础教育水平的根本大计。[④] 国家逐步重视教师队伍数量、资格和任职能力，这为教师职称制度完善提供了宏观政策语境。

（一）初步建立：体制改革触发教师职称制度改革

1986 年 2 月，国务院《关于实行专业技术职务聘任制度的规定》提出，专业技术职务是根据实际工作需要设置的有明确职责、任职条件和任

① 国务院：《国务院关于高等学校教师职务名称及其确定与提升办法的暂行规定》，1960 年 3 月 5 日。

② 《国家人事局关于贯彻执行国务院颁发的七种业务技术职称暂行规定若干问题的说明》中的业务技术职称分别是高等学校教师、工程技术干部、编辑干部、外语翻译干部、新闻记者、图书档案资料专业干部、会计干部、统计干部、经济专业干部。

③ 国家人事局：《国家人事局关于贯彻执行国务院颁发的七种业务技术职称暂行规定若干问题的说明》，1981 年 3 月 6 日。

④ 中共中央：《中共中央关于教育体制改革的决定》，1985 年 5 月 27 日。

期，并需要具备专门的业务知识和技术水平才能担负的工作岗位，不同于一次获得后而终身拥有的学位、学衔等各种学术、技术称号。[①] 此后，开始进一步规范教师技术职务任职要求。

1986 年 5 月，国家教委制定《中学教师职务试行条例》《小学教师职务试行条例》《关于中小学教师职务试行条例的实施意见》[②]，《中学教师职务试行条例》提出，中学教师职务是根据学校的教育教学工作需要设置的工作岗位。中学教师职务设：中学高级教师、中学一级教师、中学二级教师、中学三级教师。各级教师职务应有定额。《小学教师职务试行条例》提出，小学教师职务是根据学校的教育教学工作需要设置的工作岗位。小学教师职务设：小学高级教师、小学一级教师、小学二级教师、小学三级教师。各级教师职务应有定额。《关于中小学教师职务试行条例的实施意见》明确指出："由于我国各地中小学教育发展不平衡，城市和农村、大中城市和县城乡镇，学校条件和教师状况各不相同，差别较大，因此，各自治区、直辖市应通过试点，根据国家有关规定和各自的实际情况，实事求是地确定本地区各级教师职务定额。"这三个重要文件为充分调动和发挥中小学教师为社会主义教育事业服务的积极性和创造性，激励教师不断提高政治思想觉悟、文化业务水平和履行职责的能力，发挥了重要的现实指导作用。

为完善专业技术职务聘任制度，促进专业技术职务评聘日常化，1990 年，人事部颁布的《企事业单位评聘专业技术职务若干问题暂行规定》提出，开展经常性的专业技术职务评聘工作，必须在科学合理地设置专业技术岗位的基础上进行。[③] 1991 年 7 月，国家教育委员会、人事部印发的《关于当前做好中小学教师职务聘任工作的几点意见》提出，根据人事部《企事业单位评聘专业技术职务若干问题暂行规定》的精神，结合各地的实际情况，坚持正确的改革方向，使中小学教师职务聘任工作转入经常化。[④] 我国

① 国务院：《关于实行专业技术职务聘任制度的规定》，国发〔1986〕27 号，1986 年 2 月 18 日。

② 中央职称改革工作领导小组：《关于转发国家教育委员会中、小学教师职务试行条例等文件的通知》，职改字〔1986〕第 112 号，1986 年 5 月 19 日。

③ 人事部：《人事部关于印发〈企事业单位评聘专业技术职务若干问题暂行规定〉的通知》，人职发〔1990〕4 号，1990 年 11 月 10 日。

④ 国家教育委员会、人事部：《关于当前做好中小学教师职务聘任工作的几点意见》，1991 年 7 月 16 日。

教师职务聘任制度进一步完善。

自20世纪80年代中期教师职称制度改革到21世纪初，我国中小学教师职务聘任制度已经初步形成，教育事业单位根据一定比例设置高、中、初级专业技术岗位，在核定的教师岗位总量和结构比例内进行聘用。这一时期，一系列制度的建立适应了社会主义事业建设的需要，稳定了改革时期教师队伍，激发了育人守岗的积极性和创造力，为进一步推行素质教育奠定了坚实的基础。

（二）试点改革：进一步加强教师人才队伍建设

进入21世纪，在全面推行素质教育、推进教育事业又好又快发展的新时期，已经建立的中小学教师职务聘任制度改革不断深入，教师队伍建设取得了一定的成就。但是，中小学教师职称制度还存在等级设置不够合理、评价标准不够科学、评价机制不够完善、与事业单位聘用制度不够衔接等问题。深化中小学教师职称制度改革已成为这一时期深化职称制度改革，加强中小学教师队伍建设的一项重要而紧迫的任务。

2006年6月颁布的《中华人民共和国义务教育法》提出，教师应当取得国家规定的教师资格；国家建立统一的义务教育教师职务制度；教师职务分为初级职务、中级职务和高级职务。2009年，人力资源和社会保障部、教育部印发的《关于深化中小学教师职称制度改革试点的指导意见》以吉林省松原市、山东省潍坊市、陕西省宝鸡市作为改革的试点，围绕制度体系、评价标准、评价机制以及与事业单位岗位聘用制度的有效衔接四个方面开展改革试点工作。[①] 为了贯彻《中华人民共和国义务教育法》提出的统一义务教育教师职务制度，《关于深化中小学教师职称制度改革试点的指导意见》提出，把原来中小学教师分体系的职务名称统一于新设置的中小学教师职称（职务）系列，实现与事业单位专业技术岗位等级相对应的诉求（见表2-13）。

在中小学职称改革初期，依据试点改革拟定的改革意见，各个改革试点根据自身的实际情况进行了敢为人先的职称制度改革。2011年9月，经

① 人力资源和社会保障部、教育部：《关于深化中小学教师职称制度改革试点的指导意见》，2009年1月15日。

国务院同意，人力资源和社会保障部、教育部印发《关于深化中小学教师职称制度改革扩大试点指导意见的通知》，在2009年以来3个地级市试点[①]的基础上，准备再用一年，在各省份选择2~3个有代表性的地级市，扩大中小学教师职称制度改革试点。在实践层面，增加了评聘正高级教师的机会，增加了中小学的岗位数量，让更多的教师有了晋升职称、提高待遇的机会，在一定程度上激发了中小学教师的工作积极性，推动了中小学教师队伍建设，为职称改革试点进一步推广起到了示范作用。

表 2-13　改革前后中小学教师职称等级、名称比照

改革前		改革后	
中学职称	小学职称	职称等级	职称名称
		正高级	正高级教师
中学高级教师		副高级	高级教师
中学一级教师	小学高级教师	中级	一级教师
中学二级教师	小学一级教师	助理级	二级教师
中学三级教师	小学二、三级教师	员级	三级教师

资料来源：1. 中央职称改革工作领导小组：《关于转发国家教育委员会中、小学教师职务试行条例等文件的通知》，职改字〔1986〕第112号；2. 人力资源和社会保障部、教育部：《关于深化中小学教师职称制度改革试点的指导意见》，人社部发〔2009〕13号，2009年1月15日。

（三）全面深化：职称改革助推教育质量提升

为加强教师队伍建设，激励广大教师教书育人，吸引和稳定优秀人才长期从教、终身从教，必须进一步优化我国教育领域专业人员评价体系，深化教师职称制度改革。2015年，《乡村教师支持计划（2015—2020年）》提出，职称（职务）评聘向乡村学校倾斜，实现县域内城乡学校教师岗位结构比例总体平衡，切实向乡村教师倾斜。[②] 在具体评聘条件上，进一步优化评比指标，部分指标不再作为把乡村教师拒之门外的硬性条件，更加

① 山东省潍坊市、吉林省松原市、陕西省宝鸡市，详见《人力资源和社会保障部　教育部关于印发〈深化中小学教师职称制度改革试点的指导意见〉的通知》，人社部发〔2009〕13号，2009年1月15日。

② 国务院办公厅：《国务院办公厅关于印发乡村教师支持计划（2015—2020年）的通知》，国办发〔2015〕43号，2015年6月1日。

注重立德树人和师德师风建设，强调教师队伍的内涵式发展，使得教师职称制度真正成为选拔真才实学教师的有力工具。

2015 年 8 月，《关于深化中小学教师职称制度改革的指导意见》提出，健全中小学教师职称制度体系，建立统一的中小学教师职务制度，建立包括初级职务、中级职务和高级职务的三级教师职务体系，全面推进 2009 年《关于深化中小学教师职称制度改革试点的指导意见》提出试点和 2011 年《关于深化中小学教师职称制度改革扩大试点指导意见的通知》提出扩大试点的中小学教师职称制度体系。在评价标准方面，要求深入把握教书育人工作的专业性、实践性、长期性，坚持立德树人，更加注重教师素养，更加注重教师教育教学技能方法、工作实绩、一线工作经验等与教学相关的素质能力。在评价机制方面，《关于深化中小学教师职称制度改革的指导意见》提出，采取说课讲课、面试答辩、专家评议等多种评价方式，对中小学教师的业绩、能力进行有效评价，确保评价结果的客观公正。在评与聘关系上，将职务聘任与岗位聘用相统一，全面实施“评聘结合”，实现与事业单位岗位聘用制度的有效衔接。

为缩小城乡教育鸿沟，促进县域义务教育均衡发展，2016 年，国务院印发《国务院关于统筹推进县域内城乡义务教育一体化改革发展的若干意见》（以下简称《意见》），提出加快县域义务教育学校建设、教师编制、生均经费、基本装备配置等标准统一，推进县域义务教育均衡发展和城乡基本公共教育服务均等化。[①]《意见》强调“确定县域统一的义务教育学校岗位结构比例，完善职称评聘政策，逐步推动县域内同学段学校岗位结构协调并向乡村适当倾斜，实现职称评审与岗位聘用制度的有效衔接，吸引优秀教师向农村流动”。通过倾斜帮扶性举措利用职称吸引优秀教师到农村从教以提升农村教育质量，显现了职称制度作为提升农村教师队伍质量的重要抓手。

2017 年 1 月，《关于深化职称制度改革的意见》提出，以品德、能力、业绩为导向，克服唯学历、唯资历、唯论文倾向，科学客观公正评价专业技术人才。[②]《关于深化职称制度改革的意见》对在艰苦边远地区和基层一

---

① 国务院：《国务院关于统筹推进县域内城乡义务教育一体化改革发展的若干意见》，国发〔2016〕40 号，2016 年 7 月 11 日。

② 中共中央办公厅、国务院办公厅：《关于深化职称制度改革的意见》，2017 年 1 月 8 日。

线工作的专业技术人才有一些政策倾斜，如淡化或不作论文要求。此次职称改革更加突出专业技术人员的道德水平、工作能力、业绩水平且重视基层一线专业技术人才，并视情况放低评聘要求。这一职称制度改革取向，除去一些不合理的评聘条件和标准，进一步深化了职称内涵，提高了职称对专业技术人员实现专业表现与专业能力的认可度与识别度，更加有利于偏远乡村薄弱学校工作的教师职称晋升，提升了农村教师工作积极性和扎根在农村的信心，为稳定农村教师队伍、实现公共教育服务均等化发挥了重要的现实作用。

二 中小学教师职称结构现状

对农村中小学教师职称结构的考察，主要是以国家对中小学教师职称等级划分为切入点，也可以理解为，对中小学教师专业技术职务等级分布的考察，梳理教师职称分布的现状、成就与问题。对农村中小学教师职称的考察主要运用了近年来《中国教育统计年鉴》的相关数据，从城乡维度审视农村中小学教师职称的结构。

（一）城市和农村小学教师职称分布情况

近年来，我国城市小学有中学高级职称的专任教师比例从 2008 年的 1.47%增长至 2018 年的 4.90%，十多年来拥有中学高级职称的比例增长了 3.43 个百分点（如表 2-14 所示，包含未定职级的教师数量）。2011 年，城市小学高级职称教师占比达到一个峰值，之后城市小学高级职称教师占比逐年下降，2018 年降至 44.33%。总体来看，城市小学高级（中学高级、小学高级）职称教师中，中学高级职称教师的占比稳步提高，自 2011 年以来，小学高级职称教师的占比呈现递减趋势，小学二级教师的规模渐趋扩大。

表 2-14 2008~2018 年城市小学专任教师职称占比分布情况

单位：人，%

年份	数量与占比	中学高级	小学高级	小学一级	小学二级	小学三级	未定职级
2018	数量	98101	887471	593607	80351	6654	335894
	占比	4.90	44.33	29.65	4.01	0.33	16.78

续表

年份	数量与占比	中学高级	小学高级	小学一级	小学二级	小学三级	未定职级
2017	数量	78418	880244	561482	63015	6533	275987
	占比	4. 20	47. 18	30. 10	3. 38	0. 35	14. 79
2016	数量	61534	881332	517575	43838	4870	225818
	占比	3. 55	50. 80	29. 83	2. 53	0. 28	13. 02
2015	数量	51121	848309	486653	38324	4339	190807
	占比	3. 16	52. 38	30. 05	2. 37	0. 27	11. 78
2014	数量	46914	839961	468037	34699	4204	165372
	占比	3. 01	53. 87	30. 02	2. 23	0. 27	10. 61
2013	数量	40476	807477	442339	32626	3942	139786
	占比	2. 76	55. 06	30. 16	2. 22	0. 27	9. 53
2012	数量	35830	788792	435133	31284	5303	119163
	占比	2. 53	55. 73	30. 74	2. 21	0. 37	8. 42
2011	数量	32396	767658	421054	32261	5952	106531
	占比	2. 37	56. 20	30. 83	2. 36	0. 44	7. 80
2010	数量	19410	530154	298795	25030	3724	70224
	占比	2. 05	55. 96	31. 54	2. 64	0. 39	7. 41
2009	数量	16418	518004	297136	26556	4043	67124
	占比	1. 77	55. 74	31. 97	2. 86	0. 44	7. 22
2008	数量	13628	512080	304790	29690	4120	65305
	占比	1. 47	55. 09	32. 79	3. 19	0. 44	7. 02

资料来源：根据《中国教育统计年鉴》（2008~2018 年）数据测算。

从农村小学专任教师职称占比分布情况来看，近年来，农村小学专任教师中学高级职称教师的比例呈现逐年递增趋势，从 2008 年的 0. 47%增长至 2018 年的 5. 03%，增长了 4. 56 个百分点（见表 2-15）。相较于城市，2018 年之前，农村小学中学高级职称教师占比增速慢、数量低。2018 年，农村小学中学高级职称人数与占比增幅较大。农村小学中学高级职称的教师比例与城市相似，都是逐年在上升，且农村小学中学高级职称的占比在 2018 年高于城市。总体来看，农村小学专任教师中小学高级职称的比例在 50%左右波动，自 2014 年以来，小学高级职称教师的规模逐年缩小；自 2008 年以来，中学高级职称教师在规模上逐年扩大。

表 2-15　2008~2018 年农村小学专任教师职称占比分布情况

单位：人，%

年份	数量与占比	中学高级	小学高级	小学一级	小学二级	小学三级	未定职级
2018	数量	205825	1772527	1288253	234209	18124	570892
	占比	5.03	43.34	31.50	5.73	0.44	13.96
2017	数量	140881	1882845	1341309	203415	17503	493278
	占比	3.45	46.16	32.88	4.99	0.43	12.09
2016	数量	104480	1996071	1362175	156865	11710	422877
	占比	2.58	49.23	33.60	3.87	0.29	10.43
2015	数量	88768	2034753	1386860	148290	8551	398343
	占比	2.18	50.05	34.11	3.65	0.21	9.80
2014	数量	80482	2070437	1398326	143490	8424	373560
	占比	1.98	50.81	34.32	3.52	0.21	9.17
2013	数量	74329	2112450	1437767	144611	8527	340314
	占比	1.80	51.30	34.91	3.51	0.21	8.26
2012	数量	67607	2141105	1493390	155301	8865	303703
	占比	1.62	51.35	35.81	3.72	0.21	7.28
2011	数量	67056	2176328	1534325	167719	12558	281023
	占比	1.58	51.34	36.20	3.96	0.30	6.63
2010	数量	24049	1576248	1219152	150957	9866	210254
	占比	0.75	49.40	38.21	4.73	0.31	6.59
2009	数量	19255	1601660	1300124	169736	10651	195398
	占比	0.58	48.58	39.44	5.15	0.32	5.93
2008	数量	15556	1568516	1363720	190410	10807	188255
	占比	0.47	47.00	40.86	5.71	0.32	5.64

资料来源：根据《中国教育统计年鉴》（2008~2018 年）数据测算。

（二）城市和农村初中教师职称分布情况

城市初中中学高级职称的专任教师占比呈现增长趋势，从 2008 年的 19.80%增长到 2018 年的 21.81%，但自 2017 年以来渐趋递减，中学一级和中学二级职称的专任教师占比呈现的是一种递减趋势（见表 2-16）。城市教师高级职称占比较农村教师占有很大的优势。另外，城市中学一级教师占比一直在40%以上，尽管城市中学一级教师的占比从2011年开始呈现递减趋势，但城市教师中较高职称教师占比的优势仍较为明显。

表 2-16　2018~2018 年城市初中专任教师职称占比分布情况

单位：人，%

年份	数量及占比	中学高级	中学一级	中学二级	中学三级	未定职级
2018	数量	282741	527538	329389	8304	148557
	占比	21.81	40.69	25.41	0.64	11.46
2017	数量	271447	509522	314659	8169	117530
	占比	22.23	41.72	25.76	0.67	9.62
2016	数量	259407	492524	303001	8062	98220
	占比	22.34	42.41	26.09	0.69	8.46
2015	数量	244661	477770	293826	8625	86921
	占比	22.01	42.97	26.43	0.78	7.82
2014	数量	240513	474792	291510	8733	81170
	占比	21.93	43.29	26.58	0.80	7.40
2013	数量	227778	456060	282043	9107	71336
	占比	21.77	43.59	26.96	0.87	6.82
2012	数量	216959	447582	282273	10910	63808
	占比	21.24	43.81	27.63	1.07	6.25
2011	数量	203853	437893	279396	12228	58948
	占比	20.54	44.13	28.16	1.23	5.94
2010	数量	155017	301126	199592	9564	40657
	占比	21.96	42.66	28.27	1.35	5.76
2009	数量	145961	297085	199352	10342	41011
	占比	21.04	42.82	28.74	1.49	5.91
2008	数量	135106	294651	200221	12022	40367
	占比	19.80	43.18	29.34	1.76	5.92

资料来源：根据《中国教育统计年鉴》（2008~2018 年）数据测算。

农村初中专任教师拥有中学高级职称的教师从2008年的87929人增长至2018年的419866人，十多年间增长了331937人，2018年农村初中中学高级职称教师的占比为17.92%（见表2-17）。农村初中中学一级和中学二级职称教师占比约为70%，可以看出农村初中教师职称大多集中在中学一级和中学二级。2018年，城市初中专任教师具有中学高级职称的比例为21.81%，农村初中中学高级职称教师的比例较城市低3.89个百分点。总体来看，农村初中中学高级职称教师的比例较低。2008年，城市初中中学高级职称专任教师占比已经达到19.80%，十年之后，农村初中中学高级职称教师占比仍未达到这一水平。

表2-17　2008~2018年农村初中专任教师职称占比分布情况

单位：人，%

年份	数量及占比	中学高级	中学一级	中学二级	中学三级	未定职级
2018	数量	419866	969603	680787	25535	246679
	占比	17.92	41.39	29.06	1.09	10.53
2017	数量	402499	985831	704336	27420	207275
	占比	17.29	42.36	30.26	1.18	8.91
2016	数量	381751	1002907	735427	30636	175854
	占比	16.41	43.11	31.61	1.32	7.56
2015	数量	363000	1026071	770336	35735	168691
	占比	15.36	43.41	32.59	1.51	7.14
2014	数量	345656	1033871	802701	42125	167359
	占比	14.45	43.23	33.56	1.76	7.00
2013	数量	329118	1046777	844897	48180	165683
	占比	13.52	42.99	34.70	1.98	6.81
2012	数量	306213	1056743	894341	61631	163903
	占比	12.33	42.56	36.02	2.48	6.60
2011	数量	283735	1068304	930269	80050	169841
	占比	11.21	42.19	36.74	3.16	6.71
2010	数量	113450	508818	494849	56703	97722
	占比	8.92	40.02	38.92	4.46	7.69

续表

年份	数量及占比	中学高级	中学一级	中学二级	中学三级	未定职级
2009	数量	102233	521126	528167	69775	100259
	占比	7.74	39.43	39.97	5.28	7.59
2008	数量	87929	516358	553241	86310	100113
	占比	6.54	38.42	41.17	6.42	7.45

资料来源：根据《中国教育统计年鉴》（2008~2018 年）数据测算。

三　农村中小学教师职称结构的功能及问题分析

职称是对专业技术人员承认和认可的制度化措施，职称代表着专业水平的等级。同时。它与工资待遇、晋升机会挂钩，是身份地位的象征。教师职称制度构建的初衷是促进教师专业化，提高教师专业技术水准，并最终提高教育质量。国家建构视角下的教师职称具有一套标准、稳定的结构，并对教师结构赋予功能假设。

通过以上对农村中小学教师职称结构的分析和考察，我们发现当前职称结构存在的一些现实问题。接下来，我们从对农村教师职称结构功能的审视和对职称结构现实问题归因的剖析两个路向来分析我国中小学教师职称结构，这对于我们完善中小学教师队伍管理策略和提高教师群体综合素质具有重要的现实意义。

（一）农村中小学教师职称结构的功能假设考察

提到教师职称结构的功能发挥，这是需要辩证来看待的一件事情，可以理解为农村中小学教师职称结构的功能具有双重属性。教师职称结构是在国家强大力量推动下建构的人才评价、激励以及管理体系，且已经在实践中运行并积累了宝贵的经验成果，其具有的正向功能远远超过负向功能。但是我们对其全面考察有必要从正、负两种路向入手，才有可能进一步明晰教师职称结构的功能假设，提高教师职称结构的功能预期。

1. 农村中小学教师职称结构的正向功能假设分析

合理的职称结构可以合理标识教师专业水平，激励教师专业发展。农村中小学教师职称结构正向功能的发挥具有普遍的意义，不仅仅局限在农村中小学教师身上，同样表现在城市中小学教师身上，因为城乡教师职称评聘都是在教师职称制度下形成并运作的，也是在不断深化职称制度改革过程中进行的。职称结构划分依据专业技术职务划分标准，1986 年 2 月，国务院颁布了《关于实行专业技术职务聘任制度的规定》，标志着我国开始建立专业技术职务聘任制度。

教师职称制度是我国专业技术职务聘任制度的重要组成部分，之后经过很长一段时间的实践总结，中小学教师职称结构基本呈现层级序列，从高级、副高级到一级、二级、三级。递进型的结构图式，如向上攀登的阶梯，不断激励某一层级的教师向更高层级升迁。而且这种不同职称结构层级背后蕴含的一系列专业承认、工资待遇提高和社会认可，不断对在职人员发挥着激励作用，作为教师职业的等级序列规范着教师专业发展轨道，承担着人才评价的正向功能。这种激励性的举措促使人才不断涌现出来，激励在职人员不断提升专业技术水平，让自我进步和专业发展提升的信念逐渐坚定。农村中小学教师职称结构要素的优化不断提高农村学校教师岗位吸引力，对于实现教育公平、为农村地区提供有质量的教育发挥着重要作用。

从教师职称结构形成的技术角度来看，对教师职称进行不同层级的划分本身就是一种激励性且体现教师专业动态发展旨趣的管理手段。例如，2015 年 8 月，《关于深化中小学教师职称制度改革的指导意见》提出中小学教师水平评价基本标准条件和中小学教师评聘各级别职称分别具备的标准条件。[①] 这种结构的形成对教育行政部门来说不仅是人力资源管理策略，

① 《关于深化中小学教师职称制度改革的指导意见》的附件提出《中小学教师水平评价基本标准条件》，内容包括：一、拥护党的领导，胸怀祖国，热爱人民，遵守宪法和法律，贯彻党和国家的教育方针，忠诚于人民教育事业，具有良好的思想政治素质和职业道德，牢固树立爱与责任的意识，爱岗敬业，关爱学生，为人师表，教书育人；二、具备相应的教师资格及专业知识和教育教学能力，在教育教学一线任教，切实履行教师岗位职责和义务；三、身心健康。接着对正高级教师、高级教师、一级教师、二级教师、三级教师分别提出标准条件。正高级教师标准条件包括：1. 具有崇高的职业理想和坚定的职业信念，长期工作在教育教学第一线，为促进青少年学生健康成长发挥了指导者和引路人的作用，出色地完成班主任、辅导员等工作任务，教书育人成果突出；2. 深入系统地掌握所教学科课程体系和专业知识，教育教学业绩卓著，教学艺术精湛，形成独到的教学风格；3. 具有主持和指导教育教学研究的能力，在教育思想、课程改革、教学方法等方面取得创造性成果，并广泛运用于教学实践，在实施素质教育中，发挥了示范和引领作用；4. 在指导、培养一级、二级、三级教师方面做出突出贡献，在本教学领域享有较高的知名度，是同行公认的教育教学专家；5. 一般应具有大学本科及以上学历，并在高级教师岗位任教 5 年以上。

而且为教师师德师风、教学方法技能、教学实践等改进与提高提供方向、指导与标准。中小学教师水平评价基本标准条件是我们对广大中小学教师的功能假设期待，要求各级别职称分别具备的标准条件是我们对各级职称教师的功能性期待。不同的职称等级对于教师具有不同期待，等级越高对教师专业水平要求越高，职称结构的正向功能最终指向是教师的教书育人功能。

2. 农村中小学教师职称结构的负向功能假设分析

教师职称牵扯名利性因素，致使教师个体顾此而失彼。农村中小学教师职称结构具有负向功能的讨论主要落在职称聘任给教师、学生带来的负面影响。从辩证的角度来看，一些教师为评职称而评职称，职称的晋升成为工作的主要动力和职业理想，更加关注职称评定的程序和条件，对实际的教育教学实践活动缺乏真正热情。

进阶式的职称等级与学校推荐评聘职称，导致教师群体内充满竞争，论资排辈，不利于组织融合、团结文化的形成。因为教师职称结构决定了不同的教师具有不同的职称，并享受着职称带来的工资福利待遇和职业荣誉。职称结构层级化严重，位于高级职称结构的教师，名利双收，成为瞩目对象，低职称教师，不仅工作量大，而且承受着评聘职称的各种压力。处于职称结构的不同位置代表着专业话语权、工资福利待遇、社会地位等外在性专业存在感、利益获得、社会承认存在权重差异。同时，教师职称制度缺乏退出机制，致使许多教师评聘上高级职称就产生了“船到码头车到站”的错觉，把职称这个教师的外在承认当成自己的专业奋斗目标，缺乏上进的动力和专业可持续发展的愿望。异化了教师职称评聘功能，不断强化着农村中小学教师职称结构的负向功能假设。

（二）农村中小学教师职称的问题归因分析

职称结构的产生是教师职称制度构建的结果。对于职称结构的问题分析，可以从形成结构的政策文本、制度化实践以及改革过程中所衍生的现实问题进行分析认识。

1. 农村中小学教师职称政策文本不完善

制度本身的缺陷主要指涉的是农村中小学教师在评聘相关职称过程中因制度性的规定而面临的不公平、不合理要素。在教师职称评聘条件上，实行城乡“一刀切”，未针对农村教师实际情况制定评聘规则，相对于农村教师也是不利的。因农村学校所处区位的特殊性，学校规模较小，学生数量较少，一个教师教一个班级几门课程或教一个班级的全部课程，甚至跨年级教课，教师短缺问题导致教师无法也没有精力参与教学活动以外的其他竞争性的比赛活动，无论是关涉教师自身发展的专业课评比、优质课选优活动，还是指导学生参加重要的实践性、操作性强，考验创新能力的比赛。达到某一职称等级的指标对农村教师来说根本无法完成，职称评定条件还缺乏对学科及乡村教师具体教学实际的考量。

2. 农村中小学教师职称政策执行异化

农村教师职称政策执行过程中多部门协调不畅，农村教师享受职称政策倾斜难以落地。目前，教师作为事业单位人员，教师队伍管理涉及教育、财政、人力资源和社会保障等部门的职能，需要多部门的联合决策和支持，在多部门决策取向存在较大差异，协调难度大。教育作为受益周期长的事业，地方政府往往会受到短期利益导向和短期政绩干扰的影响而对教育不作为或者消极执行教育政策。这就会导致农村地区教师在评聘职称过程中难以享受政策倾斜带来的福利，涉及多部门管理往往会导致政策制度的执行不畅或变相执行。

3. 农村中小学教师职称制度改革需要深化

对于职称制度实践和改革过程中衍生出的问题分析主要基于以上介绍的我国农村中小学教师职称结构的概况。农村学校高级职称教师占比少，结构不合理，分布不均匀。从2017年农村中小学教师拥有高级职称的比例来看，农村的比例远低于城市。如城市中学高级职称教师的比例为22.23%，而农村仅为16.07%。不同区域高级职称教师比例差异大。据《中国教育统计年鉴》（2018），云南省农村小学高级职称教师占比为52.64%，而发达的沿海地区和直辖市农村小学高级职称教师占比较低，如上海为2.22%，江苏为11.79%，浙江为14.25%。在发达地区尽管城市化水平高，但农村教育规模不断缩小，农村教育在很长一段时间内不会消失，发达地区的农村教师也需要职称晋升的激励，以防止富裕地区的教育发展质量严重两极分化。

四 农村中小学教师职称结构优化策略

不同教师职称等级与不同工资待遇对应，高一级职称会带来更高的专业声望、工资待遇与社会地位，职称评聘成为激励教师的最重要措施之一。良好的教师职称结构对教师队伍建设具有重要意义。优化农村中小学教师职称结构需要保证职称制度的严肃性，避免职称评定“放水”，建立城乡统一的教师职称比例，体现农村教学实践特征，促进职称评聘规范化，细化职称等级增强晋升感。

（一）保证职称制度的严肃性，避免职称评定“放水”

教师的职称制度作为教育事业的单位人员管理制度，带有专业水平和工资水平意义。出于对教师队伍专业性秩序需要与教师队伍管理需要，教师职称评定具有具体详细的规则。

近年来，为提升农村教师队伍中高职称比例，一些政策提出对农村学校实施倾斜性的优惠政策，例如，从教 30 年可以直接评聘副高级职称。这种做法的初衷是对农村教师留守农村学校的激励与承认，但是这一做法在一定程度上稀释了教师职称制度的严肃性和合法性。职称本来与教师个体的专业化水平直接关联，但是怜悯化的倾斜会违背职称制度的初衷。况且职称与能力挂钩，并不等于坚守。长期扎根农村固然重要，但是仅是为了稳定性而牺牲了对能力的关注，与当前提升教育公共服务水平和提供公平而有质量的教育理念相悖。当下，我们在农村学校仍然需要保持职称制度的严肃性，不能把坚守农村的教师与能力画等号，不能把职称作为其他奖励的手段，而应该时刻保持职称的能力水平象征，避免职称评定“放水”。

从激励农村教师和增强教师岗位吸引力来看，应该设定相同职称教师在农村学校教师岗位工作工资有一定的向上浮动。让县域内学校之间的城乡教师岗位吸引力大致相当，教师素质分布大致相当。当相同职称教师在农村学校教师岗位工作会得到有吸引力的生活补贴补偿，县域城乡学校建立起具有基本相同的劳动力市场后，保证职称制度对教师专业能力承认意义上的严肃性和合法性，应具有科学合理的规制框架，牢牢坚守职称代表教师专业水平标志的原则。这是对教师职业尊严的最大尊重。逐步弱化降低评价标准把职称当成奖励的做法，可考虑评高级职称需要有一定农村学校教学年限作为基本条件的做法，使教师职称逐渐加深代表教师专业水平的程度。

（二）建立城乡高职称教师占比相当的机制，评聘条件体现农村教学实践特征

在城乡义务教育一体化和优质均衡发展语境下，城乡高级职称教师占比也应该渐趋一致，即关注城乡区域间和学校间高职称教师比例均衡，防止差别过大。以统一高级职称教师占比为抓手，瞄准乡村高级职称教师的短板，改变城乡教师职称结构失衡局面，建立促进同类学校校际相同或相似高级职称教师占比的机制。创造条件，优先支持农村学校职称岗位，缩小校际和区域高级职称教师占比差距，有利于缩小教育教学水平差距，促进乡村教师队伍建设和增强教师的岗位吸引力。

农村中小学教学实践具有其自身特点。针对农村教师工作地点、内容以及形式等特殊情况，尤其小规模学校全科教学、复式和小班教学实践特征，在县域教师职称评聘过程中，要与单独教授语文、数学、物理、化学、政治、历史等学科的教师一样，考虑教多科（全科）教师这一类别，杜绝对他们的歧视。换言之，农村中小学教师评定应认可、补充、完善体现农村教学实践特征的职称评聘条件，用这些条件对在农村学校工作的教师进行职称评聘。在高级职称教师占比相同的情况下，在评聘条件上尊重城乡教学实践的差异性，其实是对农村教学实践更复杂、烦琐或需要更多能力适应特殊教学情境特点的承认。

对在农村学校工作的教师进行职称评聘，尤其要破除“唯论文”“唯课题”“唯奖项”等简单、粗陋的做法，制定针对农村教师工作实际的评聘条件。在评聘中应更加注重农村教师的师德表现、工作能力、工作业绩，注重工作中的实际贡献。在教师职称评聘过程中，要设置尊重农村学校教学实践特征的教师职称评聘条件，构筑符合农村学校教师实际的评审标准。

（三）促进职称评聘规范化，细化职称等级增强晋升感

2019年，农村初中教师有237.08万人，农村小学教师有411.67万人。[①] 数量庞大的农村中小学教师群体需要规范的教师职称评聘制度。在教师职称评定过程中，应进一步促进职称评聘规范化，确保职称评定公正性与透

---

① 教育部发展规划司：《2019年教育统计数据》，2020年6月10日。

明性，这是体现教师职称制度权威性、合法性以及保证其顺利执行的应有之义。

在评定过程中，严格审查评审阶段教师提交的职称评审材料，并及时公示相关材料，在“阳光下”透明运作，确保支撑材料的真实性。完善教师职称考核备案，成立评审审查小组，小组成员组成应体现多样化，吸纳本校和外校教师参与评审，保证审查的客观性与公正性。加强职称评审委员会评价能力建设，建立评审专家动态管理机制，注重遴选责任感强、能力突出、声望较高的专家。评定结果应及时公示，并提供方便快捷的反馈渠道。对剽窃他人成果或伪造学术成果等不端行为，实行“一票否决制”。对通过弄虚作假、暗箱操作等违纪违规行为取得的职称，依法依规撤销并给予相应处罚。

现有中小学教师职称制度中职称级别较少而且“封顶”，一些教师在中年便可晋升到最高级别，在接下来的教学工作中便没有职称晋升的压力，缺乏努力工作的动力，甚至产生职业倦怠。同时，已晋升到高级别职称的教师在短期内达不到退休年龄，而高级别职称名额有限，使得许多相对年轻的教师没有职称晋升机会或者两级职称之间的晋升时间间隔特别长，职称晋升制度逐渐沦为简单的论资排辈而非对教师个人专业能力的肯定。这样的制度设计不利于激发中小学教师的上进心、调动教师的工作积极性。

因此，应完善职称制度，增加并细化教师职称等级，合理规划职称间晋升时间间隔，给予教师持续晋升的空间，让教师有持续晋升的发展目标；同时，缩小不同职称教师间与职称直接相挂钩的工资待遇及其他机会的差距，降低不同职称教师因工资待遇等差异过大产生的心理不平衡感。①

① 秦玉友、曾文婧、翟晓雪、许怀雪：《城乡义务教育教师职称研究》，载邬志辉、秦玉友主编《中国农村教育发展报告 2017-2018》，北京师范大学出版社，2019，第 271~308 页。

第三章　农村教师要素配置与质量普惠性

本章导读

农村教师要素配置是在区域层面分配作为劳动力要素的教师，在学校层面把教师分配到不同岗位，为最终实现公平而有质量的教育服务。但是，农村中小学长期按照编制标准逻辑进行教师要素配置，造成区域教师分配不均衡等一系列问题。

农村教师要素配置改进要在反思传统简单套用编制标准进行区域校际教师分配的基础上，从区域校际分配公平、教学对口、教学时间适度、教学工作积极性措施得力等维度，分析教师分配校际公平程度、科目教学对口率高低、教学时间长度分配、教学工作积极性措施得力与否等教师要素配置问题。

体现公共服务均等化的农村中小学教师配置是教师配置的一个重要目标追寻。在这一目标定位之下，反思按照编制标准逻辑进行教师要素配置的现实逻辑，针对农村教师要素配置中表现出的问题，可以提出教师要素配置改进建议思路。

教师要素配置目的是将教师这一人力资源进行系统性优化，以符合社会、经济、文化、教育发展的需求，最大化发挥教师资源的作用。教师要素配置这里从两个方面分析：一方面是教师要素配置过程，分为初次配置与再次配置；另一方面是教师要素配置的逻辑，主要任务是确定区域各学校教师数量。因而农村中小学教师要素配置模式与配置逻辑两者一起决定着农村中小学教师校际公平程度、科目教学对口率高低、教学时间长度分配、教学工作积极性措施得力与否。基于经济社会发展水平与教育自身发展状况，国家采取不同的教师要素配置模式与配置逻辑，推进教师队伍建设。

第一节　农村中小学教师要素的增量分配与存量调整

教师要素配置是根据现有教师数量、结构与素质等特征进行分配的过程。区域内，农村义务教育教师要素配置的主要任务是确定教师要素在各学校的分布。教师要素配置过程可以分为增量分配与存量调整。

一　教师要素配置的影响因素与过程

“配置”在《现代汉语词典》中意思为“配备布置”,[①] 其中“配”为配备、配合、配给之意，“置”为布置、安放之意，合在一起即安排、布置之意。现在一般意义上，将其引申为根据需要对资源进行调整与分配的行为，即对资源要素进行部署与安排。配置的英文经常用 allocation、deploy、configuration，意思为布置、排列、分配、调拨、安置等。

配置一般指资源（人力、物力、财力）在各种不同使用方向之间进行分配、使用。资源从经济意义来看，具有稀缺性、有用性与适用性等属性，这就要求资源配置过程中要遵循资源的属性，将相对稀缺的资源进行合理、有效的分配、布置与使用，以便用这些有限的资源生产出更多为社会所需要的产品或劳务。[②]《经济大辞海》将“配置”称为“资源分配”，指的是经济社会为达到最优或最适度的境界而将生产要素和产品在各部门或个体之间进行分配。[③] 学界将“资源配置”解释为，在一定范围内，对资源按照不同用途进行分配的行为，主要表现在两个方面：在宏观层面上，资源配置指资源如何在不同部门、不同地区、不同生产单位之间进行分配；在微观层面上，资源配置主要表现在一个部门、一个地区、一个单位如何组织并有效利用这些资源。[④]

资源配置是一种寻求资源合理分配与使用，让资源得以产生最优效益的过程，由此可知，资源配置是一种理性的实践抉择活动。由于资源的稀

---

① 商务印书馆辞书研究中心：《现代汉语词典》，商务印书馆，2001，第 113 页。

② 厉以宁：《非均衡的中国经济》，经济日报出版社，1991，第 2 页。

③ 张跃庆、张念宏主编《经济大辞海》，海洋出版社，1992，第 77 页。

④ 郑方辉主编《社会主义市场经济学》，华南理工大学出版社，1995，第 38 页。

缺性、有用性与适用性等属性影响，资源合理配置会受制于供给能力、供养意愿、配置需求三个方面的因素影响。资源配置牵涉资源配置主体所拥有资源多寡，资源拥有多寡直接决定配置主体的供给能力，供给能力则决定配置主体的供给意愿，即在经济社会发展的过程中，为了合理、有效使用资源，配置主体基于自身的资源供给能力，从需求侧出发，理性做出配置决策，将各种稀缺资源在不同单位、不同地区、不同产业以及不同用途中所产生效益进行比较之后所做出的理性选择，让资源在分配与使用过程中获得最佳收益。

（一）教师要素配置的意涵

明确教师要素配置的意涵，首先需要明确教师要素配置的主体，即谁来配置，政府还是市场？其价值导向分别对应于个体价值导向与公共价值导向。市场配置的主要动力在于趋利性，实现个体收益最大化，市场利用不同地方工资，制造劳动力市场价格，从而引导作为行动者的教师趋利性流动。政府配置的主要动力则在于利用有限的资源，在追求效率的同时适当兼顾公平，进而实现利益的最大化，旨在推动教育资源配置更讲效益，推进教育公平与教育均衡发展，使优质教育能够惠及大部分社会成员。

配置客体，即被配置对象要素是什么。从教师来源供给来看，主要由师范毕业生、在职教师、拥有教师资格证的其他人员构成。教师配置的动力是什么？教师配置的追求是什么？教师要素配置一般靠教师劳动力市场需求引导，但教育是准公共产品，准公共产品具有非竞争性与排他性，而市场配置具有一定趋利性，教师配置还需要政府计划供给，需要进行政策性干预，利用经济杠杆与非经济杠杆进行调节，避免教师要素配置的结构性失衡。

从上面探讨可知，教师要素配置是指在区域层面如何分配与利用教师这一要素，即在复杂的教育系统中政府利用多种措施，将系统内招聘到的教师分配到学校层面，让学校能够有效使用。教师要素配置过程可以分为增量分配和存量调整。鉴于教师要素配置的复杂性，结合本研究的需要，将教师要素配置理解为政府通过招聘、调配等途径，在一定区域范围内将教师要素在各学校进行分配，确保校际教师要素均衡分布。

（二）教师要素配置的影响因素

要素配置过程会涉及四个方面，即配置的主体、配置的客体、配置的原动力、配置的决策方式。[①] 资源的有用性与适用性决定着资源配置的必要性、有序性、合理性，这是要素配置的原动力。首先，要素配置是为了使资源得到使用与优化，涉及由谁来配置。一般而言，经济上的要素配置主体有两类，一类是宏观方面的市场和政府（计划），市场在要素配置过程中起决定性作用，政府在要素配置过程中起宏观调控作用。由于单独的市场或政府在要素配置中均存在缺陷，在现实中要素配置往往采取混合式，要么以市场为主、政府为辅，要么以政府为主、市场为辅。另一类是微观方面的企业、个人以及购买者，通过选择主体所需要的要素类型或服务，从而导致要素分配与使用。

其次，要素配置的客体是处于被支配地位的要素，分为人、财、物三类。要素配置的原动力或动力机制是需求，即主体进行要素配置源于政府、市场、企业、个人的需求牵引，从这个意义上讲要素配置是满足不同层次的经济主体需求的过程。各个主体为了实现要素配置的最大效益，会采用相应的配置策略，它们可能会积极合作，抑或冲突式博弈。教师要素配置就是，在一定区域内，基于各种类型学校现实需要进行分配与调整，最终让教师要素在各个学校发挥作用，让效益达到加和最大化。

概而言之，农村义务教育师资要素配置需要考虑三个要件，即教师供给意愿、教师提供能力与教师供养能力。农村义务教育师资供给作为基本公共服务的一部分，尽管政府在供给意愿上总是会考虑需求端的农村义务教育师资需求，但是现实的农村义务教育师资供给主要是政府基于已获得教师资格证人员数量的师资提供能力与基于经济发展水平和可支配财力的供养能力判断决定的。[②]

---

① 高丽：《中国义务教育阶段教师资源配置问题研究》，中国社会科学出版社，2014，第6~7页。

② 秦玉友：《农村义务教育师资供给与供给侧改革》，《教育研究》2020年第4期，第139~151页。

（三）教师要素配置的过程视角

教师要素配置是指，在一定区域范围内，将教师要素在各学校进行分配与调整，让教师要素流向需要的地方，确保学校间教师分布合理，实现教师要素优化利用、学校优化发展、学生全面而有个性发展等综合性的教育效益。

教师劳动力市场作为劳动力市场的有机构成部分，在供求机制方面遵循着供求规律的一般逻辑，但作为非充分竞争市场的典型代表，教师劳动力市场也具备其独特的结构特征和运行机制。[①] 教师作为一种特殊的劳动力要素，首先，从管理学的角度来讲，教师要素配置不仅包含教师要素分配，还包括教师要素调整。教师作为具有主观能动性的个体而存在，能够有意识、有目的地进行自我评估，基于自我能力评估与自我事业期望，在要素分配与要素调整过程中做出职业类型、职业性质、职业工作地选择。

其次，从经济学视角来看，教师要素配置的实质就是教师在不同教育系统、不同区域或不同学校之间的分配。教师作为劳动力要素，其数量与质量总是受制于市场教师供求关系的影响，进而影响一定区域内教师分配与调整。一方面，义务教育作为准公共产品，主要由政府主导提供，政府财力决定其所能供养的人数，也就是能够提供多少教师岗位，即提供能力；另一方面，教师岗位的吸引力，决定了教师是否能够留住并保持稳定。不同地区教师工资定价不同，就会形成有不同吸引力和竞争力的劳动力市场，从而吸引相应教师流入或导致部分教师流出。如果没有符合教师期望的工资水平、工作条件、社区环境，就难以吸引愿意从事教育行业的应聘者，难以留住已经进入学校的教师。能否形成有吸引力和竞争力的劳动力市场，涉及地方政府的教师供养能力。

最后，从结构功能主义来看，教师要素配置结构决定着学校教育教学功能的实现。教师要素配置不仅仅是教师数量分配，还涉及教师年龄、学历、学科专业、职称等各维度上教师要素的搭配。农村教师要素配置价值旨在为学校提供数量充足，年龄、学历、职称与学科等维度分布合理的教师要素。宏观方面，政府利用政策工具，让教师要素分配与调整朝着有质

---

① 汪曦：《农村教师补充政策有效性研究》，博士学位论文，华中师范大学，2015，第56页。

量的公平方向发展，促进区域间、区域内、城乡间均衡发展、高质量发展。微观方面，学校根据教师年龄、学历、职称与学科，充分考虑学校岗位需求，按照人岗匹配原则进行教师岗位分配，为教师最大化地发挥作用提供条件。

二　农村教师要素的增量分配

教师要素的增量分配是为弥补教师要素绝对数量不足，政府新增教师要素以满足学校教育教学与其他服务对教师要素需求的过程。农村中小学大多处于义务教育阶段，义务教育具有强制性、普及性和基础性等特性，外加教师劳动力市场作为一种非充分竞争的劳动力市场，教师要素配置是由教育行政部门组织完成的。我国农村中小学在教师要素的增量分配过程中，因时代不同、教育系统内外环境差异、教师要素分配与调整的具体措施与方式不同，当前基本形成了以招考择优聘用为主、多种增量方式并存的教师配置模式。

（一）定向培养与定向就业的农村中小学师资配置

新中国成立后很长一段时间内，为了快速恢复与发展经济，我国一直实行高度集中的计划经济体制。新中国成立初期，《中国人民政治协商会议共同纲领》（以下简称《共同纲领》）确立了中华人民共和国的文化教育为新民主主义的，即民族的、科学的、大众的文化教育。遵循《共同纲领》要求，1949 年 12 月，第一次全国教育工作会议就明确指出了“学校必须为工农开门”的办学要求，并指出教育的培养对象“应该以工农为主体，大量地培养工农出身的新型知识分子”，从而为基层工农开启了通往教育的大门。在此要求下，国家对旧教育进行接管、接收、改造，新建学校。这一时期，农村地区主要通过吸纳旧知识分子和“群众教师”补充教师队伍。[①]同时，国家实施定向培养与定向就业制度，为农村学校进行师资配置。

1. 中师生制度

1953 年，进入计划经济建设时期后，我国开始实行公办与民办并举的

① 胡艳、郑新蓉：《1949—1976 年中国乡村教师的补充任用——基于口述史的研究》，《北京师范大学学报》（社会科学版）2018 年第 4 期，第 15~25 页。

农村教育办学政策，在此基础上便形成了公办与民办并举的农村教师补充政策。[①] 1958 年 8 月，国务院下发了《关于教育事业管理权下放问题的规定》，下放教育事权责任，并鼓励农村地区群众办学，农村民办学校兴起。“文革”期间农村众多中小学进一步下放。1958~1976 年，农村地区存在大量民办教师，1958 年之后，农村民办教师数量处于快速增长阶段，1965 年乡村小学民办教师占比超过 50%，此后比例逐渐提高。农村地区教师配置大多从本地人中选拔，“能者为师”，经过短期培训后上岗。

此外，为了解决农村地区合格师资缺乏问题，国家先后在 1953 年和 1956 年调整中等师范教育的办学方针，要求以将初等师范转向中等师范作为重点发展方向。[②] 中等师范教育采取定向招生，定向培养，定向就业。在此后长达半个世纪时间内，中等师范教育在农村教师补充中扮演着重要角色。

“文革”期间，我国农村地区中师学校办学几乎处于停滞状态。“文革”结束后，各地中师生制度纷纷进行了恢复。1978 年，教育部颁发《关于加强中小学教师队伍管理工作的意见》，将民办教师的管理权限上调至县级教育行政部门。1979 年，国家颁发《关于边境县（旗）、市中小学民办教师转为公办教师问题的几项规定》；1980 年，国家颁布《关于普及小学教育若干问题的决定》。两个政策文件均提出，通过考核，分批分次将优秀的民办教师转为公办教师，有序解决民办教师问题。

1981 年，教育部转发的《河北省关于整顿民办教师队伍经验的通知》提出，对合格民办教师发给合格证书，不合格者予以辞退。通过遴选，一部分优秀民办教师就读中师，然后再次分配给学校。1983 年，教育部在《关于 1983 年中等师范学校招生工作的通知》中提出，为解决农村特别是山区、边远地区农村教师缺乏问题，各地可安排一定的指标，采取定向招生、定向分配的原则（指标到县，定向到乡镇）[③]，充实农村学校教师队伍。

1986 年，国家教委、劳动人事部、国家计委联合颁发的《关于下达 1986 年从中小学民办教师中选招公办教师专项劳动指标的通知》指出，今

---

① 杨卫安：《乡村小学教师补充政策演变：70 年回顾与展望》，《教育研究》2019 年第 7 期，第 16~25 页。

② 汪曦：《农村教师补充政策有效性研究》，博士学位论文，华中师范大学，2015，第 70 页。

③ 刘小强：《改革开放 40 年农村教师配置制度变迁研究》，《河北师范大学学报》（教育科学版）2018 年第 6 期，第 56~60 页。

后各地一律不得再吸收新民办教师。1987 年，《国家教委关于印发〈中等师范学校面向农村培养合格小学师资座谈会纪要〉的通知》提出，要把培养坚定献身农村小学教育“下得去、留得住、教得好”的学生作为中师坚定不移的办学方向。中师生制度作为一种为农村学校定向培养师资的制度设计，一直发挥着重要作用。各地中师生制度一直持续到 2000 年前后。

但是，自 20 世纪 90 年代以来，由于市场经济冲击、城镇化推进、高等教育扩招，只具备中师学历的农村教师的社会地位、经济收入等相对优势持续下降，中师生制度这项曾经发挥主导性作用的农村教师配置制度逐渐失去了往日的主导地位，集中表现在越来越多优秀人才不愿意就读中师。在生源危机下，中等师范学校纷纷选择停办、转型。

2. 公费师范生专项培养计划

在城乡二元制度背景下，农村教师的社会地位、待遇缺乏比较优势，农村教师队伍素质下滑。农村教师队伍建设面临优秀人才不愿进入教师行业、农村教师岗位吸引力弱等问题。为了鼓励更多的优秀青年投身教育事业，2007 年，《国务院办公厅转发教育部等部门教育部直属师范大学师范生免费教育实施办法（试行）的通知》提出，从 2007 年开始，在教育部直属的六所重点师范大学培养免费师范生。免费师范毕业生一般回生源所在省份中小学任教，并承诺毕业后从事中小学教育十年以上，到城镇学校工作的免费师范毕业生，应先到农村义务教育学校任教服务两年，[①] 但这一政策并没有吸引优秀毕业生去农村。

为切实解决农村小学、幼儿园合格教师特别是优秀教师匮乏的问题，2006 年，湖南省率先启动了为农村定向培养“全科型”小学教师的专项计划，积极探索和创新教师培养机制，随后，重庆、江苏、浙江、四川等地纷纷效仿，培养 4 年（高中毕业生报考）本科层次和 5 年（初中毕业生报考）专科层次的教师，定向服务农村学校。

2012 年，教育部、财政部、人力资源和社会保障部等部委在《关于大力推进农村义务教育教师队伍建设的意见》中提出，在农村地区“采取定向委托培养等特殊招生方式，扩大双语教师、音体美等紧缺薄弱学科和小

---

① 国务院办公厅：《国务院办公厅转发教育部等部门关于教育部直属师范大学师范生免费教育实施办法（试行）的通知》（国办发〔2007〕34 号），2007 年 5 月 9 日。

学全科教师培养规模”。[①] 2014 年，教育部印发的《教育部关于实施卓越教师培养计划的意见》提出，针对小学教育的实际需求，重点探索小学全科教师培养模式，培养一批热爱小学教育事业、知识广博、能力全面，能够胜任小学多学科教育教学需要的卓越小学教师。[②] 2018 年，教育部、国家发展改革委、财政部、人力资源和社会保障部和中央编办联合印发的《教师教育振兴行动计划（2018—2022 年）》提出，“通过公费定向培养、到岗退费等多种方式，为乡村小学培养补充全科教师”，把全科教师定位为乡村地区培养教师的教师教育改革新方向。全科教师定向培养模式成为农村学校师资配置的重要方式。

从目前公费师范生专项培养来看，培养出来的免费师范生到农村学校任教的比例并不高。有人对全国 17 个省份调查发现，2011 年首届公费师范生到农村地区就业的占总人数的 4.1%。[③] 2017 年研究发现，近五届公费师范生中，有 68%以上的人签约到了城市，且比例逐年上升，近三年已达 82%以上；签约到乡镇及以下的学生在 32%以下，且比例逐年下降。[④] 如何在增量分配中为农村学校分配优质师资充满挑战。

（二）自由报名与公开招考的农村教师配置

新中国成立以来，我国很长一段时间都是采用中师生定向培养与定向分配制度。改革开放后，我国经济社会快速发展，以“统”和“包”为特征的招生与分配制度存在的弊端开始显现，为了调动学生学习积极性和用人单位选才、用才积极性，国家在师资培养与配置中引入市场竞争制度。

1989 年，国务院批转了《国家教委关于改革高等学校毕业生分配制度报告的通知》；1994 年，国家教委出台了《关于进一步改革普通高等学校招生和毕业生就业制度的试点意见》。这两个政策文件均提出，改变毕业

① 教育部、中央编办、国家发展改革委、财政部、人力资源和社会保障部：《关于大力推进农村义务教育教师队伍建设的意见》，2012 年 11 月 8 日。

② 教育部：《教育部关于实施卓越教师培养计划的意见》，教师〔2014〕5 号，2014 年 8 月 18 日。

③ 吴齐强、黄娴、银燕、蔡华伟：《调查万余毕业生去向——首届免费师范生去了哪?》《人民日报》2011 年 9 月 28 日，第 20 版。

④ 商应美、于爽：《免费师范生教育硕士就业跟踪调查研究——写于我国免费师范生政策实施 10 周年之际》，《中国青年社会科学》2017 年第 6 期，第 45~52 页。

生由国家包分配的做法，积极引导学生毕业后参与劳动力市场竞争，国家不再以行政分配而是以方针政策指导、奖学金制度和社会就业需求信息来引导毕业生自主择业。[①] 1997 年，国家教委印发的《普通高等学校毕业生就业工作暂行规定》提出，对不履行定向、委托培养合同的毕业生，按协议书或合同书的有关条款办理，并依法承担赔偿责任。1999 年，国务院批转的《面向 21 世纪教育振兴行动计划》提出，到 2000 年，建立起比较完善的由学校和有关部门推荐，学生和用人单位在国家政策指导下通过人才劳务市场双向选择、自主择业的毕业生就业制度。[②] 这一系列政策的出台，为农村中小学教师配置从定向分配向招考制度转变奠定了基础。

21 世纪初，农村地区教师公开招考制度取代分配制度。农村地区教师公开招考制度的基本流程是，农村学校申报需要人数，县级进行汇总，组织招聘考试，择优录取，然后分配到相应学校。在中等师范学校逐渐退出教师培养单位行列的同时，以师范院校为主体，其他高等学校共同参与的教师教育体系逐步形成，教师教育机构的办学层次也从“中专、专科、本科”旧三级向“专科、本科、研究生”新三级过渡。伴随着高等院校扩招和教师教育体系改革，具有教师资格的高校毕业生人数逐年增加，再加上事业单位改革不断深化，教师招考制度开始全面实施。

国家相关部门出台相关政策推进农村教师招考制度化，如《关于深化中小学人事制度改革的实施意见》（2003）、《事业单位公开招聘人员暂行规定》（2005）、《教育部关于进一步做好中小学教师补充工作的通知》（2009）、《关于大力推进农村义务教育教师队伍建设的意见》（2012）等文件提出，农村新教师录用要全面实行公开招聘制度，不得再以其他方式和途径自行聘用教师，逐渐形成了“凡进必考”的教师公开招聘考试制度。在这一政策语境下，农村公办教师必须通过当地有关部门组织的考试后才能入编成为正式在编教师。

1. 地方农村教师公开招考制度

地方农村教师公开招考制度的一般流程如下。

---

① 国家教委：《关于进一步改革普通高等学校招生和毕业生就业制度的试点意见》，1994 年 4 月 7 日。

② 教育部：《面向 21 世纪教育振兴行动计划》，1998 年 12 月 24 日。

第一，农村各个中小学基于师生比编制标准，从教师数量、学科结构出发向教育行政部门提出教师需求。

第二，地方教育部门联合编办、财政等部门进行协商与审批。我国实行以编定人的制度，农村中小学教师招考都是建立在统筹考虑本区域内教师需求与供给能力的基础之上，安排中小学教师自然减员补充，统一公告教师招聘数量、岗位与学科。

第三，实行自愿报考，对报考者进行资格审查，资格审查合格者参与考试。

第四，教育部门统一组织教师公开招聘考试，先笔试，通过笔试者进入面试，大多数地区一般考录比不低于 3∶1，即如果参加考试人数没有达到录用人数的 3 倍，就会影响（减少）录用人数，直到满足参加考试人数与录用人数比例（≥3）为止。

第五，按考试成绩从高到低择优录用。所录用的教师，在需要自己报考科目教师的学校中，会从学校区位、发展前景等方面考虑，选择一所较好的学校。之后，通过 2 周左右入职前集中培训，到自己所选择的学校任教。

定向分配制度被打破后，农村遵循市场经济发展要求，建立招考制度，然而这种诱致性分配制度带来了农村教师配置困境。各地财政、教育、编办部门协商编制数量，限制教师供给能力，教师招考编制很难做到按农村学校教师需求进行配置。以师生比为操作性指标的教师编制标准不利于乡村学校特别是乡村小规模学校满足教师需求。

此外，农村中小学教师招考和县镇学校招聘统一进行，并无区分进行招考，抑或按照学校进行招考。在城乡发展不平衡、农村交通不便、乡村学校办学条件历史欠账多的情况下，城乡义务教育发展不均衡成为一个不争的事实。城乡学校在地理区位优势、岗位吸引力等方面存在诸多差异，导致教师招聘报考呈现城市热、县镇温、乡村冷的窘境，甚至有些乡村学校教师岗位无人问津，强烈的城乡对比使农村教师队伍建设面临巨大的困难与挑战。

在招聘录取方面，实行按照总成绩选拔人才的做法，被录用者选择岗位的优先性基本是按照综合成绩从高到低的顺序。人都是在理性驱动下进行选择的，在现实中成绩排在末梢的教师，宁可放弃，来年再战，也不愿意被动地选择最不理想的农村学校岗位。增量分配不仅在教师数量上拉开城乡学校师资的差距，而且在教师结构、质量方面也拉开了城乡学校师资的差距。农村学校在教师公开招聘考试中如何吸引优秀教师，这是农村教师在增量分配中亟待解决的问题。

2. 国家农村特岗教师招考制度

为了解决农村地区教师招聘困难问题，我国在普通教师招考基础上，设立特岗招考制度。2006 年，教育部等发布《关于实施农村义务教育阶段学校教师特设岗位计划的通知》，要求公开招聘高校毕业生到西部地区"两基"攻坚县的县以下农村义务教育学校任教。2006 年，中央特岗计划实施范围以国家西部地区"两基"攻坚县为主（含新疆生产建设兵团的部分团场），包括纳入国家西部开发计划的部分中部省份的少数民族自治州，适当兼顾西部地区一些有特殊困难的边境县、少数民族自治县和少小民族县。① 之后，实施范围有所调整，2020 年，中央特岗计划实施范围调整为：集中连片特殊困难地区和中西部国家扶贫开发工作重点县，省级扶贫开发工作重点县，西部地区原"两基"攻坚县（含新疆生产建设兵团的部分团场），纳入国家西部开发计划的部分中部省份的少数民族自治州，以及西部地区一些有特殊困难的边境县、少数民族自治县和少小民族县。②

在财政方面，实行中央支持、地方配套的方式。中央财政设立专项资金，用于特岗教师的工资性支出，并按照当年的标准，与地方财政据实核算。其他的津贴和补贴由当地根据实际情况确定。特岗教师招聘流程如下：公布需求—自愿报名—资格审查—考核—集中培训—资格认定—签订合同—上岗任教。③ 因为特岗教师岗位的职业吸引力有限，在招录报考中很多地方规定报录比不低于 2∶1，没有教师资格证的人也可以报考特岗教师。

在管理方面，政策要求在农村地区服务三年，三年期满以后，考核合格者可以选择留任，转为正式在编教师；不愿意留下者，可以选择其他职

---

① 教育部、财政部、人事部、中央编办：《关于实施农村义务教育阶段学校教师特设岗位计划的通知》，教师〔2006〕2 号，2006 年 5 月 15 日。

② 教育部办公厅、财政部办公厅：《关于做好 2020 年农村义务教育阶段学校教师特设岗位计划实施工作的通知》，教师厅〔2020〕2 号，2020 年 5 月 8 日。

③ 徐明珠：《教师视角下特岗计划政策效果评估研究——以新疆喀什为例》，硕士学位论文，天津工业大学，2019，第 16 页。

业，但这段特岗教师经历对其获得其他职业有一定作用。特岗教师服务期满后如果二次择业，如在研究生考试、普通教师公招考试、公务员考试的笔试成绩上，均可以享受加分政策。

特岗教师政策的实施，解决了因财力限制地方难以供养充足教师的困境，极大缓解了我国边远艰苦地区农村学校的教师紧缺现象。但同时，特岗教师制度也存在一些问题：特岗教师因三年后就需要离开，在这一增量分配中，对优秀人才吸引力有限；众多非师范专业毕业生进入教师队伍；很多地方三年后特岗教师转为在编教师，转岗后教师工资来源从中央财政转移到地方财政，导致一些地方由于财政压力，① 对招聘特岗教师积极性不高。

（三）以“支教”为支点的农村中小学教师配置

“支教”是指一项支援落后地区乡镇中小学教育和教学的公益活动。支教是农村中小学教师增量配置的重要方式之一。在农村地区的支教主要分为两种类型，一种是政府组织的支教活动，另一种是非政府组织的支教活动。

1. 政府组织的支教活动

政府为主体组织的支教主要是“三支一扶”。

支教项目背景：2005 年，中共中央办公厅、国务院办公厅发布的《关于引导和鼓励高校毕业生面向基层就业的意见》提出，完善鼓励高校毕业生到西部地区和艰苦边远地区就业的优惠政策。从 2005 年起连续 5 年，每年招募 2 万名左右高校毕业生，主要安排到乡镇开展“三支一扶”（支教、支农、支医和扶贫）工作，时间一般为 2~3 年，工作期间给予一定生活补贴，生活补贴由财政安排专项经费予以支付。2006 年，中共中央组织部、人事部、教育部、财政部、农业部、卫生部、国务院扶贫开发领导小组办公室、共青团中央联合发布《关于组织开展高校毕业生到农村基层从事支教、支农、支医和扶贫工作的通知》，决定联合组织开展高校毕业生到农村基层从事支教、支农、支医和扶贫（以下简

---

① 唐一鹏、王恒：《何以留住乡村教师——基于 G 省特岗教师调研数据的实证研究》，《教育研究》2019 年第 4 期，第 134~143 页。

称“三支一扶”）工作。

支教遴选方式：参加支教人员的遴选按照公开招募—自愿报名—组织选拔—统一派遣的流程，“三支一扶”考试内容主要包括“职业能力测试”“综合知识”，没有对教育类知识进行全面考查。

招考对象与招考条件：招考对象主要是高校优秀大学毕业生和城镇骨干教师。支教的报考条件相对较高，需要有教师资格证，应往届毕业生皆可报考，学历方面要求全日制专科及以上，在校期间学习成绩优良，具备相应的专业知识，年龄最大不超过30周岁，考取后需要到师资紧缺的基层义务教育学校从事2年支教服务。

支教平台管理：“三支一扶”中的支教是支援乡镇基层教育事业，主要是从事义务教育阶段教学工作，服务期为2年，服务期间由服务学校提供住宿，中央财政给予生活补助和交通补贴、购买社保，政府发放工资、在艰苦边远地区工作的津贴。服务期满考核合格的“三支一扶”大学生，报考党政机关公务员、考研，可以享受加分政策，同等条件下优先录用。

支教成员：2019年，全国高校毕业生“三支一扶”计划招募2.7万人①，如果全部到岗，对于缓解农村教师编制紧张状况会起到一定作用。支教通过相对完善的程序可以遴选比较优秀的青年人才到农村地区进行支教，但是支教教师多为青年，没有教学经验或教学经验不丰富，优质教师参与农村学校支教的人数非常有限。

城乡学校对口支援支教，是政府组织的另一种重要支教方式。

2001年，《国务院关于基础教育改革与发展的决定》明确提出城乡教师“对口支援”的交流方式；2003年，《国务院关于进一步加强农村教育工作的决定》提出，地（市）、县教育行政部门要建立区域内城乡“校对校”教师定期交流制度；2005年，《关于进一步推进义务教育均衡发展的若干意见》提出，建立区域内紧缺专业教师流动教学、骨干教师巡回授课、城镇教师到农村学校任教服务等多项制度。在国家城乡教师“对口支援”的宏观政策语境下，各地开展体现“对口支援”精神创新性实践。一

① 中共中央组织部办公厅、人力资源和社会保障部办公厅、教育部办公厅、财政部办公厅、水利部办公厅、农业农村部办公厅、国家卫生健康委员会办公厅、国务院扶贫开发领导小组办公室综合司、共青团中央委员会办公厅：《关于做好2019年高校毕业生“三支一扶”计划实施工作的通知》，2019年3月14日。

些地区实行支教援助模式，即城镇学校派出优秀教师到农村学校支教。如潍坊市寿光市提出“定向流动制度”，寿光市一些学校积极探索，寿光世纪学校在2007年9月出台了《关于设立流动编制及优秀教师支教的管理制度》，每月派出2~3位优秀教师，到北部乡镇支教，时间一般为一个月。[①]

2. 非政府组织的支教活动

为缓解中西部地区师资力量匮乏，促进乡村教育发展，我国非政府组织的支教活动纷纷兴起，如“美丽中国”支教项目[②]、“为中国而教”支教项目[③]、中国·支教联盟（CNAEF）[④]。这些非政府组织有计划地向社会招募志愿者，审核和培训后派遣至贵州、云南、广西及宁夏等西部贫困地区进行为期一学期或更长时间的支教活动。在支教教师招聘方面，支教项目的招募对象广泛，主要面向国内外高校毕业生，通过线上、线下报名方式进行，“美丽中国”主要采用线上面试方式，其他项目采取现场宣讲方式，面试考核流程要求较高。

在教师管理方面，项目为支教教师提供基本生活补贴和必要的社会保险。同时，为保证教师的教育教学质量和管理秩序，有一定支教时间规定。以“美丽中国”支教项目为例，“美丽中国”支教项目采用“两年轮换制”，项目接续输送支教教师到项目学校进行最低年限两年的支教，为师资紧缺学校提供稳定的师资力量。同时，两年项目体验，加以专业的培训支持，让项目教师基层教学实践更加扎实，在实践中更好地促进青年教师成长，为中国教育资源的均衡化发展积累大批未来人才。[⑤] 在两年支教结束以后，支教经历和支教项目运营部门会助力支教教师的未来发展。以“美丽中国”为例，支教教师在就业求职中，可以从“美丽中国”获取职业发展支持，有机会被“美丽中国”的核心支持企业、核心支持机构等优

---

① “城乡义务教育教师资源均衡配置的政策研究与实验”山东课题组：《以县为主 因地制宜——山东四区县城乡义务教育教师资源均衡配置的实践探索》，《中小学管理》2008年第2期，第12~14页。

② 北京立德未来助学公益基金会设立。

③ 隶属联合国教科文组织国际农村教育研究与培训中心。

④ 由热心网友自费创办、自发组织的全国性民间公益性支教团体，以联系和提供支教为主题，主要发布支教信息。

⑤ 《99公益日丨和他们一起举手支持美丽中国支教，让爱心加倍》，http://www.sohu.com/a/252414378_179947。

先录取，也可以选择继续学习深造，项目支教经历和项目运营部门的推荐支持将有助于他们申请海外名校。

民间支教招募的教师水平一般较高，大多是国内外名校毕业的学生。以“美丽中国”为例，在2018~2019学年中，项目教师带领学生在学习成绩上取得了显著进步，52%的班级在重大考试中的平均分获得提高，55%的班级在重大考试中的及格率获得提高，61%的班级在重大考试中的优秀率获得提高。支教教师利用他们的兴趣或者特长为农村学生开设各种课外活动，如56%的项目教师开展了促进学生多方面发展的课外活动、兴趣班或独立项目，共797个。[①] 但非政府组织的支教力量相对弱小，对师资需求巨大的农村学校而言可谓“杯水车薪”。根据“美丽中国”官网消息，成立12年以来，共招募支教教师2551人，服务学校370所，累计授课2468166节，受益学生646360人次。[②] 政府如何扶持与管理公益支教，扩大公益支教在农村教育中的影响力是需要长期研究的课题。

（四）以编外教师为辅的教师配置制度

农村学校对教师数量需求是动态变化的，在编教师如果不能满足农村学校对教师的数量需求，就会出现教师短缺问题。为了缓解教师编制紧张，在我国农村学校出现了大量非在编教师。这些非在编教师不同历史时期称谓不同。20世纪50年代后期，中央提出“两条腿走路”的方针，实行公办民助、民办公助、集体办学。为应对农村教育规模迅速扩大又没有相应师资储备的情况，民办教师大量出现。1977年，我国中小学民办教师数量高达491万人，达到历史最高峰。[③]

20世纪70年代末，国家开始对民办教师进行调整整顿，淘汰经培训仍不合格的民办教师。1978年1月，国务院批转教育部《关于加强中小学教师队伍管理工作的意见》，将民办教师的管理权限上调至县级教育行政部门。此后国家先后下发的《关于边境县（旗）、市中小学民办教师转为公办教师问题的几项规定》（1979）和《关于普及小学教育若干问题的决

---

① 《美丽中国长期影响力》，http://www.meilizhongguo.org/project。

② 《美丽中国长期影响力》，http://www.meilizhongguo.org/project-impact。

③ 曹阿娣：《民办教师春秋》，北京燕山出版社，2013，第334页。

定》（1980）均要求有序解决民办教师问题。通过考核，分批分次将优秀的民办教师转为公办教师，并要求使民办教师比例降到 30%以下。[①] 到 1986 年底，民办教师的认定工作截止。

在民办教师队伍整顿之后，国家明确规定，任何地方不准以任何理由再招用民办教师。[②] 1993 年，我国中小学民办教师数量减少到 215.4 万人。为了填补民办教师被“辞退”后的教师需求缺口，只能采取其他非常规渠道来解决教师短缺问题，代课教师成为这一时期教师补充的重要来源。在“关、转、招、辞、退”中没能转正的民办教师都被归为代课教师。根据相关研究，1986 年全国普通中小学有代课教师 36.82 万人，1990 年有 55.24 万人，到 1997 年达到 100.55 万人。[③]

民办教师、代课教师占农村地区特别是偏远农村地区教师队伍的比例很大。有研究发现，1986 年，云南省镇源县（民办教师专题研究项目定点县）民办教师、代课教师占全县教师总数的比例为 47.1%，1991 年为 43.4%，1995 年为 33.3%。[④] 2001 年，国务院颁布《关于基础教育改革与发展的决定》，要求精简和优化中小学教师队伍，坚决辞退代课教师与不合格人员。此后，数年内，我国代课教师数量从 2000 年的 65.6 万人逐步减少到 2013 年的 24.9 万人。[⑤] 2018 年，全国农村小学有代课教师 12.3 万人（乡村 72436 人+镇区 50612 人）[⑥]，全国普通中学[⑦]有代课教师 3.5 万人（乡村 11076 人+镇区 24399 人）[⑧]。

民办教师、代课教师的存在既直接反映出教师供给不足，又反映出教育事业经费供给不足。拖欠教师工资现象在 20 世纪 90 年代引起研究者的

---

① 中共中央、国务院：《关于普及小学教育若干问题的决定》，中发〔1980〕84 号，1980 年 12 月 3 日。

② 孟庆瑜：《近百万农村中小学代课教师面临抉择》，《瞭望新闻周刊》1998 年第 37 期，第 3~5 页。

③ 孟庆瑜：《近百万农村中小学代课教师面临抉择》，《瞭望新闻周刊》1998 年第 37 期，第 3~5 页。

④ 莫瑞芳、于萍：《民办教师现状问题思考及对策》，《云南师范大学学报》（哲学社会科学版）1998 年第 3 期，第 3~5 页。

⑤ 张河森：《代课教师问题研究》，硕士学位论文，华中师范大学，2016，第 56~57 页。

⑥ 教育部发展规划司：《中国教育统计年鉴》（2018），中国统计出版社，2019，第 551~553 页。

⑦ 农村普通初中和普通高中。

⑧ 教育部发展规划司：《中国教育统计年鉴》（2018），中国统计出版社，2019，第 79 页。

广泛关注。有研究指出，1993年，全国有拖欠中小学教师工资现象的省份达28个。这一研究以湖南省为例进行深入分析后发现，在湖南省123个县、市、区中，68.3%有不同程度的中小学教师工资拖欠现象，拖欠所涉及教师数量达36万人，占全省中小学教师总数的65%。[①]

随着农村学校小规模化、寄宿制学校标准化建设以及新课程改革的推进，教师增量需求不断增加，而一些地区教师供养能力有限，地方政府或学校不得不聘用编外教师。作为师资的重要补充力量，编外教师可以有效填补师资短缺，能够有效调节和平衡生源变化与师资需求。但是，编外教师还存在很多亟待解决的问题，如一些地区编外教师聘用缺乏法理性依据，导致编外教师聘用替代年度正常的正式教师招考，沦为了教师编制管理混乱的卸责工具；政府购买性服务监管缺位，导致购买编外教师服务行为内部化与非竞争化；[②] 临聘人员待遇普遍低于在编教师，临聘教师素质参差不齐；招考教师补充困难，不少地区将临聘人员长期使用。在农村教师增量分配过程中，如何更科学、有效地管理编外教师，保障购买性服务质量需要有科学的教师编制管理制度与政府、学校的严格执行。

（五）银龄讲学计划

2015年，国务院颁发的《乡村教师支持计划（2015—2020年）》提出，拓展乡村教师补充渠道，并要求各地采取有效措施鼓励城镇退休的特级教师、高级教师到乡村学校支教讲学，即银龄讲学计划。2018年，教育部、财政部联合发布的《关于印发〈银龄讲学计划实施方案〉的通知》提出，从2018年起，面向社会公开招募一批优秀退休校长、教研员、特级教师、高级教师（65岁以下）等到农村义务教育学校讲学。该计划在2018~2020年，计划招募10000名讲学教师到县镇和农村学校讲学。[③]

然而，城镇银龄教师到农村学校讲学面临一定挑战，一方面，帮扶农

---

① 朱俊杰、夏智伦：《拖欠中小学教师工资现象透析——对湖南省情况的调查统计》，《教育研究》1994年第4期，第36~40页。

② 孙来勤、张永秋：《义务教育阶段公办中小学政府购买服务性师资政策研究——基于17省（自治区）44县（市、区）的政策文本》，《中国教育学刊》2019年第8期，第29~34页。

③ 教育部、财政部：《关于印发〈银龄讲学计划实施方案〉的通知》，教师〔2018〕7号，2018年7月13日。

村学校与城镇银龄教师以前服务的城镇学校可能存在较大差异，城镇教师可能会面临乡村地区文化适应性问题，即如何将城镇学校教学经验运用于乡村学校、乡村学生教育实践之中，实现城镇教师教育知识本土化。另一方面，随着时间的流逝，银龄教师的既有知识与经验难免产生今昔之隔，银龄教师与他们的帮扶对象（主体是农村学校教师和学生）之间也存在明显的世代之隔。[①] 这涉及如何更好地发挥银龄教师的作用，即如何有效地将优秀银龄教师的教育教学经验与农村教育发展现实、农村教育实际需求相结合。

三　农村教师要素的存量调整

从某种程度上讲，义务教育阶段教师的质量决定义务教育的质量。20世纪60年代，《科尔曼报告》研究发现，学业成就的差距本质上是由高质量教师资源投入不公平导致的。[②] 之后，许多研究也证实了这个观点。1997年，哈努谢克（Hanushek）在《学校资源对儿童学习成效影响力评估》一文中指出，物质资源和学生学业成就之间并无直接关系，教师因素才是影响学生学业成就最为重要的因素。[③] 大量研究反复证明，教师是影响学生学业成绩的关键要素。教师队伍建设也是世界各国普遍关注的重要政策议题。

1978年，国务院批转《教育部关于加强中小学教师队伍管理的意见》的通知要求，中小学公办教师的调动，需经县以上教育部门同意后实施。此文件为区域存量调整设置了政策壁垒，但是又为农村优秀教师向城单向流动提供了政策空间。教师从农村偏远地区流动到条件更好的区域，或从农村学校流动进入城市学校时，一般采取考核或考试的方式，即考调制度。考调制度有着严格的要求，本着公平公正的原则，教师个体的“获致性”专业资本在考核获胜中为决定性因素，通过考调这种有效的教师流动

---

① 蹇世琼、冉隆锋：《“银龄讲学计划”实施需以“实”为“是”》，《中国教育学刊》2019年第2期，第103页。

② Coleman J. S. et al. “Equality of Educational Opportunity. Report Prepared for the US Office of Education.” US Government Printing Office, Washington, DC. 1966.

③ Hanushek E. A. “Assessing the Effects of School Resource on Student Performance: An Update.” *Educational Evaluation and Policy Analysis*, 1997 (2): 141-164.

“筛选”制度，把大量确有教学实绩的高水平教师选拔进入了城镇，城镇学校在源源不断地获得优质师资，[①] 而农村地区则成为年轻教师职业“练兵场”或职业跳板，这对于农村教育发展而言，无异于“釜底抽薪”，形成了弱势累积效应。

随着城镇化发展、现代化推进、市场经济的繁荣以及城乡二元发展，城乡教师所获得的待遇、福利或明或暗、或多或少存在差距，在推拉作用下，农村教师纷纷选择逃离，城乡义务教育质量差距明显。

自20世纪末以来，为推进城乡教育均衡化发展，全国各地都开始推行教师交流轮岗制度。长期以来因城乡义务教育师资力量配置不均衡、农村义务教育发展不充分问题凸显，为了追求城乡义务教育一体化发展，促进县域内义务教育师资均衡，我国实行了一系列改革政策，如城乡教师交流政策、国培顶岗互换政策、银龄讲学计划等，积极推进城乡义务教育阶段教师均衡配置。

（一）义务教育阶段城乡教师交流轮岗制度

1998年，《国务院办公厅转发教育部关于义务教育阶段办学体制改革试验工作若干意见的通知》提出，加强薄弱学校建设，应当从较好的学校中抽调校长、教师和管理人员到薄弱学校去工作，实行领导干部和教师的轮换、交流制度。[②] 此后，国家相继出台了一系列政策文件。

2006年，《中华人民共和国义务教育法》（修订）第32条明确规定："县级人民政府教育行政部门应当均衡配置本行政区域内学校师资力量，组织校长、教师的培训和流动，加强对薄弱学校的建设。"2012年《国务院关于深入推进义务教育均衡发展的意见》、2014年《关于推进县（区）域内义务教育学校校长教师交流轮岗的意见》、2017年《国家教育事业发展“十三五”规划》、2018年《中共中央 国务院关于全面深化新时代教师队伍建设改革的意见》等一系列文件持续重申与细化城乡教师交流政策，要求加强城乡教师交流，促进义务教育均衡发展。

---

① 刘小强：《改革开放40年农村教师配置制度变迁研究》，《河北师范大学学报》（教育科学版）2018年第6期，第56~60页。

② 国务院办公厅：《国务院办公厅转发教育部关于义务教育阶段办学体制改革试验工作若干意见的通知》，国办发［1998］96号，1998年6月25日。

在教师交流政策语境下，各地纷纷因地制宜积极发挥地方创造性，不断完善校长教师轮岗交流机制和保障机制，推进城乡校长教师交流轮岗制度化、常态化。教师交流作为教师存量调整的基本方式，在现实执行中存在以下两种模式。

1. 双向“教师互派”交流模式

2003 年，国务院颁发的《国务院关于进一步加强农村教育工作的决定》提出，地（市）、县教育行政部门要建立区域内城乡“校对校”教师定期交流制度，增加选派东部地区教师到西部地区任教、西部地区教师到东部地区接受培训的数量。[①] 不同学校之间相互派遣教师到对方学校任教一段时间，被派教师人事制度不变，待遇不变。在此背景下，杭州市探索实行“城乡中小学结对互助”模式。2010 年前后，杭州市教育局提出“教师互派换岗锻炼”。通过城乡结对互助、教师互派、换岗交流，为农村教师成长提供机会，让城区教师增强敬业精神。[②] 此外，一些地区实行集团化办学，让集团内部优质学校派教师到弱势学校轮岗，弱势学校派教师到名校进行学习，以促进集团内部优质均衡性分布。

2. 全员流动模式

2015 年，国务院颁发了《乡村教师支持计划（2015—2020 年）》，该文件提出“全面推进义务教育教师队伍‘县管校聘’管理体制改革”，为组织城市教师到乡村学校任教提供制度保障。2016 年，国务院颁发的《国务院关于统筹推进县域内城乡义务教育一体化改革发展的若干意见》提出，统筹城乡义务教育阶段师资配置，建立城乡义务教育学校教职工编制统筹配置机制和跨区域调整机制，推动城乡教师交流，城镇学校和优质学校教师每学年到乡村学校交流轮岗的比例不低于符合交流条件教师总数的 10%，其中骨干教师不低于交流轮岗教师总数的 20%。[③] 2017 年 9 月，中共中央办公厅、国务院办公厅联合印发的《关于深化教育体制机制改革的意见》强调，要促进义务教育均衡优质发展，完善校长教师轮岗交流机制

---

① 国务院：《国务院关于进一步加强农村教育工作的决定》，国发〔2003〕19 号，2003 年 9 月 17 日。

② 杭州市教育局：《城乡中小学结对均衡化发展（创新目标）》，2010 年 1 月 22 日。

③ 国务院：《国务院关于统筹推进县域内城乡义务教育一体化改革发展的若干意见》，国发〔2016〕40 号，2016 年 7 月 11 日。

和保障机制，推进城乡校长教师交流轮岗制度化、常态化。[①]

在相关系列政策要求下，各地进行城乡校长教师交流轮岗模式探索，如浙江嘉善、四川蒲江、黑龙江哈尔滨都实行“县管校聘”制度。黑龙江哈尔滨教师“轮校任职”模式，即县级政府统一管理教师和校长，各学校根据需求聘任教师，教师定期在县域学校轮流任职。[②] “县管校聘”打破了教师“一校所有制”的身份，教师身份由“单位人”变为“系统人”，教师人事组织关系由县教育行政部门统一管理，根据各校教师需求对教师存量调整和使用。为了刺激教师交流的积极性，保障教师经济利益，成都市在城乡教师流动中，实行同职级教师（校长）“同县（区、市）同酬”，并将逐步过渡到“同城同薪”。全县教师与学校签订了人事聘用合同，聘任以岗定人，竞岗上岗，人岗相适，由县教育行政部门管理教师人事档案，提高了教师使用效率。[③]

教师定期轮岗制度是以制度的形式刚性地要求符合一定条件的教师在不同学校轮岗执教，以促进教师资源在一定范围内均衡配置的一种人事制度。由于教师流动问题并非教师流动单一制度所能解决的，同时还与教师工资制度、人事制度和教师编制等紧密联系在一起，这种强制性的教师交流制度也带来了一定问题。我国城乡教师在住房、医疗、社会保障、收入等方面都存在很大的差距，这些都成为城乡教师参与交流轮岗中的巨大阻力。同时有研究发现，目前我国各地制定的教师交流政策存在“教师缺场”问题，在各种政策文件中多次强调政策设计基本围绕“怎么让教师流动起来”，而较少涉及“怎么让教师素质发挥出来”，[④] 工作投入度、微环境改变、完善人际网络等并没有被纳入教师交流政策考量之中，导致了教师交流政策落实过程的“浅表化”。

（二）顶岗实习置换培训制度

师范生顶岗实习，置换出农村中小学教师参加培训，是一种双赢的合

---

① 中共中央办公厅、国务院办公厅：《关于深化教育体制机制改革的意见》，2017 年 9 月 24 日。

② 哈尔滨市人民政府：《今年试点教师“轮校任职”——新学期实行零择校、零择班、零择座、零指定》，http：//www. harbin. gov. cn/art/2019/2/21/art_2697_676402. html。

③ 夏仕武、姚计海：《试点区县义务教育学校教师流动政策实施的实证研究》，《教师教育研究》2016 年第 3 期，第 36~42 页。

④ 姜超：《教师交流政策执行嵌入在什么关系中？——基于天增县的田野考察》，《教育学术月刊》2019 年第 5 期，第 54~62 页。

作机制。作为专业人员，教师成长是一个持续的过程。2006 年，《教育部关于大力推进城镇教师支援农村教育工作的意见》指出："师范院校和其他举办教师教育的高校要组织高年级师范生实习支教。"① 2007 年，教育部下发《教育部关于大力推进师范生实习支教工作的意见》，进一步明确师范生实习支教的意义，要求在组织保障、经费支持等方面给予保障。②这些政策的出台，将高等师范院校推行的师范生顶岗实习活动从制度上给予支持与保障。

2007 年以后顶岗实习活动在全国范围内大力推广，各种层次的师范院校开始实施顶岗实习活动并与在职教师置换培训相结合。2010 年，《教育部 财政部关于实施"中小学教师国家级培训计划"的通知》提出"中小学教师国家级培训计划"，以中西部教师质量的提高为主要方向，培训计划主要包括农村中小学教师置换脱产研修、农村中小学教师短期集中培训、农村中小学教师远程培训，即"置换脱产研修"项目。③

农村中小学教师置换脱产研修，要求遴选高水平师范院校与优质中小学联合，采取集中研修和"影子教师"相结合的方式，与城镇教师支援农村教育、师范生实习支教相结合，组织支教教师、师范生到农村中小学支教、顶岗实习，置换出农村骨干教师到培训院校和优质中小学进行为期 3~6 个月的脱产研修，提高教师专业能力和教育教学水平，为中西部农村地区培养一批在深入推进课程改革、实施素质教育中发挥辐射作用的带头人，推动教师教育改革。④

在 3~6 个月置换脱产研修中，师范生和在职教师都进行着系统性的学习。一方面，高校选派经过严格培训的优秀学生到学校顶岗实习，有效地缓解了农村地区师资数量不足问题；另一方面，顶岗实习支教生置换出实习基地原有的教师，对原任课教师进行职后培养、培训，可以有效提高教

---

① 教育部：《教育部关于大力推进城镇教师支援农村教育工作的意见》，教人〔2006〕2 号，2006 年 2 月 26 页。

② 教育部：《教育部关于大力推进师范生实习支教工作的意见》，教师〔2007〕4 号，2007 年 7 月 5 日。

③ 教育部、财政部：《教育部 财政部关于实施"中小学教师国家级培训计划"的通知》，2010 年 7 月 1 日。

④ 教育部、财政部：《"国培计划"——中西部农村骨干教师培训项目实施方案》，2010 年 6 月 30 日。

师的专业化水平，促进城乡基础教育的均衡发展。①

但高校在顶岗实习实践中遇到一些问题，主要有以下两点。一是短暂的3~6个月顶岗实习，让农村学生刚刚适应支教教师教育教学，就换其他教师，容易形成一种“打扰效应”。二是在校师范生的教学技能欠佳，岗前培训不理想，实习指导力度不足，尤其是部分农村中小学指导教师素质较低，甚至小规模学校缺乏专业性的指导教师，导致实习变成了纯粹的“用工”，不能有效地为师范生专业成长提供专业性指导。同时，乡村教师国培过程中所学与所需之间存在间隙，现在国培主要是学科性培训，或简单通识性培训，没有将培训内容与农村教师所需进行实质性对应，如有研究显示，农村教师接受最多的培训内容是教育教学能力、师德教育与信息技术应用，而教师最需要的是安全教育、心理健康教育与教育教学能力等方面的培训。②

第二节　农村教师要素配置的现实境遇与参照指标

农村教师要素配置是在区域层面分配作为劳动力要素的教师，在学校层面把教师分配到不同岗位，为最终实现公平而有质量的教育服务。无论是增量分配还是存量调整，我国教师要素配置形成方式多样，来源渠道多元，但需要注意的是“上有千根线，下有一根针”，教师要素配置起决定性作用的是学校使用层面。从现实来看，农村义务教育阶段教师要素配置还是简单套用编制标准，编制标准决定着学校层面可得到的教师数量，造成了教师要素配置在数量充足性上、学科专业教授对口率上、优质师资分布上面临现实境遇。从需求端出发，厘清我国教师要素配置的影响因素与面临的问题，确定教师要素配置操作性指标，可以优化农村教师要素增量分配与存量调整。

---

① 吕京：《师范生顶岗实习支教存在的问题及实现机制》，《中国高教研究》2010年第6期，第90~91页。

② 邬志辉、秦玉友主编《中国农村教育发展报告2019》，北京师范大学出版社，2020，第313~315页。

一　不同时期农村教师要素配置的编制标准逻辑反思

无论是在教师增量分配还是存量调整的过程中，农村中小学教师要素配置都是采取“以编定人”的供给逻辑。这种教师要素配置简单套用编制标准的逻辑，即农村教师要素配置的编制标准逻辑。新中国成立以来，我国发布了六份关于教师配置的文件，分别是 1952 年的《小学暂行规程（草案）》与《中学暂行规程（草案）》、1962 年的《关于进一步调整教育事业和精简学校教职工的报告》、1984 年的《关于中等师范学校和全日制中小学教职工编制标准的意见》、2001 年的《关于制定中小学教职工编制标准的意见》、2014 年的《中央编办 教育部 财政部关于统一城乡中小学教职工编制标准的通知》，梳理文件可以归纳出新中国成立以来我国教师配置逻辑（具体如表 3-1 所示）。

从政策层面来看，教师要素配置套用编制操作性指标，如教师供给主要以师班比、师生比为操作性指标。从现实层面来看，教师编制标准是一种制度供给，主要取决于国家财政供养人员能力，而教师要素配置是一种要素供给，是基于学校运转与发展对教师需求进行考量的，可见，两种逻辑之间存在一定张力。不同历史时期，基于现实教育供给能力考量，在财政资源有限的情况下，为了满足教育发展与人们对受教育的需求，教师编制标准呈现不同的取向，依次呈现师班比为主的重点校取向、师生比为主的城镇取向、师生比城乡统一取向。

表 3-1　不同时间段我国教师要素配置编制标准逻辑的变迁

年份	教师要素配置编制标准逻辑	价值取向
1952	师班比为主配置教师。小学要求每班设班主任 1 名，并酌设科任教师；中学要求每班设置教员 2~3 名	日常运转取向
1962	师班比为主配置教师。小学每班教师 1.22 人（教职工 1.32 人），重点小学每班教师 1.5 人（教职工 1.7 人）；初中每班教师 2.25 人（教职工 3.25 人），重点初中每班教师 2.5 人（教职工 3.5 人）	重点校取向
1984	师班比为主配置教师。小学城镇每班教师 1.7 人、职工 0.5 人，农村每班教师 1.3 人、职工 0.1 人；初中城镇每班教师 2.5 人、职工 1.2 人，农村每班教师 2.5 人、职工 1.0 人	城镇取向

续表

年份	教师要素配置编制标准逻辑	价值取向
2001	师生比为主配置教师。小学城市、县镇、农村师生比分别为1：19、1：21、1：23；初中城市、县镇、农村师生比分别为1：13.5、1：16、1：18	城镇取向
2014	以师生比为主并适当倾斜。县镇、农村中小学教职工编制标准统一到城市标准，即高中教职工与学生比为1：12.5、初中为1：13.5、小学为1：19	城乡统一取向

从历史性来看，1952年与1962年的教师编制政策文件所给出的教师编制标准，形成了我国初步的教师制度供给。1962年的教师编制标准以师班比为主，呈现重点校取向。这深刻凸显出在资源非常有限的情况下，资源会被相对集中或有倾斜地使用于重点学校（多分布在城镇地区），可能会使资源产生集中的战略优势效应，而对于非重点学校、农村学校，教师供给与有效配置则关注不足。

从1984年的教师编制标准政策调整来看，是以师班比为主，具有明显的城镇取向，教师要素资源向城镇倾斜，农村和城镇采取两种差异性的教师供给操作性指标。在资源有限的情况下，我国于20世纪90年代仍然克服重重困难完成“双基”任务，这也使我国农村地区教育投入体制具有“乡村自给”的特征，农村地区存在众多的民办教师与代课教师。

在20世纪末我国基本完成了“双基”任务。随着城镇化的推进和生育率的降低，农村学龄人口减少，2001年《国务院关于基础教育改革与发展的决定》指出，应“因地制宜调整农村义务教育学校布局”，按照小学就近入学、初中相对集中、优化教育资源配置的原则，合理规划和调整学校布局。在学校布局调整的宏观政策语境下，农村地区开始了撤点并校。从2001年开始，我国农村地区教师编制供给标准的操作性指标从师班比转向师生比。由于农村生源减少，实际上编制标准逻辑被简单运用于教师要素配置，教师要素配置体现出城市化取向与规模化办学取向，并没有关照到农村地区小规模学校教师要素配置的规模性特征与寄宿制学校教师要素配置的功能性特征。

2014年，我国调整城乡义务教育教师编制标准，教师编制标准从城乡二元走向城乡统一，还提出要适当向农村小规模学校进行倾斜。农村教师编制标准虽然得到进一步改善，但是农村教师要素配置长期受以往教师编制逻辑的影响，仍然存在一系列问题，教师数量并不能满足农村各类学校日常运转所需，教师学科要求不能完全满足农村教育质量提升对教师队伍的需要。

二　编制标准逻辑下农村教师要素配置的现实境遇

我国在制度供给层面为农村供给教师，主要依据的是以师生比为操作性指标的教师编制标准，该指标经历了几次调整，但并没有真正化解教师制度供给与教师要素配置之间存在的张力。从学校需求层面来看，以师生比为主要操作性指标为学校分配教师，关注较多的是数量性满足，其前提建立在县域（总体）层面，静态意义上关注教师供给总量，没有从动态意义上关注教师要素配置的均衡，尤其没有从学校使用层面上考量教师所要服务学校的工作量、校际教师工作量均衡与优质教师均衡。从不同类型、不同规模农村学校运转情况，教师数量、学科与教师素质分布情况考虑，城乡义务教育师资要素配置失衡的问题亟待解决。

（一）简单套用教师编制标准逻辑难以满足农村学校对教师数量的需求

简单套用以师生比为操作性指标的教师编制标准，难以在需求端满足农村不同类型、不同规模的学校日常运转对教师数量的需求。当前，编制作为一种制度安排，师生比作为教师编制标准的操作性指标，以师生比为操作性指标的教师编制标准逻辑与教师要素需求配置逻辑之间存在一定张力。以师生比为操作性指标的教师编制标准，是从县域层面总体考虑一个区域内能够从制度层面供养多少教师。县级层面假设区域内学校都是理想状态下的学校规模、班级规模，教师大致面临同样的工作内容、使用同样的工作方式，所供养的教师人员大致能够完成相应教育教学工作。

但是，区域层面教师如何分配？学校层面教师如何使用？具体到学校层面，尤其需要兼顾不同类型、不同规模学校运转的现实需求，如不同类型、不同规模学校，由于具有不同教育服务内容、不同规模效益，不能简单套用以师生比为操作性指标的教师编制标准进行教师校际分配。

农村学校具有其特殊性，农村存在大量小规模学校与寄宿制学校（简称为“两类学校”）。如从统计数据来看，2017 年底，全国有农村小规模学校 10.7 万所，其中小学 2.7 万所，教学点 8 万个，占农村小学和教学点总数的 44.4%；在校生有 384.7 万人，占农村小学生总数的 5.8%。农村小学寄宿生有 934.6 万人，占农村小学生总数的 14.1%。[①] 农村小规模学校班级规模普遍偏小，需要实行小班化教学；农村寄宿制学校需要教师承担安保、生活服务、后勤等工作，“两类学校”大量存在，使得农村学校教育教学工作开展往往不能具有“规模效益”，稀释着已有教师存量。

2014 年 11 月，中央编办、教育部、财政部联合印发《中央编办 教育部 财政部关于统一城乡中小学教职工编制标准的通知》，将县镇、农村中小学教职工编制标准统一到城市标准，即高中教职工与学生比为 1∶12.5；初中为 1∶13.5；小学为1∶19。[②] 此标准纠正了 2001 年城乡教师编制标准逻辑上的倒挂现象，但还是存在明显的“向城性”与“规模性”特点，虽然政策里面提及了要“因地制宜，按照师班比对农村小规模学校进行倾斜”，但具体操作标准一直没有明确的定论，导致在实践中难以进行操作性实施。农村“两类学校”大量存在，若简单按照师生比为操作性指标进行制度供给，则会出现“超编缺人”现象。所谓“超编缺人”，即按照师生比操作性指标来看，教师人数已经超过编制规定性要求，但从实际工作任务完成需求来看，呈现缺人的现象。

简单套用以师生比为操作性指标的教师编制标准逻辑不能满足农村“两类学校”的实际教育教学需求。为了维持学校日常基本运转，这两类学校不得不聘用临聘人员、编外教师，甚至在短期内因教师要素配置不足而迫使在岗教师一人多岗，超负荷承担相关工作，既耗散教师有限的精力，也影响着教师作为专业人员相关特长的发挥。

① 教育部：《全面加强两类学校建设 推动城乡义务教育一体化发展》，http：//www.moe.gov.cn/jyb_xwfb/s271/201805/t20180511_335607.html。

② 中央编办、教育部、财政部：《中央编办 教育部 财政部关于统一城乡中小学教职工编制标准的通知》，中央编办发〔2014〕72 号，2014 年 11 月 13 日。

（二）简单套用教师编制标准逻辑难以满足农村教师对专业对口的需求

简单套用以师生比为主的操作性指标的教师编制标准逻辑，难以解决农村学校教师所学专业与所教学科对口率低的问题。教师编制作为一种制度供给，实行“以编定人”，主要解决的是区县层面能够招聘多少教师。具体而言，现实中无论是教师增量分配还是存量调整，都是根据以师生比为操作性指标的教师编制标准进行教师缺口补齐，主要执行的是自上而下的教师要素分配逻辑。而现实中，教师要素分配需要从学校层面的需求端出发，遵循农村学校实际运转对教师要素需求的逻辑，实现县域教育公共服务均等化。

简单地套用以师生比为操作性指标的教师编制标准，因不同类型、不同规模学校的教学工作时间与在校生数量不是简单的正比例关系，造成校际教师工作量不均等问题。即使在县域层面，教师数量总体能够满足教育教学需求，但因学校规模不同、学校类型不同，造成区域内教师要素配置出现“冗余型”“紧缺型”“平衡型”现象并存，学校层面教师浪费与闲置并存。“冗余型”，即学校内教师供大于求，部分教师闲置，或教师工作量总体不饱满；“紧缺型”，即学校内教师供小于求，教师超负荷工作；“平衡型”，即教师供给与需求平衡，如果教育教学工作得到合理分配，教师基本上就会满工作量工作，达到教师最合理的使用要求。前面两种状态呈现的是学校层面教师要素配置与需求使用间的矛盾，不同类型、不同规模学校之间教师所承担的工作量、工作内容不同，如果简单套用以师生比为操作性指标的教师编制标准逻辑进行区域内校际教师数量分配，就会导致各校教师工作量不均，尤其农村“两类学校”会成为“紧缺型”，成为简单套用以师生比为操作性指标的教师编制标准逻辑进行区域内校际教师数量分配的“重灾区”，有损教育公平。

在简单套用以师生比为操作性指标的教师编制标准逻辑成为教师要素配置“紧缺型”的农村学校，教师所学专业与所教学科对口率低成为一个突出问题，一名教师教多门学科，甚至是全部学科的情况广泛存在，难以发挥这些教师专业性特长，也难以安排这些教师参与所有学科有针对性的培训。农村学校为了开齐开足国家规定课程，需要相关数量的专业性教师，提高教学对口率，发挥已有教师专业性特长，为提高农村教育教学质量提供可能。但农村小规模学校、微校、小班、微班广泛存在，要使教师所学专业与所教学科对口，从师生比来看，需要更大师生比，也就是说，相同学生数量，需要更多教师。如果教师数量不充分，教师不得不跨学科教学。对关联性较强的学科，教师可以实现兼任，而且跨学科教学对教学质量的影响较小。但是，如果科目专业性较强，教师将难以兼任，如音乐、艺术等，如果勉强跨学科教学，就会影响教学质量。

不仅如此，县级教育行政部门将编制名额以师生比为对照，下放到学校层面，学校受应试教育影响，趋于理性计算，在教师增量需求申报、分配与使用过程中呈现重主科轻小科倾向；而且在教师存量的调整过程中，县级教育行政部门或学校往往并没有考量教学对口问题，简单实现数量上轮岗交流，忽视农村学校对教师要素的结构性需求。

（三）简单套用教师编制标准逻辑难以实现优质师资要素配置均衡

简单地套用以师生比为操作性指标的教师编制标准，影响区域内、城乡间、校际优质师资要素配置均衡，影响县域内义务教育优质均衡的实现。2014年中央编办、教育部、财政部联合下发的《中央编办 教育部 财政部关于统一城乡中小学教职工编制标准的通知》、2016年国务院下发的《国务院关于统筹推进县域内城乡义务教育一体化改革发展的若干意见》、2017年教育部办公厅发布的《教育部办公厅关于中小学教职工编制管理创新工作案例的通报》，都在努力优化与完善教师编制政策。但是，这些政策没有系统涉及区域校际优质师资配置均衡议题。

当前，简单套用以师生比为操作性指标的教师编制标准，关注的是学校层面对教师数量的需求，对教师质量需求的关注不够。教师第一学历是教师素质能力水平的一个重要指标，在某种程度上，优质师资占有量彰显着学校教育教学质量水平。在义务教育阶段，我国优质师资在增量分配与存量调整中还是呈现城乡结构性失衡的问题。从结构功能主义视角来看，师资结构要素在各个方面的合理性搭配，影响着农村学校教育教学功能的发挥，决定着教育质量水平与教育质量的提升。

2017年，教育部印发了《县域义务教育优质均衡发展督导评估办法》，进一步彰显出我国促进城乡义务教育优质均衡的政策导向。义务教育阶段校际优质师资配置均衡是实现区域优质均衡的前提。但是，从第一学历构成来看，城乡学校存在教师要素配置失衡情况。分析 2018 年全国小学教师第一学历构成情况可以发现，城市地区研究生、本科学历占比都高于农村地区（见表 3-2），城市地区小学教师第一学历主要由本科及以上构成，占比为 74.14%；而农村小学教师第一学历主要由本科和专科构成，占比高达 93.27%，本科及以上学历占比仅为 46.47%。

表 3-2 2018 年小学阶段专任教师学历分布

单位：人，%

		合计	研究生	本科	专科	高中	高中以下
城市	教师数量	2002078	52915	1431447	494816	22737	163
	占比	100	2.64	71.50	24.72	1.14	0.01
农村	教师数量	1864229	5832	860612	878218	118294	1273
	占比	100	0.31	46.16	47.11	6.35	0.07

资料来源：《中国教育统计年鉴》（2018 年）与相关数据测算。

初中阶段，从 2018 年教师第一学历构成来看，全国初中教师第一学历主要由本科学历构成。城市地区研究生学历占比为 6.30%，本科学历占比为 86.09%；农村地区初中教师第一学历为研究生的占比为 1.05%，本科学历占比为 79.10%（见表 3-3）。也就是说，在义务教育阶段，城市地区无论在研究生学历还是在本科学历上教师配置均高于农村地区，仅从第一学历就可以管窥城乡优质教师要素配置失衡问题的存在。

表 3-3 2018 年初中阶段专任教师学历分布

单位：人，%

		合计	研究生	本科	专科	高中	高中以下
城市	教师数量	1296529	81624	1116246	97868	756	35
	占比	100	6.30	86.09	7.55	0.06	0.0027
农村	教师数量	563326	5914	445578	110575	1219	40
	占比	100	1.05	79.10	19.63	0.22	0.0071

资料来源：《中国教育统计年鉴》（2018 年）与相关数据测算。

三 县域教师要素均衡配置的教学工作量指标分析

追求县域教师要素配置均衡，为农村儿童提供有质量、普惠性教育服务是农村义务教育发展的应然使命。要推进教师要素县域配置均衡，不仅要系统分析编制标准逻辑下的农村教师要素配置的现实境遇，还要找出县域教师要素均衡配置的教学工作量参照指标。

（一）教师要素配置的教学工作量指标分析

教师的本职工作与核心工作是教学，教师要素配置要基于教师教学工作量进行。教师要素配置要聚焦教学工作量，在教师数量上至少达到保障教师使用上数量充足、科目教学对口率高、日常工作时长适度等。为了追求区域校际教师分配公平，需要从区域内各个学校教师工作量进行考量，保障校际各个教师所承担的日常工作量大体均等。因此，依据教师工作对象的不同，我们将教师教学工作时间分为班级面向教学工作时间（备课与上课）和学生面向教学工作时间（作业批改与课后辅导）两个维度。

我国实行班级授课制，一所学校班级数量将决定这个学校上课数量；一名教师的开设科目数与科目的课时数决定了这名教师的上课和备课时间；学生数决定教师批改作业和课后辅导的工作量。学校的班级数、学生数是影响学校总的工作量的变量因素。教师主要围绕课程计划来开展班级教学工作，教师的工作量通常包含三个环节——班级授课的课前准备工作、上课和课后工作，即教师教学时间主要涵盖两个方面，班级面向教学工作时间与学生面向教学工作时间。[①] 其中班级面向教学工作时间主要是备课时间与上课时间；学生面向教学工作时间主要指的是作业批改时间与课后辅导时间（见表 3-4）。

表 3-4 教师日常教学工作量指标与计量方式

教师工作量指标	计量方式			
	学生数	开设科目数	班级数	课时数
备课		+		+
上课			+	+
作业批改	+			+
课后辅导	+			+

① 秦玉友、赵忠平、曾文婧：《义务教育教师教学工作时间结构研究——基于全国 10 省 20 市（县）的数据》，《教师教育研究》2017 年第 4 期，第 39~45 页。

一个区域（学校）的班级面向教学工作时间由班级数决定，班级数可以由学校学生数和班级规模决定。[①] 从教师日常工作量构成来看，开设的科目数和科目所规定的课时数决定着教师日常备课工作量；学校总的课时量是由班级数和开设科目数决定的，决定着教师上课教学工作时间；教师作业批改工作量是由学生数和课时数决定的；教师课后辅导工作量是由学生数和课时数决定的。这些因素共同决定着教师日常教学工作量。义务教育阶段教师课表是上课五天时间，这也意味着教师每周教育教学工作量相对固定。学校周总的教师工作量=学校周总的备课工作量+学校周总的上课工作量+学校周总的批改作业工作量+学校周总的课后辅导工作量。校际单位教师周工作量=区域内学段内学校周工作总量/学段内教师总数。

（二）教师要素均衡配置教学工作量指标选取

目前，我国教师要素配置过程中主要套用的是编制标准逻辑。编制标准逻辑与现实需求逻辑（教师要素需求逻辑）之间是存在一定张力的，教师编制作为一种制度供给，主要受制于国家或地区经济发展水平，国家或地区财力决定着财政供养人员数量。从现实教学需求立场看，教师要素配置要围绕学校日常运转，要围绕必须完成的学校教育教学工作展开。在区域校际层面，农村教师要素配置的最终价值追寻是各个学校教师数量充足、教学对口率高、教学时长适度、优质师资分布均衡，是农村各类学校能够开齐开足国家规定课程，是让教师有时间、有精力、有积极性完成日常教育教学工作，为农村学生提供有质量、普惠性的教育公共服务。

当前，我国在政策层面针对农村学校需求，尽管提出了一些原则性的倾斜性规定，但是在量化的政策工具上，农村教师要素配置主要还是基于以师生比为操作性指标的教师编制标准逻辑展开。在城镇化背景下，加之农村人口出生率下降，我国农村地区学龄人口减少，农村地区存在大量的小规模学校、寄宿制学校，这两类学校的突出特征是小班、微校。农村教师要素配置直接套用以师生比为操作性指标的教师编制标准逻辑，无论从区县层面还是学校层面来考量，无疑只适用于比较理想的班级规模，对没

---

① 秦玉友、宗晓华：《2016—2030 年中国城乡义务教育师资需求预测》，《东北师大学报》（哲学社会科学版）2017 年第 1 期，第 8~21 页。

有达到一定规模的学校而言，配置数量充足的教师是存在一定难度的。

第一种以师生比为依据配置教师，其基本假设是每个学校是成规模的，抑或学校规模都呈现一定区域规模线性变化的规律性分布，但现实情况是大规模学校和小规模学校同时存在，且不存在区域规模线性变化的规律性分布。但农村大量存在这两类学校，在教师使用方面难以满足规模假设或单一功能假设。比如，教师在工作中班级面向教学工作时间（备课与上课时间）与学生面向教学工作时间（作业批改与课后辅导时间）是不一样的。由于农村学校班级规模小，相同数量的在校生，农村学校要花费更多的备课与上课时间，稀释了教师存量。因此，以师生比为操作性指标的教师编制逻辑对小规模学校来说是不利的，对有一定规模的学校是有利的，并不能满足农村这两类学校对教师数量的需求。以师生比为操作性指标的教师编制逻辑进行教师要素配置不能让校际教师承担相当的工作量，不能在区域校际层面向不同学校传递相同的教育教学工作压力。

第二种以师班比为教师要素配置逻辑。为了解决农村小规模学校因师生比带来的教师配置困难问题，我国在各种文件中，如 2014 年中央编办、教育部、财政部联合下发的《中央编办 教育部 财政部关于统一城乡中小学教职工编制标准的通知》、2015 年国务院办公厅下发的《乡村教师支持计划（2015—2020）》等文件多次强调以师生比为主，同时参照师班比为农村小规模学校配置教师。如果以区县均衡为尺度，利用师班比作为教师要素配置逻辑进行教师配置，其基本假设是校际班级是标准化的，不存在小班与大班，或者大班数量与小班数量大致相当，而现实中大班与小班并存，且区域内校际各个学校规模、班级规模是存在差异的。国家规定课程周课时量是相对固定的，班级面向教学工作时间是固定的，以师班比为操作性指标，进行区域教师要素配置会让大班授课教师承担更多的工作负担与工作量（作业批改与课后辅导时间）；而对小班是有利的，小班所配置的教师会承担较少工作负担与工作量（作业批改与课后辅导时间）。

通过以上对比分析可知，教师配置的原则是让区域内各学校之间教师承担的工作量相等，当然工作量应该在教师精力与体力所能承受的范围内。面对农村各种类型学校的特殊性，教师工作量不同。为追求区域校际教师配置公平，需要让校际教师都承担均等工作量，形成校际工作量压力传递机制，无论是在教师供给“冗余型”地区、“平衡型”地区还是“紧缺型”地区，都要让区域内教师配置均衡，各学校内教师工作量基本均等，以实现教师要素均衡配置。

前文探讨了教师日常教育教学工作量是由教师教育教学内容与面对对象决定的，即学生面向教学工作时间（作业批改与课后辅导）与班级面向教学工作时间（备课与上课），班级规模、学生数共同决定着教师日常工作量。推进校际教师配置均衡必须进行必要计算，计算教师在各个年级、各个学科每项工作的社会必要劳动时间。教师工作量评定标准不能使用教师个别劳动时间，因为个别劳动时间是千差万别的，不同教师专业水平与工作效率不一样。在难度大致相当情况下确定教师工作量评定标准的尺度，只能是教师的社会必要劳动时间，即在现有的正常的教学条件下，在社会对教师合理的职责要求和受教育者平均的接受能力下，完成规定教学任务所需要的劳动时间。依据教师劳动的社会必要劳动时间确定的以时间为单位的教师工作量，是衡量教师是否完成其职责的重要的数量标志，教师配置中的工作量对于所有的教师来说都应该是平等的。①

理论上讲，以教师工作内容的社会必要劳动时间作为参照，对不同学校、学科教师工作内容所需时间进行评估，其日均工作量必须一致才能保证学生享受到均等的课堂教学服务，进而教师增量分配与存量调整才能实现动态意义上教师要素资源分配的均衡。为了追求基于校际工作量均等配置教师要素，需要利用数学函数，将教师不同面向的教育教学工作量赋予一定的指标权重，以校际教师周工作量均等为导向，从而得出教师要素配置操作性指标。②

第三节　体现公共服务均等化的农村教师要素配置追寻

教师要素配置，应该遵循教师要素配置的逻辑。这个意义上的教师要

① 高秀娟：《谈教师工作量评定标准》，载《国家教师科研基金十一五阶段性成果集》（内蒙古卷），北京中教创新软件发展研究院，2010，第 381~385 页。

② 我们对这个函数已经进行过比较系统的探讨，主要用于预测未来我们的编制需求，当然，在预测编制需求时，我们倡导运用教师要素配置逻辑确定教师编制，详见秦玉友、宗晓华《2016—2030 年中国城乡义务教育师资需求预测》，《东北师大学报》（哲学社会科学版）2017 年第 1 期，第 8~21 页。

素配置一般受两个因素主导：一个是教师要素配置的逻辑，即按照教学的现实教师需求考虑教师要素配置，教师要素配置逻辑决定着每个学校，甚至每个班级的教师配置数量是否充足，教师工作时长是否适度；另一个是教师要素配置过程，即增量分配与存量调整，增量分配与存量调整共同决定着区域学校层面教师专业对口、教师质量校际分布均衡。这两个因素又共同决定着区域校际教师数量分配公平程度与教育服务均等化水平。为了实现区域校际教师数量分配公平与教育服务均等化，需要明晰农村中小学教师要素配置的意义，理性追寻教师要素配置应坚守的原则，为县域内基于公共服务均等化进行教师要素配置提供思路。

一　农村中小学教师要素配置的意义理性追寻

教师作为一种教育场所劳动力要素，其配置受到一定价值预设的引导，即教师在增量分配与存量调整中的价值导向应追求什么样的效益或效果。一般而言，教师作为一种劳动力要素，是在学校层面发挥作用，单纯地看县域教师队伍总体结构，意义不大，只有将教师要素配置放到具体学校使用需求端进行考量才有意义。优化教师要素配置，在教师增量分配与存量调整中需要澄清教师要素配置在满足农村学校日常工作开展、学校育人功能、教育服务质量均等三个方面的意义理性追寻，对于补齐农村教育发展短板，为农村学生提供有质量、普惠性、更公平的教育公共服务具有重要现实意义。

（一）教师要素配置的数量底线能够维持学校日常运转

让学生能够享受均等化公共服务，其前提是农村学校有数量充足的教师，能够满足农村学校日常运转对教师的需求，保障基本教育教学工作能够正常开展。我国在教师要素配置过程中简单套用以师生比为操作性指标的教师编制标准逻辑，编制作为一种教师供给逻辑，由国家统一制定，但教师要素配置是一种教师需求逻辑，需要充分考虑农村教学实际需要。

农村地区学生居住分散、交通不便。上学距离的法律规定决定了学校服务半径，现实中上学距离与时间共同决定了学校教育服务的空间半径，在一定区域内，当学校服务半径确定后，其服务学生数区间也基本确定。农村学龄人口分布状况，决定了农村地区小规模学校、小规模班级多的特点。由于家校距离较远，寄宿制学校成为农村学校布局的次优选择，乡镇长期存在大量初中阶段寄宿制学校。《国家中长期教育改革和发展规划纲要（2010—2020年）》把义务教育学校标准化建设作为促进义务教育均衡发展的重要举措，并列为重大发展项目，提出农村学校在教育投入、办学条件、教师等方面的达标要求。在这样的教育发展伦理观下，《国务院关于基础教育改革与发展的决定》提出的农村学校布局调整政策在实践中被过度执行，我国经历了历史上规模较大的一次农村学校撤并。[①] 农村地区出现小学阶段寄宿制学校，甚至出现低龄化寄宿问题。

农村地区的人口密度小与学校撤并布局相遇，农村地区存在并出现大量小规模学校与寄宿制学校。这两类学校是农村教育扶贫的“最后一公里”，“两类学校”的日常教学服务，与一般规模学校、班级相比，小规模学校难具“规模效益”，稀释了教师存量；寄宿制学校增加了其他服务功能，如寄宿制生活服务与住宿服务增加了生活服务、安保服务与日常管理工作，需要新增生活服务教师、餐饮服务人员、安保人员。“两类学校”无疑稀释了教师存量，对农村教师数量配置提出了增量性需求。

简单套用以师生比为操作性指标的教师编制标准逻辑进行教师要素配置，会使“两类学校”教师数量不足，导致学校教育教学工作难以全面开展。为了维持学校日常运转工作，教师被迫长期超负荷承担相关工作，只能疲于应付，甚至进行“打折扣性”处理国家规定的课程与教学，难以有效地保障教育教学工作的数量与质量。为保障农村“两类学校”日常运转，保障农村“两类学校”教育教学工作的正常开展，为学生提供均等化教育服务，这是教师数量配置意义理性追寻的底线要求。教师要素配置在数量方面充足，是保证各类学校教师有时间、精力与能力上好课的重要保障，也是向农村孩子提供均等化教育服务的必要条件。

“两类学校”要求充分考量与尊重农村学校的规模特征与功能特征。在前文已经进行详细探讨，教师工作量由多种因素决定，此处不再赘述。学校层面教师数量配置充足，需要考量个体教师的日常工作量，遵循校际工作量均等化原则配置已有教师，形成压力传递机制，这样可以让所有学

---

① 秦玉友、宋维玉：《农村学校布局调整的“经济”与“不经济”》，《南京社会科学》2018年第1期，第144~149+156页。

校教师都承担大体相等的工作量。校际教师承担均等工作量虽然解决不了教师短缺问题，但是可以解决简单套用以师生比为操作性指标的教师编制标准逻辑进行校际教师分配问题，解决一些学校教师过剩、一些学校教师不足问题，解决区域内教师的结构性浪费与短缺问题。在解决区域教师校际分配问题的同时，国家或区域仍然遵循教师工作时长适度的原则，保障教师要素配置的充分性。如可以参考《中华人民共和国劳动法》第三十六条规定，国家实行劳动者每日工作时间不超过八小时、平均每周工作时间不超过四十四小时的工时制度。教师工作时间长度可以参照相关规定执行。区域教师总工作时间是由教师数量与教师工作时长决定的。要控制一个区域学校教师的工作时长，必须使教师达到相应数量。

（二）教师要素配置结构合理能够促进学校育人功能实现

任何教师要素配置都是放置在具体学校使用，而不是简单停留在区域层面考量。学校是使用教师、发挥教师功能的场域，唯有在学校层面才能使教师资源产生功能与意义。结构功能主义认为，结构决定着机体功能的发挥，这一认识同样适用于农村学校教师要素配置。农村中小学教师要素配置意义理性需要教师要素配置结构合理，能够促进学校育人功能的实现。这些功能主要体现在两个方面：一个是学校核心工作，即教学工作；另一个是保障教育教学工作之外的相关工作，如管理工作、后勤工作等。在我国农村地区，小规模学校和寄宿制学校这两类学校广泛存在，这些学校教师面临的工作环境、工作内容、工作量不一样，这些特征直接决定着农村教师增量分配、存量调整与使用方式的不同，需要明确教师学科需求等进行增量分配、存量调整，并且监控使用。

一是在农村小规模学校，教师往往跨学科教学甚至实行包班式教学、复式教学；在农村寄宿制学校，教师除了承担基本教学工作外，还要承担学校的后勤管理相关工作，导致教师工作量巨大，工作负荷重，稀释了学校已有教师存量。因此，教师增量分配中需要考量“两类学校”各种类型工作所需人数。例如，在寄宿制学校，如果学校生活教师与后勤工作人员不足，就会出现专任教师一人多岗现象，稀释专任教师存量，增加专任教师负担，降低教学质量。要为寄宿制学校配置相应的生活教师、餐饮服务人员、安保人员、后勤工作管理人员，减轻专任教师工作压力。

二是教师要素配置增量分配的意义在于保障学校能够开齐开足相关课程。但农村地区众多小规模学校因教师数量短缺普遍存在课程难以开齐开足、所学非所教等问题。为了解决农村地区课程难以开齐开足以及教师教学专业不对口，尤其音、体、美等小科教师专业不对口问题，可以采取几个学校共同聘任专业性较强、需要数量较少的教师，实行跨校走教制度。

三是在我国农村教师要素存量调整中，要照顾农村中小学教师要素配置专业对口等需求，比如教师双向流动，大多是停留在数量意义上的简单轮岗交流，并没有考虑参与教师轮岗交流双方教师的学科结构和学校教学工作开展的实际需求。因此，农村中小学教师要素配置的关注视角要继续转变，从系统性视角与关系思维出发，无论是在增量分配还是存量调整中，都需要从学校层面考虑对教师的需求，才能支撑起农村学校基本功能的实现。

（三）教师要素配置的质量分布能够推进城乡义务教育均衡实现

教师是一个学校中最重要的要素，一个教育系统的质量不会超过其教师的质量。① 义务教育优质均衡发展要求城乡优质教师合理分布，为农村学校配置优质教师，充分利用农村学校相关教育资源，提升农村学校办学品质，并形成城乡学校在特色发展上的优势互补。从现实来看，制约农村教育发展的短板在于教师，特别是有质量师资的缺乏。从这个意义上讲，农村学校配置的意义理性是，追求城乡义务教育优质师资均衡，追求实现义务教育优质均衡发展。这就涉及如何配置所谓有“质量”的教师，有质量的教师能够充分尊重与理解不同文化背景与多样来源的学生，在培养人的公共性底色基础上，让每个学生的个性与禀赋得到充分发展。

首先，有质量的教师一般是素质高并且能够尊重农村教育特征与熟悉农村社区环境的教师。这就对配置到农村学校的有质量的教师提出两方面的要求：一方面，在一般教师素质水平上是优质的；另一方面，要能熟悉农村教育实践与农村社区特点，适应农村社区环境，要熟悉农村学校与农村学生的学情与教情。城乡学校置身于不同的文化圈，拥有不同的教育资

① Barber, M. & Mourshed, M. “How the World's Best Performing School Systems Come Out on Top.” New York: McKinsey & Company. 2007. p. 16.

源优势，面对有不同教育背景与不同教育需求的学生，配置到农村学校的有质量的教师并非在存量调整中将区域内城镇地区优质教师交流到农村地区即可。要通过培训等形式让城镇优秀教师尽快熟悉农村地区学生的学情与教情，熟悉农村儿童的特殊需求，有质量的教师要能够并善于将农村儿童在日常生活中的经验逻辑与科学逻辑进行对照与转变。配置到农村学校的教师需要熟悉农村地区文化，适应农村环境，避免农村地区学生在科学知识学习中存在文化障碍与文化自卑。因此，教师要素配置需要为农村配置有质量的教师，建立农村学校环境与学校所置于的社区环境中日常生活与科学知识的联系，让学生对教育减少疏离感，产生亲近感。

其次，有质量的教师是指教师有能力基于农村学校与农村社区现有资源，推动农村学校走特色发展之路，实现城乡义务教育优质均衡，在某些方面甚至形成优势互补局面。农村学校与农村社区有着自己本身的特征，农村学校置身于农村自然、人文环境之中，农村学校有着优美的自然环境，有丰富的自然资源和地理优势，有利于学生亲近自然，回归乡土；就人文环境而言，农村学校置身于平面化居住的社区环境之中，乡村地区有着悠久的传统文化，有容易让人产生亲切感的传统技艺和富有乡村气息的农耕文明，这些都是丰富的课程资源。因此，教师要素配置需要为农村学校配置有质量的教师，能结合农村教学实际需求开展农村教育“在地化”实践，将这些资源有序转换为课程资源，实现农村学校特色发展与学生个性发展，彰显农村教育发展的自信。

最后，农村中小学教师配置不能仅关注农村教师数量，更要努力实现农村教师数量、结构与质量三者相结合，让农村教师配置更加契合农村学校发展实际需求。具体而言，基于工作量均等解决农村小班、微校师资数量不足问题。在数量问题基本解决的基础上，再进一步解决教师结构与质量问题，重点解决农村包班式教学、一人多岗、专业性对口率低的问题。在这一问题与特征上需要为其配置文化课全科教师，抑或联校聘任走教教师（专业性较强的音乐、美术、外语、计算机等学科），利用小班化教学，增加师生之间的互动，利于教师对学生更深入地了解，更有助于因材施教，提供个性化教育服务。尤其自核心素养提出以来，小学阶段课程综合化成为一种潮流，教师不仅可以承担多学科教学，还可以进行课程整合与开发，既可以减少学生多学科间交叉重复性学习，还有利于整体性素养的培养。

二 体现公共服务均等化的农村教师配置基本原则

原则是指指导人们认识、思想、言论和行为的准则。哲学上把一些反映事物发展一般规律的命题或基本原理，与人们的认识、实践联系起来，赋予其方法论意义，使其成为人们认识、实践的准则与参照标准，即原则。基本原则是指人们认识、实践的过程中所需要依据的基本法则和参考标准。农村中小学教师要素配置，无论是增量分配还是存量调整，都需要坚持相应的基本原则，才能保障在教师要素配置中对各个维度进行统筹兼顾，推进城乡义务教育一体化发展进程，推进教育公共服务均等化，让每个学生都有机会享受公平而有质量的教育。

（一）公平性原则

公平性原则，可以用罗尔斯（John Rawls）在其《正义论》中谈到的社会成员人人都有相同的机会来简单描述。[①] 当前，在义务教育中的公平性原则表现为每个人都有相同的机会享受公平而有质量的教育。《中华人民共和国义务教育法》（2018 修正）做出就近入学规定，“地方各级人民政府应当保障适龄儿童、少年在户籍所在地学校就近入学”[②]。这一规定，暗含着学生在适当的家校距离上方便地接受公共教育服务。根据 Coleman、Hanushek、Hammond 等众多学者的研究发现，外延式的物质资源和学生学业成就之间并没有直接关系，[③] 而办学条件中内在教师质量才是影响学生学业成就最为重要的因素。[④] 因此，这就要求在教师增量分配与存量调整过程中坚持公平性原则，保障义务教育阶段受教育者的权利公平和接受优质教育的机会公平。

一是在教师要素增量分配中，尤其对新招考教师增量分配过程中需要

---

① 〔美〕约翰·罗尔斯：《正义论》（修订版），何怀宏、何包钢、廖申白译，中国社会科学出版社，2009，第 47 页。

② 全国人大常委会：《中华人民共和国义务教育法》（2018 修正），中华人民共和国主席令第 22 号，2018 年 12 月 29 日。

③ Hanushek, E. A. “Assessing the Effects of School Resource on Student Performance: An Update.” *Educational Evaluation and Policy Analysis*, 1997 (2): 141-164.

④ Darling-Hammond & Linda. “New Standards and Old Inequalities: School Reform and the Education of African American Students.” *The Journal of Negro Education*, 2000 (4): 263-287.

坚持公平对待所有学校的现实需求，不能因学校声誉、学校规模、学校与教育行政部门的隶属关系、教师社会资本等来对优质教师进行不公平分配，以满足个别学校或少数利益相关主体的特殊需求。在增量分配中，农村地区学校普遍存在小规模学校和教学点，一般这类学校都没有独立的财务系统、人事管理系统，乡镇中心校统筹管理这些学校的相关事务。处于神经末梢的农村小规模学校在增量分配中容易遭遇城镇学校与中心校以普通教师置换的方式对优秀教师的“掐尖”或直接“截留”。因此，在增量分配过程中需要保证校际公平，追求教师在数量、质量方面的配置公平。同时，对新招聘优质教师，需要在数量与质量两个维度公平地为各个学校进行教师增量配置，以便教师在各个学校公平地发挥教育教学功能。

二是在教师存量调整的过程中，应该面向县域内每位教师，以推动区域内校际优质师资均衡分布。除教师因身体状况、妊娠期等特殊原因之外，不能因为个别教师的职称、资历、社会资本等优势而对其进行特殊照顾，不能将教师轮岗作为个别教师交流活动，尤其是不能作为“惩戒”个别教师的方式。教师存量调整过程中应坚持公平对待每位教师，即应该对不同年龄阶段、不同学科、不同职称教师做出分层次的轮岗交流要求，避免教师因长期在舒适区形成“平庸之恶”。

同样，城乡教师交流的学校需要被公平对待，防止在教师交流过程中，因不同学校的声誉、地理位置、规模等原因，对优秀教师交流进行有学校偏向的刻意性安排。同时，教师交流要避免局限于小范围为流动而流动，城镇学校教师交流去城乡接合部、郊区，农村学校教师在农村内部交流轮岗，杜绝教师交流政策遭遇变通性执行。城乡教师交流，需要农村学校教师进入城镇比较好的学校，优秀教师能够进入农村学校，发挥优秀教师对农村教师教学专业发展的帮扶与带动作用。

三是公平性原则倡导的并非绝对性公平，而是差异性公平，提倡对弱势群体进行有针对性的补偿。公平正义是人类的永恒追求，但由于种种复杂的地理、历史、经济、社会和家庭等原因，在事实层面上，并非人人享有的公共教育资源在数量和质量两方面都是平等的。[①] 罗尔斯曾言，“为了平等地对待所有人，提供真正的同等的机会，社会必须更多地注意那些天

---

① 石中英：《教育公平的主要内涵与社会意义》，《中国教育学刊》2008 年第 3 期，第 1~6 页。

赋较低和出身于较不利的社会地位的人们”,[①] 需要坚持差异性公平的原则。必须采取切实有力的措施对那些处境不利群体进行资源意义上的倾斜，首先矫正在历史中形成的最直观的教育资源获取上的不均衡，有效减少不同地域、城乡以及学校类型等之间的教育服务供给质量上的差距，促进整个义务教育更加均衡和协调地发展。

与其他学校相比，农村“两类学校”并不能具有相同的规模效益，简单套用以师生比为操作性指标的教师编制标准逻辑配置教师难以适应“两类学校”正常运转的需求。为此，在教师要素配置的过程中需要尊重“两类学校”的特征与功能扩展，建立起资源使用效率弱势学校与功能扩展学校的教师配置体系，如基于校际工作量均等标准配置教师要素。基于校际教师工作量相等标准，在增量调整过程中为农村中小学配置数量充足的教师，让农村中小学教育教学活动能够正常开展，让每个教师都有同等机会参与培训、发展与学习。

如果一个地区教师配置总体呈现“紧缺型”，无论是财力限制导致一个地区教师编制普遍紧缺，还是个别学校紧缺，教师紧缺都不应该成为农村地区学校独有的现象，而应该基于校际教师工作量均等分配教师，让教师紧缺的压力在各个学校同步传递，由整个区域内教育系统中所有教师承担相应的工作负荷。反之，让教师富余在各个学校同步传递，同步减轻区域内教育系统中所有教师承担的工作负荷。

（二）可操作性原则

可操作性原则指的是县域内教师要素配置所采用的操作性标准、方式与方法方面，具有一定针对性、适用性与可行性。这些教师要素配置的方式与方法需要具有明确的指引性与参照性，切实解决教师要素配置过程中所遇到的操作性难题，以及切实解决在价值选择过程中建立合理价值位阶并在价值位阶中解决价值冲突。具体而言，教师要素配置的可操作性原则主要体现在以下三个方面。

一是教师要素在增量分配与存量调整中建立起均衡化导向，均衡化配

---

① 〔美〕约翰·罗尔斯：《正义论》（修订版），何怀宏、何包钢、廖申白译，中国社会科学出版社，2009，第 96~98 页。

置考核的指标要具有可操作性，方便教师要素配置工作的展开与推进。教师要素均衡化配置的指标数据必须是容易获得的。教师均衡配置工具的使用，测量、评价等可量化是首要条件。对义务教育阶段教师要素配置绩效问题进行评价、测度不是一个理论探讨的过程，而是一个需要客观展示实际状况、解决实际问题的过程。

二是教师要素均衡化配置能够在短时间内完成，具有方便快捷的可操作性。教师要素在增量分配与存量调整中需要解决现实问题，满足农村教师数量、结构、质量方面的需求，不能因教师要素配置模式与方式操作过于复杂，引起教师要素配置耗时过长，难以动态性地适应农村中小学配套需求，从而影响农村中小学正常教育教学工作的开展。尤其在农村中小学教师配置的过程中需要考量各类农村学校日常运转的实际需求，比如教师正常进修、参加培训、女教师产假以及农村“两类学校”教师使用上的存量稀释。“两类学校”日常教学工作的开展与完成，会带来“增量”性的教师需求。这些存量稀释因素都是在配置过程中需要全面考量的。

三是在教师要素配置过程中，尤其追求区域内教师均衡配置的存量调整过程中指标量化考核，以及在教育均衡评估方面，需要兼顾教师要素配置实施的难度、有效性与实施成本三者关系。充分考量教师要素配置的经济成本、社会成本、风险成本等复杂性因素，不能因盲目过度追求教师要素配置的绝对均衡，而不顾经济承受能力以及相应教师要素配置改革实施过程中的阻力。

我国是一个幅员辽阔的国家，不同地区教师配置面临不同问题。东部平原地区教师要素配置的成功经验，可能不适用于西部山区，不能简单进行套用。在教师存量调整过程中，农村中小学教师大多有自己家庭、有情感交流的需要，不能因盲目追求绝对公平与均衡，不顾区域、条件限制进行大范围的跨区域轮岗交流。如在西部山区县域内教师轮岗交流，会因轮岗交流区域跨度过大，造成教师上下班家校距离远，产生大量额外的交通费、校车费；还会因上下班时间过长，挤占教师休息时间，影响参与轮岗交流效果与工作投入上的积极性，甚至耽误教师上课时间。

不顾区域、条件限制，机械要求教师轮岗交流反而影响教师教育教学的实际效果。不顾条件限制地追求教师要素配置均衡往往会产生新的不均衡。教师轮岗交流如果盲目强制全面实施，会出现教师从城市流向农村地区为了评职称进行反向“镀金”的问题。同时，还要警惕城乡学校在执行教师交流政策过程中，城镇学校为了自身利益，对政策变通性执行，不愿意让优秀教师流出，而将政策执行变成对教学质量较低的教师的“惩戒”。

（三）动态性原则

教师要素均衡配置到一个学校并不是也不可能是一个简单关注静态均衡的过程，而是一个动态追求均衡的过程。教师要素配置要追求区域内教师要素在数量上、结构上与质量上均衡配置，必须进行动态性监管，不断地进行调适。农村学校实际运转的过程中常常会面临老教师离退、女教师产假、教师病休、教师向城性流失、教师正常参与培训研修等暂时离开或流出工作岗位的情况，抑或农村中小学因学龄人口变化，导致中小学布局调整，如撤并、新建、扩容等，对教师数量、结构性需求产生影响。这些问题都会对农村学校教师要素配置提出相应挑战，需要在教师增量分配、存量调整过程中及时跟进，进行动态性调整，以保障农村学校日常运转。

一是教师增量分配需要每年定期对农村教师需求进行及时监测与核算。基于区域内校际教师工作量均等，核算各个学校对教师数量、学科专业的需求，关注区域内教师要素年龄结构变化，在此基础上研判与干预。若一个区域总体上呈现教师“紧缺型”现象，需要基于校际教师工作量均等原则，为区域内每所学校配置教师。区域内教师紧缺应该成为每所学校共同问题，不能因重大轻小、重主轻次，让缺人状态成农村学校独有的现象，甚至让农村“两类学校”成为缺人的“重灾区”。对于教师相对“冗余型”的学校，需要对超出学校运转所需的冗余部分教师进行区域教师存量调整，调配到其他缺乏教师的学校。在教师要素配置相对“平衡型”地区，需要关注教师教学对口、职称、年龄等结构问题，有规划地建设教师队伍，维护学校发展活力。

然而，在我国一些地区，因学龄人口持续减少、学校撤并带来区域内教师相对冗余，为了解决已有教师存量不得不暂停新教师招聘，以教师到年龄退休方式减少教师存量，甚至有些地区近十年没有招聘过新教师。长期不招收新教师在未来会面临教师老龄化、老龄教师集中退休等现实问题，这些农村学校教师队伍建设将面临断层风险，教师队伍缺乏活力。因此，在教师配置中需要对区域内教师年龄结构保持警惕，进行合理性预测与积极疏导，以便在政策上做好干预与调整。

二是农村教师队伍素质均衡主要依靠增量分配、存量调整两条路径，需要遵循动态性原则进行监测与行动干预。其一，动态性监管区域内教师素质分布均衡程度。一方面，结合区域内农村学校教师素质分布，有意识地将优质师资分配到农村学校，以弥补农村学校教师队伍素质短板；另一方面，在现在已有的教师总量上进行存量调整，通过教师交流轮岗、支教等方式，促进区域内优质师资流向农村地区，促进区域内教师素质均衡。

其二，对区域学校进行动态性监管，为农村学校配置名师，依靠“造血”方式，提升农村学校教师素质。教师要素配置的另一个重要任务就是发挥教师之间师徒结对的作用，优秀教师对新教师帮扶，促进农村教师专业成长。主要通过两种方式促进农村教师专业成长，一种是派遣优秀教师到农村学校，进行专业发展上的帮扶；另一种是派遣农村教师到城镇优秀学校学习、取经，促进专业化发展，学有所成后回到农村学校，从而提升农村学校教师素质。教师的专业发展既应该关注个体发展，又要关注群体的发展，[①] 因此，在教师要素配置过程中，需要对农村教师队伍发展情况进行动态性监管，既要关注农村地区师资配置优质均衡，还要兼顾好优秀教师对农村中小学教师专业发展“传、带、帮、扶”的带动作用，以外援式“输血”带动内生“造血”，进而实现师资优质均衡分布。

其三，教师要素配置要做好增量分配与存量调整，需要持续对区域教师配置效果进行动态性监管。当前，一些地区因生源持续减少，撤点并校后需要消耗已有教师“存量”，一些学校近十年不能招聘新教师，造成教师年龄结构老化，学校优秀教师培养断层，农村学校教育教学经验传承受到影响。因此，教师要素配置过程中对农村中小学教师进行动态性监管，对那些因身体状况无法完成教学任务、教学能力差不能胜任教育教学工作的教师按照相关规定及时进行转岗与退出安排，科学管理教师编制。而对有教师需求，因缺乏吸引力未能招聘到满足日常运转需要的教师的农村学校，可以通过购买服务的方式临时聘请具有相应资质的人员，或暂时采取工作劳动补差方式，分给其他教师承担，并按照承担工作量对超出工作量

① 孔凡琴：《基础教育师资配置均衡化的国际比较研究》，硕士学位论文，东北师范大学，2008，第 8~9 页。

的教学工作给予补偿，承认教师超工作量的工作，保护教师工作积极性。但这只是权宜之计，从长远来看，需要动态性监管，多举措并举，提升农村教师职业吸引力，为农村学校补齐补足教师。

三 基于公共服务均等化的县域农村教师要素配置思路

在义务教育阶段教师要素配置的政策设计与执行中，需要从尊重系统性思维、关系性思维、实践性思维视角出发，保障教师分配校际公平，提高科目教学对口率，控制工作时长，激发教学工作积极性。对于“平衡型”、“冗余型”与“紧缺型”地区教师配置现状，需要基于校际教师工作量均等原则，在教师的增量分配与存量调整过程中及时进行补充或调整。基于教育公共服务均等化原则，为农村学校配置教师，促进县域内城乡义务教育优质均衡发展，保障农村每个孩子都能够享受公平而有质量的教育。

（一）教师要素配置过程中需要恪守教育公共服务均等化观念

在教师要素配置过程中，坚守教育公共服务均等化观念是促进城乡义务教育优质师资分布均衡的根本所在。坚守教育公共服务均等化理念进行教师要素配置，在增量分配中，要基于教师完成各项工作的社会必要劳动时间，以校际教师工作量均等为校际教师分配原则，为农村学校配置教师。在增量分配中，基于农村学校已有教师数量、教学对口情况，进行精准性、均衡性配置，以提高城乡学校优质教师分布均衡水平。即使在区域教师相对充足的情况下，也只有以校际教师工作量均等为校际教师分配原则才能为各个学校配齐配足教师，各个学校才能开齐开足国家规定课程，才能提高教师教学对口率，保证教师有精力与时间上好课。

坚守教育公共服务均等化理念，在存量调整中，要努力促进城乡优质教师均衡性分布。为此，需要改变传统教师轮岗交流的做法，改变简单在数量上要求教师互派、轮岗，并没有在质量上考虑农村学校的教师需求的做法。为此，一方面，需要从系统性思维、关系性思维与实践性思维角度进行教师要素存量调整，根据农村学校对学科、素质的需求，城镇学校择优选拔教师进行互派、轮岗，优化农村学校教师素质分布，为提升农村教育质量奠定基础。另一方面，需要充分考虑教师存量调整，如区域内教师轮岗交流方案实施的可行性、科学性与客观性。充分考虑轮岗教师的利益诉求，尽量满足教师的合理诉求，以激发轮岗教师到交流学校、交流岗位教育教学的积极性，保障存量调整过程中优质师资的教育教学效果。

（二）建立与农村学校相契合的教师要素配置体制与机制

建立与农村学校相契合的教师要素配置体制与机制才能在增量分配中为农村学校配置所需的教师。充足但不冗余的教师数量，是保障农村学校正常运转，高效完成日常基本教育教学工作的必要保障。

在教师数量配置导向上，从农村学校出发公平地为各个学校配置所需教师。一方面，为了保障各类学校所配置教师数量够用，需要改变简单套用教师编制标准供给的制度逻辑来为农村学校配置教师的做法。我国实行的是“以编定人”的教师供给逻辑，教师编制数量主要由县级财力决定。而学校教师配置逻辑则是从维持学校日常运转，完成学校基本教育教学工作（教师不超工作时间工作）出发决定学校所需教师数量。这就要求我们，依据农村学校教师工作量，核算农村“两类学校”教师编制数量，以满足农村“两类学校”日常运转对教师数量的需求。另一方面，为了公平地为区域内每所学校配置教师，需要基于校际教师工作量均等原则进行教师增量分配、存量调整。无论是在教师配置“冗余型”地区，还是在“紧缺型”地区，基于教师完成教学与必要服务工作的时间，遵循校际教师工作量均等原则，为不同类型学校公平地配置教师，为区域内校际公共服务均等化奠定基础。

在体制机制上，要理顺财权与事权责任关系，为区域教师要素配置奠定财力基础。“以编定人”是区域内学校教师要素配置常用做法。对于“紧缺型”教师配置地区，一般教师配置都小于国家规定的师生比。如果县级财政能力不足，就会难以供养数量充足的教师，从而造成区域教师紧缺问题。短期内解决这些问题，需要考虑购买服务、返聘合格离退休教师、招聘志愿者支教等方式进行适当缓解，以暂时应对缺人性问题。但从长远来看，中央与省级需要加大教育转移支付力度，避免县级因财力问题难以供养所需数量的教师，保障农村学校都能够配置数量充足的教师。

同时，要建立健全教师要素配置补给与退出机制。当前，我国师范生培养规模上总体呈现供大于求，这为农村学校遴选优秀教师提供了前提条件。对于“紧缺型”地区，需要充分利用这个有利条件，科学规划与配置教师，解决教师数量短缺问题，如果可能也应适度兼顾教师队伍质量。无论是“紧缺型”、“冗余型”还是“平衡型”地区，都要充分考量学校层面教师使用过程中稀释性因素，如女教师产假、教师培训进修等对教师存量的稀释，配置一定比例的机动教师。值得一提的是，教师要素配置要打破教师编制政策带来的“终身制”与“铁饭碗”效应的影响，建构起教师要素配置补给与退出动态监管机制。对年老、身体不适、教育教学长期考核不合格等不适合从事教育教学工作者，要按照相关规定安排提前退休或转岗，为新教师进入农村学校提供空间，以便新教师能够“进得来”。

（三）以存量调整为契机优化城乡学校教师要素配置

在教师要素存量调整上，需要分批、分层、分类促进城乡义务教师进行流动，以教师双向交流促进区域内教师要素分布均衡，从而提升农村学校教育质量。教师存量调整并不是简单的双向流动，而是需要以存量调整为契机，以外援式“输血”系统帮扶与内源式“造血”系统功能激发为抓手，促进区域内校际教师队伍的专业化素养整体性提升，实现城乡义务教育优质均衡。

在教师要素存量调整上，改变仅考虑数量意义上调整的简单做法，在轮岗交流过程中充分考虑农村学校对各类教师的需求。为此，需要收集农村各类学校教师队伍信息，如学科、职称、年龄等，针对农村学校师资队伍建设与发展需求，精准实施存量调整，以此优化农村学校教师要素配置，开齐、开足、开好相关课程，为学生提供优质、多元教育服务，保障农村学校育人功能充分发挥。

树立动态的教师管理观，在教师存量调整中充分发挥优秀教师专业资本流动与扩散作用。在教师存量调整中，以教师双向流动促进教师专业资本扩散与增值，发挥好城镇地区优秀教师专业资本扩散作用，以教师交流为契机，发挥好名师、优秀教师对农村教师的“传、带、帮、扶”引领示范与熏陶作用，激活农村学校自身培养优秀教师的“造血”功能。城镇学校优秀教师流出并非对城镇学校掐尖，教师交流如同“割韭菜”一样，城镇学校在输出“名教师”后，会激活自身的“造血”功能，产生更多优质教师。一方面，名校的生源差异较小、环境优越，教师长期固守在这样的环境中会缺少挑战与活力；另一方面，名校教师交流到薄弱学校后，教学中会产生许多新的问题、面临新的挑战，需要教师解决新问题、适应新环境。薄弱学校教师进入名校后，有助于激发名校教师的活力和竞争意识，促进名校教师自觉学习、自主发展，从而提高工作效率，推动新一批骨干教师的涌现。①

建立与优化教师定期流动制度与相关配套制度，将教师定期流动制度与教师工资制度、人事制度和教师编制等紧密联系在一起，破解城乡教师轮岗交流的制度障碍，消解城市教师流动的心理障碍与后顾之忧。完善参与流动教师的任期考核机制，将交流教师工作投入度、教师交流学习微环境改变、师徒结对人际网络等纳入交流教师绩效考量之中。为了避免城镇教师交流到农村"休闲式养老"，为获得职称评定资格进行反向"镀金"，需要完善城乡教师轮岗交流评价制度，以制度评价的导向作用，让城乡教师交流政策实施能够真正着陆，激励城镇参与交流教师的工作积极性，发挥城镇交流教师在传、带、帮、扶上的作用，从而提升农村义务教育质量。

（四）提升农村学校教师岗位吸引力优化农村师资队伍质量配置

农村学校教师岗位吸引力是农村学校教师岗位对教师与准教师进入农村地区学校从教并留任的吸引力。农村学校教师岗位的吸引力有维持农村教师队伍稳定、优化教师队伍、提升教师队伍素质的作用。提升农村学校教师岗位吸引力需要从工资收入、职称评聘、荣誉获得等入手，在教师增量分配与存量调整过程中用好工资收入、职称评聘、荣誉获得这些政策。当前，城乡地区教师在工资收入、职称评聘、荣誉获得等方面存在差异。教师作为能动性的行动者，会趋利避害地进行选择。正是这样的趋利性选择，使得教师无论是在增量分配还是存量调整的过程中，如果没有政策工具系统设计，其分布都很难达到均衡。未来优化城乡师资配置，需要从多个维度进行政策工具设计，提升农村学校教师岗位吸引力。

从培养成本、市场定价、边远艰苦地区生活补助等多个维度，进一步提高农村教师工资收入，解决部分地区教师编制空闲却难吸引、留住教师

---

① 燕学敏：《下好教师交流这盘棋》，《中国教师报》2019年11月20日，第15版。

的问题。一方面，改革“泛德性”精神激励，实行物质需要与精神需要并重，满足农村教师综合需求。依据市场定价、教师培养成本，确定农村地区教师工资收入、津补贴等时要考虑艰苦程度、工作环境、学生水平等因素，形成体现城乡积极差异的教师收入分配格局。有学者通过实证研究证明，依据艰苦程度，提升教师的薪资待遇，进行各方面利益补偿，能够抵消其留任农村的机会成本。[①] 在城乡教师轮岗交流中充分运用经济杠杆，促进城乡义务教育师资配置均衡。

教师职称评定继续向农村地区倾斜，优化乡村教师职称评审机制。教师作为专业人，与短期经济利益相比，教师则更看重决定其长远发展与经济利益的专业资本累积机会。一方面，在职称评定中，各职称教师占比尤其是高职称教师占比城乡基本相当，给乡村教师评定职称特别是高级职称相同机会，保证乡村不同年龄阶段的教师拥有与城镇教师同等的岗位竞聘与获得机会，关注农村教师专业发展，不断调动农村教师提高专业能力与专业水平的积极性。另一方面，基于弱势补偿性原则，在教师职称评定方面向农村地区多学科教师、全科教师、小科目教师倾斜，承认农村教师专业发展的特殊性。

优化农村地区教学环境，满足农村教师多元需求。一方面，加快农村地区学校教师周转房、文娱设施等基础设施标准化建设，为农村教师在农村社区生活提供方便，满足农村教师基本生活的需要。这是农村教师能够长期扎根农村的物质保障。另一方面，关注教师精神生活的需要，积极营造全社会尊师重教的氛围。学校本是社区的一部分，要创建学校与社区合作的态势，让学校融入社区，让社区服务学校，让农村教师成为农村社区的一员，并对社区具有强烈的归属感，满足教师的情感需要。这是留住农村教师的精神助力。

---

① 姜金秋、田明泽：《乡村教师生活补助政策对教师留任意愿的影响——基于连片贫困地区三个县的实证研究》，《教育科学研究》2019 年第 4 期，第 28~34 页。

参考文献

（一）中文文献

政策文件类

习近平：《决胜全面建成小康社会夺取新时代中国特色社会主义伟大胜利——在中国共产党第十九次全国代表大会上的报告》，2017 年 10 月 18 日。

中共中央、国务院：《中共中央 国务院关于深化教育教学改革全面提高义务教育质量的意见》，2019 年 6 月 23 日。

中共中央：《中共中央关于教育体制改革的决定》，1985 年 5 月 27 日。

中共中央、国务院：《关于普及小学教育若干问题的决定》，1980 年 12 月 3 日。

全国人大常委会：《中华人民共和国义务教育法》（2018 修正），中华人民共和国主席令第 22 号，2018 年 12 月 29 日。

全国人大常委会：《中华人民共和国教师法》，中华人民共和国主席令第 15 号，1993 年 10 月 31 日。

国务院：《国务院关于统筹推进县域内城乡义务教育一体化改革发展的若干意见》，国发〔2016〕40 号，2016 年 7 月 11 日。

国务院：《国务院关于深入推进义务教育均衡发展的意见》，国发〔2012〕48 号，2012 年 9 月 7 日。

国务院：《国务院关于进一步加强农村教育工作的决定》，国发〔2003〕19 号，2003 年 9 月 17 日。

国务院：《关于实行专业技术职务聘任制度的规定》，国发〔1986〕27 号，1986 年 2 月 18 日。

国务院：《国务院关于高等学校教师职务名称及其确定与提升办法的暂行

规定》，1960 年 3 月 5 日。

中央编办、教育部、财政部：《中央编办 教育部 财政部关于统一城乡中小学教职工编制标准的通知》，中央编办发〔2014〕72 号，2014 年 11 月 13 日。

中央职称改革工作领导小组：《关于转发国家教育委员会中、小学教师职务试行条例等文件的通知》，职改字〔1986〕第 112 号，1986 年 5 月 19 日。

中共中央组织部办公厅、人力资源社会保障部办公厅、教育部办公厅、财政部办公厅、水利部办公厅、农业农村部办公厅、国家卫生健康委员会办公厅、国务院扶贫开发领导小组办公室综合司、共青团中央委员会办公厅：《关于做好 2019 年高校毕业生“三支一扶”计划实施工作的通知》，2019 年 3 月 14 日。

中共中央办公厅、国务院办公厅：《关于深化教育体制机制改革的意见》，2017 年 9 月 24 日。

中共中央办公厅、国务院办公厅：《关于深化职称制度改革的意见》，2017 年 1 月 8 日。

国务院办公厅：《国务院办公厅关于印发乡村教师支持计划（2015—2020 年）的通知》，国办发〔2015〕43 号，2015 年 6 月 1 日。

国务院办公厅：《国务院办公厅转发教育部等部门关于教育部直属师范大学师范生免费教育实施办法（试行）的通知》，国办发〔2007〕34 号，2007 年 5 月 9 日。

国务院办公厅：《国务院办公厅转发中央编办、教育部、财政部关于制定中小学教职工编制标准意见的通知》，国办发〔2001〕74 号，2001 年 10 月 11 日。

国务院办公厅：《国务院办公厅转发教育部关于义务教育阶段办学体制改革试验工作若干意见的通知》，国办发〔1998〕96 号，1998 年 6 月 25 日。

国家教委：《关于进一步改革普通高等学校招生和毕业生就业制度的试点意见》，1994 年 4 月 7 日。

国家教育委员会、人事部：《关于当前做好中小学教师职务聘任工作的几点意见》，1991 年 7 月 16 日。

国家教育委员会、人事部：《关于中小学教师职务聘任工作中有关问题的通知》，教人〔1991〕8号，1991年2月25日。

国家人事局：《国家人事局关于贯彻执行国务院颁发的七种业务技术职称暂行规定若干问题的说明》，1981年3月6日。

教育部：《全面加强两类学校建设，推动城乡义务教育一体化发展》，2018年5月11日。

教育部、财政部：《关于印发〈银龄讲学计划实施方案〉的通知》，教师〔2018〕7号，2018年7月22日。

教育部：《教育部关于实施卓越教师培养计划的意见》，教师〔2014〕5号，2014年8月18日。

教育部、财政部：《教育部 财政部关于实施“中小学教师国家级培训计划”的通知》，2010年7月1日。

教育部、财政部：《“国培计划”——中西部农村骨干教师培训项目实施方案》，2010年6月30日。

教育部：《教育部关于大力推进师范生实习支教工作的意见》，教师〔2007〕4号，2007年7月5日。

教育部、财政部、人事部、中央编办：《关于实施农村义务教育阶段学校教师特设岗位计划的通知》，教师〔2006〕2号，2006年5月15日。

教育部：《教育部关于大力推进城镇教师支援农村教育工作的意见》，教人〔2006〕2号，2006年2月26日。

教育部：《面向21世纪教育振兴行动计划》，1998年12月24日。

教育部：《关于中等师范学校和全日制中小学教职工编制标准的意见》，1984年12月27日。

人力资源和社会保障部、教育部：《关于印发〈深化中小学教师职称制度改革试点的指导意见〉的通知》，人社部发〔2009〕13号，2009年1月15日。

人事部：《关于印发〈企事业单位评聘专业技术职务若干问题暂行规定〉的通知》，人职发〔1990〕4号，1990年11月10日。

教育部办公厅、财政部办公厅：《关于做好2020年农村义务教育阶段学校教师特设岗位计划实施工作的通知》，教师厅〔2020〕2号，2020年5月8日。

国家教育委员会编《中华人民共和国现行教育法规汇编1949-1989》，人民教育出版社，1991，第718页。

杭州市教育局：《城乡中小学结对均衡化发展（创新目标）》，2010年1月22日。

报告类

国家统计局：《2019年农民工监测调查报告》，2020年4月30日。

国务院教育督导委员会办公室：《国家教育督导报告——2014年全国义务教育均衡发展督导评估》，2015年4月2日。

教育部：《2019年全国教育事业发展统计公报》，2020年5月20日。

教育部：《2018年全国教育事业发展统计公报》，2019年7月24日。

教育部：《2010年全国教育事业发展统计公报》，2012年3月21日。

教育部发展规划司：《2019年教育统计数据》，2020年6月10日。

教育部发展规划司：《中国教育统计年鉴》（2018），中国统计出版社，2019。

著作类

曹阿娣：《民办教师春秋》，北京燕山出版社，2013。

Dan E. Inbar，Wadi D. Haddad，Terri Demsky，André Magnen，& John P. Keeves：《教育政策基础》，史明洁等译，教育科学出版社，2003。

高丽：《中国义务教育阶段教师资源配置问题研究》，中国社会科学出版社，2014。

厉以宁：《非均衡的中国经济》，经济日报出版社，1991。

〔美〕约翰·罗尔斯：《正义论》（修订版），何怀宏、何包钢、廖申白译，中国社会科学出版社，2009。

秦玉友：《农村义务教育质量研究——基于质量指标与底线标准》，吉林人民出版社，2011。

王嘉毅主编《多维视角中的农村教师》，北京师范大学出版社，2011。

邬志辉、秦玉友主编《中国农村教育发展报告2011》，北京师范大学出版社，2012。

邬志辉、秦玉友主编《中国农村教育发展报告2012》，北京师范大学出版社，2014。

邬志辉、秦玉友主编《中国农村教育发展报告2013-2014》，北京师范大学出版社，2015。

邬志辉、秦玉友主编《中国农村教育发展报告 2015》，北京师范大学出版社，2016。

邬志辉、秦玉友主编《中国农村教育发展报告 2016》，北京师范大学出版社，2017。

邬志辉、秦玉友主编《中国农村教育发展报告 2017-2018》，北京师范大学出版社，2019。

邬志辉、秦玉友主编《中国农村教育发展报告 2019》，北京师范大学出版社，2020。

郑方辉：《社会主义市场经济学》，华南理工大学出版社，1995。

期刊类

陈明印：《美国 2001 年初等及中等教育修正法案之分析》，《教育研究资讯》2002 年第 2 期，第 205~228 页。

“城乡义务教育教师资源均衡配置的政策研究与实验”山东课题组：《以县为主 因地制宜——山东四区县城乡义务教育教师资源均衡配置的实践探索》，《中小学管理》2008 年第 2 期，第 12~14 页。

邓友超：《深化教育体制改革重在抓落实、见实效》，《教育研究》2018 年第 9 期，第 14~17 页。

翟春城：《基础教育男女教师性别失衡原因及对策研究》，《中国教育学刊》2013 年第 S3 期，第 112~113 页。

佛朝晖：《县域义务教育师资均衡配置政策执行现状、问题及建议——基于县市教育局长的调查分析》，《教育发展研究》2011 年第 11 期，第 13~18 页。

高秀娟：《谈教师工作量评定标准》，《国家教师科研基金十一五阶段性成果集》（内蒙古卷），北京中教创新软件发展研究院，2010，第 381~385 页。

韩小雨、庞丽娟、谢云丽：《中小学教师编制标准和编制管理制度研究——基于全国及部分省区现行相关政策的分析》，《教育发展研究》2010 年第 8 期，第 15~19 页。

胡艳、郑新蓉：《1949—1976 年中国乡村教师的补充任用——基于口述史的研究》，《北京师范大学学报》（社会科学版）2018 年第 4 期，第 15~

25 页。
惠中、韩苏曼：《论我国中小学教师队伍建设中的性别结构失衡问题》，《全球教育展望》2011 年第 10 期，第 66~71 页。
蹇世琼、冉隆锋：《“银龄讲学计划”实施需以“实”为“是”》，《中国教育学刊》2019 年第 2 期，第 103 页。
姜超：《教师交流政策执行嵌入在什么关系中？——基于天增县的田野考察》，《教育学术月刊》2019 年第 5 期，第 54~62 页。
姜金秋、田明泽：《乡村教师生活补助政策对教师留任意愿的影响——基于连片贫困地区三个县的实证研究》，《教育科学研究》2019 年第 4 期，第 28~34 页。
教育部：《关于大力推进农村义务教育教师队伍建设的意见》，《中国农村教育》2013 年第 3 期，第 10~11 页。
金志峰、庞丽娟、杨小敏：《编制约束下的中小学教师队伍建设困境与政策改进策略》，《中国教育学刊》2017 年第 7 期，第 53~56 页。
雷万鹏、张雪艳：《农村小规模学校师资配置政策研究》，《教育研究与实验》2012 年第 6 期，第 8~12 页。
李红梅、靳玉乐：《教师教学业绩的影响因素研究——基于全国 2380 名中小学教师的调查分析》，《湖南师范大学教育科学学报》2018 年第 1 期，第 69~74 页。
李玲、杨顺光：《“全面二孩”政策与义务教育战略规划——基于未来 20 年义务教育学龄人口的预测》，《教育研究》2016 年第 7 期，第 22~31 页。
李宜江：《农村教师编制动态管理有效路径探析》，《中国教育学刊》2013 年第 6 期，第 32~35 页。
林云：《民族地区农村小规模学校教师队伍建设：问题与对策》，《教育与经济》2016 年第 5 期，第 84~90 页。
刘利民：《城镇化背景下的农村义务教育》，《求是》2012 年第 23 期，第 55~57 页。
刘善槐、邬志辉、史宁中：《我国农村学校教师编制测算模型研究》，《教育研究》2014 年第 5 期，第 50~57、64 页。
刘善槐、邬志辉：《新城镇化背景下我国农村教师的核心问题与政策应对》,《东北师大学报》(哲学社会科学版) 2014 年第 5 期,第 187~190 页。

刘文、朱沛雨:《苏北某市乡村小学教师培训现状的研究》,《中小学教师培训》2016 年第 8 期,第 14~18 页。

刘小强:《改革开放 40 年农村教师配置制度变迁研究》,《河北师范大学学报》(教育科学版) 2018 年第 6 期,第 56~60 页。

柳海民、娜仁高娃、王澍:《布局调整:全面提高农村基础教育质量的有效路径》,《东北师大学报》(哲学社会科学版) 2008 年第 1 期,第 5~12 页。

柳丽娜、朱家存:《中小学教师编制城乡统筹研究》,《教育与经济》2009 年第 4 期,第 39~42 页。

吕京:《师范生顶岗实习支教存在的问题及实现机制》,《中国高教研究》2010 年第 6 期,第 90~91 页。

孟庆瑜:《近百万农村中小学代课教师面临抉择》,《瞭望新闻周刊》1998 年第 37 期,第 3~5 页。

莫瑞芳、于萍:《民办教师现状问题思考及对策》,《云南师范大学学报》(哲学社会科学版) 1998 年第 3 期,第 3~5 页。

庞丽娟、韩小雨:《我国农村义务教育教师队伍建设:问题及其破解》,《教育研究》2006 年第 9 期,第 47~53 页。

彭小虎:《国外中小学教师生涯发展研究述评》,《外国中小学教育》2010 年第 12 期,第 15~20 页。

秦玉友、赵忠平、曾文婧:《义务教育教师教学工作时间结构研究——基于全国 10 省 20 市(县)的数据》,《教师教育研究》2017 年第 4 期,第 39~45 页。

秦玉友、宗晓华:《2016—2030 年中国城乡义务教育师资需求预测》,《东北师大学报》(哲学社会科学版) 2017 年第 1 期,第 8~21 页。

秦玉友:《农村义务教育师资供给与供给侧改革》,《教育研究》2020 年第 4 期,第 139~151 页。

曲铁华、朱永坤:《论我国农村基础教育教师队伍建设策略》,《中小学教师培训》2007 年第 6 期,第 55~58 页。

商应美、于爽:《免费师范生教育硕士就业跟踪调查研究——写于我国免费师范生政策实施 10 周年之际》,《中国青年社会科学》2017 年第 6 期,第 45~52 页。

盛连喜:《提高农村教育质量的几点思考》,《教育研究》2008 年第 3 期,第 29~31 页。

石颂德、肖坤华:《教师年龄结构老化成为当前农村教育发展的障碍——对我省某县农村教师年龄结构的调查与思考》,《湖南教育》2004 年第 18 期,第 11 页。

石中英:《教育公平的主要内涵与社会意义》,《中国教育学刊》2008 年第 3 期,第 1~6 页。

孙来勤、张永秋:《义务教育阶段公办中小学政府购买服务性师资政策研究——基于 17 省(自治区)44 县(市、区)的政策文本》,《中国教育学刊》2019 年第 8 期,第 29~34 页。

孙颖:《城乡教师队伍建设一体化的路径探讨——兼论农村小学教师一专多能培训的可行性前提》,《教育理论与实践》2014 年第 14 期,第 24~26 页。

唐一鹏、王恒:《何以留住乡村教师——基于 G 省特岗教师调研数据的实证研究》,《教育研究》2019 年第 4 期,第 134~143 页。

田慧生:《关于农村教师队伍建设问题的思考》,《教育研究》2003 年第 8 期,第 5~8 页。

王广州:《生育政策调整研究中存在的问题与反思》,《中国人口科学》2015 年第 2 期,第 2~15、126 页。

王国明:《我国农村教师编制问题的表现、成因与政策建议》,《教育文化论坛》2012 年第 4 期,第 39~41 页。

王俊:《教师职业的性别标识探论——兼谈师范类院校男女生比例失衡问题》,《高等教育研究》2015 年第 6 期,第 65~72 页。

王俊生、陈大超:《教师个体职业生涯发展阶段初探》,《辽宁教育研究》2004 年第 12 期,第 67~69 页。

邬志辉、钱俊华、欧阳海燕:《学校场域中教师自主发展的机制变迁与文化生成——以鞍山市钢都小学为例》,《东北师大学报》(哲学社会科学版)2012 年第 3 期,第 147~152 页。

邬志辉:《城乡教育一体化:问题形态与制度突破》,《教育研究》2012 年第 8 期，第 19～24 页。

邬志辉：《农村义务教育质量至关重要》，《教育研究》2008 年第 3 期，第 31～33 页。

吴亮奎：《乡村教师专业发展的矛盾、特质及其社会支持体系构建》，《教育发展研究》2015 年第 24 期，第 47～52 页。

武晓伟、郑新蓉：《我国农村中小学教师性别结构的女性化——基于河北、云南、贵州三省的调查分析》，《教师教育研究》2015 年第 3 期，第 86～92 页。

夏仕武、姚计海：《试点区县义务教育学校教师流动政策实施的实证研究》，《教师教育研究》2016 年第 3 期，第 36～42 页。

肖第郁、王佑萌：《优化教师队伍是提高农村教育质量的当务之急——关于当前农村教师队伍状况的调查与思考》，《当代教育科学》2004 年第 8 期，第 43～45 页。

肖正德、邵晶晶：《国内农村教师质量研究：主要内容与未来方向》，《当代教育与文化》2014 年第 2 期，第 74～78 页。

肖正德：《农村教师队伍结构的失衡问题与优化策略》，《课程·教材·教法》2012 年第 4 期，第 104～108 页。

薛海平：《西部农村初中教师素质与教育质量关系的实证研究》，《教师教育研究》2008 年第 4 期，第 55～60 页。

杨挺、惠源：《中小学教师编制管理制度的发展瓶颈与应对策略》，《中国教育学刊》2017 年第 6 期，第 58～62 页。

杨卫安：《乡村小学教师补充政策演变：70 年回顾与展望》，《教育研究》2019 年第 7 期，第 16～25 页。

杨兆山、姚姿如：《农村寄宿制学校生活教师队伍建设研究》，《教育探索》2012 年第 6 期，第 112～114 页。

易富贤、苏剑：《从单独二孩实践看生育意愿和人口政策 2015－2080 年中国人口形势展望》，《中国发展观察》2014 年第 12 期，第 58～74 页。

于伟、李广平、秦玉友、李柏玲：《我国农村义务教育教师队伍的结构问题与对策》，《中国教师》2007 年第 7 期，第 12～13、16 页。

于伟、张力跃、李伯玲：《我国欠发达地区农村教师队伍建设中的结构性困境与破解》，《教育研究》2007 年第 3 期，第 30～36 页。

余富强、胡鹏辉：《国外小学教师职业女性化话语研究及启示》，《教育科学》2018 年第 3 期，第 75~81 页。

袁桂林：《农村教师生活补助是美好的政策开端》，《中国农村教育》2014 年第 4 期，第 10 页。

张鸿翼、李森：《西部地区农村小学教师结构性缺编现状调查研究——基于川、渝、滇、黔等六省市区的实证分析》，《云南师范大学学报》（哲学社会科学版）2019 年第 3 期，第 100~109 页。

张劲松：《农村中小学教师压力困境及其疏导》，《现代中小学教育》2005 年第 7 期，第 61~63 页。

张乐天：《促进教育公平关键在提高农村义务教育质量——对实施新修订的〈义务教育法〉的几点思考》，《江西教育科研》2007 年第 1 期，第 82~84 页。

张力跃、于伟：《加强农村教师队伍建设亟待建立进出有序、供求平衡的管理机制》，《国家教育行政学院学报》2008 年第 5 期，第 62~69 页。

张玲：《民族地区乡村教师队伍建设调研——以广西壮族自治区为例》，《中国民族教育》2016 年第 11 期，第 52~55 页。

张源源、刘善槐、邬志辉：《义务教育质量评价的基本原理、路径与方法》，《东北师大学报》（哲学社会科学版）2013 年第 5 期，第 172~176 页。

张宗倩、秦玉友：《供需增量：县域教师编制的现实挑战与政策议题》，《中国教育学刊》2020 年第 8 期，第 71~76 页。

赵丹、于晓康：《农村小学低龄寄宿生学校适应性及影响因素研究——基于陕西省两县的实证分析》，《教育科学研究》2017 年第 5 期，第 37~43 页。

赵忠平、秦玉友：《从“小而不精”到“小而精”——我国小规模班级教学的现实差距及改进策略》，《教育理论与实践》2013 年第 31 期，第 53~56 页。

赵忠平、秦玉友：《学校布局调整背景下农村富余教师安置政策研究》，《四川师范大学学报》（社会科学版）2013 年第 5 期，第 76~80 页。

中国基础教育质量监测协同创新中心“教育供给侧研究”课题组：《义务教育阶段教育供给的主要矛盾和问题》，《教育经济评》2017 年第 4 期，第 21~35 页。

中央教育科学研究所课题组、袁振国、吴霓、魏向赤、李晓强、张宁娟：《贫困地区农村寄宿制学校学生课余生活管理研究——基于广西壮族自治区都安县、河北省丰宁县的调研》，《教育研究》2008 年第 4 期，第 9~12 页。

周惠：《北京市农村中小学教师队伍建设的现实困境及改革路径》，《教师发展研究》2018 年第 3 期，第 34~39 页。

周晔：《西北农村地区中小学教师队伍结构失衡问题与破解政策体系》，《教育科学研究》2018 年第 11 期，第 93~96 页。

朱德全：《西南贫困地区农村师资现存问题与高师教师教育发展对策》，《民办高等教育研究》2004 年第 1 期，第 8~10、16 页。

朱俊杰、夏智伦：《拖欠中小学教师工资现象透析——对湖南省情况的调查统计》，《教育研究》1994 年第 4 期，第 36~40 页。

学位论文类

孔凡琴：《基础教育师资配置均衡化的国际比较研究》，硕士学位论文，东北师范大学，2008，第 8~9 页。

汪曦：《农村教师补充政策有效性研究》，博士学位论文，华中师范大学，2015，第 56 页。

王安全：《一个西部县农村教师结构五十年的变迁》，博士学位论文，陕西师范大学，2012。

徐明珠：《教师视角下特岗计划政策效果评估研究——以新疆喀什为例》，硕士学位论文，天津工业大学，2019，第 16 页。

张河森：《代课教师问题研究》，硕士学位论文，华中师范大学，2016，第 56~57 页。

报纸类

范先佐：《农村教师队伍建设需要立体创新》，《中国教育报》2012 年 9 月 27 日，第 5 版。

靳晓燕：《1673 万人，中国教师支撑起世界上最大规模的教育体系》，《光明日报》2019 年 9 月 4 日，第 9 版。

苏婷：《提高教师素质难在哪里？—关于江西九江农村小学教师队伍建设的思考（三）》，《中国教育报》2004 年 7 月 27 日。

孙百才、王嘉毅:《拿什么提高西北贫困地区农村教师的素质》,《中国教育报》2007年4月2日,第3版。

汪明:《教师编制城乡统一要落地“有声”》,《中国教育报》2014年12月2日,第2版。

燕学敏:《下好教师交流这盘棋》,《中国教师报》2019年11月20日,第15版。

于海波、于冰:《打通合格教师进入乡村通道》,《光明日报》2014年8月5日,第11版。

袁桂林:《农村教师队伍建设需要补偿政策》,《中国教育报》2012年10月26日,第6版。

郑新蓉、武晓伟:《农村教师性别结构现状与影响因素分析》,《中国妇女报》2014年9月9日,第B01版。

(二) 外文文献

Audrey Amrein-Beardsley. "Recruiting Expert Teachers into Hard-to-Staff Schools." *Phi Delta Kappan*, 2007, 89 (1): 40-44.

Barber, M. & Mourshed, M. *How the World's Best Performing School Systems Come Out on Top*. New York: McKinsey & Company. 2007. p. 16.

Charles Clotfelter, Helen F. Ladd, Jacob Vigdor, & Justin Wheeler. "High Poverty Schools and the Distribution of Teachers and Principals." Terry Sanford Institute of Public Policy. 2006-12-07.

Chisato Tanaka. "Profile and Status of Untrained Teachers: Experiences in Basic Schools in Rural Ghana." *A Journal of Comparative and International Education*, 2012, 42 (3): 415-438.

Coleman J. S. et al. "Equality of Educational Opportunity: Report Prepared for the US Office of Education." US Government Printing Office, Washington, DC. 1966.

Darling-Hammond Linda. "New Standards and Old Inequalities: School Reform and the Education of African American Students." *The Journal of Negro Education*, 2000, (4): 263-287.

David H. Monk. "Recruiting and Retaining High-Quality Teachers in Rural

Areas." *The Future of Children*, 2007, 17 (1): 155-174.

Dawn C. Wallin. "Policy Window or Hazy Dream? Policy and Practice Innovations for Creating Effective Learning Environments in Rural Schools." *Canadian Journal of Educational Administration and Policy*, 2007 (63): 1-22.

DeMoulin. D. F & Guyton. J. W. A. "Measure of Common Variable Associated with Career Stage as Perceived by Principals and Teachers: Validation of a Model for Career Development." 1988. p. 78.

Gary T. Henry, Kelly M. Purtell, Kevin C. Bastian, C. Kevin Fortner, Charles L. Thompson, Shanyce L. Campbell, & Kristina M. Patterson. "The Effects of Teacher Entry Portals on Student Achievement." *Journal of Teacher Education*, 2014, 65 (1): 7-23.

GPE Secretariat. "The Importance of Female Teachers for Girls' Education." (2016-11-08) [2019-05-22]. https://www.globalpartnership.org/blog/importance-female-teachers-girls-education.

Hanushek E. A. "Assessing the Effects of School Resource on Student Performance: An Update." *Educational Evaluation and Policy Analysis*, 1997 (2): 141-164.

Jackie Kirk. "The Impact of Women Teachers on Girls' Education-Advocacy Brief." Bangkok: UNESCO Bangkok. 2006-03.

J. Lee & R. J. Barro. "Schooling Quality in a Cross-Section of Countries." *Economica*, 2001, 68 (272): 465-488.

OECD. "Education at a Glance 2018: OECD Indicators." 2018. p. 26.

OECD. "Women and men in OECD countries." 2006. p. 20.

Peterson, A. "Teacher's Changing Perceptions of Self and Others Throughout the Teacher Career. Some Perspective from an Interview Study of Fifty Retired Secondary School Teachers." San Francisco: Sera. 1979. pp. 101-103.

Population (thousands). http://esa.un.org/unpp/p2k0data.asp. 2010-01-08.

Ray M. Northam. *Urban Geography*. New York: John Wiley and Sons. 1979. pp. 65-67.

Rebecca Gau, Louann Bierlein Palmer, Rob Melnick, & Rick Heffernon. "Is There a Teacher Shortage? Demand and Supply in Arizona." Arizona State

University, Morrison Institute. for Public Policy. 2003-01.

Richard Ingersoll. "The Aging Teaching Workforce: A Snapshot. Age Distribution of Public School Teachers, by State, 2003 - 2004." National Commission on Teaching and America's Future (NCTAF) . 2009-04.

Southeast Center for Teaching Quality. "Recruiting Teachers for Hard-to-Staff Schools: Solutions for the Southeast & the Nation. A Policy Brief." Chapel Hill, NC: The University of North Carolina Southeast Center for Teaching Quality. 2002-01.

Francisco H. G. Ferreira, Micheal Walton, Tamar Manuelyan Atinc, Abhijit Banerjee, Peter Lanjouw, Marta Menendez, Berk Ozler, Giovanna Prennushi, Vijayendra Rao, James Robinson, & Michael Woolcock. "World Development Report 2006: Equity and Development." The International Bank for Reconstruction and Development/The World Bank. 2006-08-11.

Tembon, M. & Fort, L. "Girls' Education in the 21st Century: Gender Equality, Empowerment, and Economic Growth." The World Bank. 2008. p. 133.

Terri Duggan Schwartzbeck, Cynthia D. Prince, Doris Redfield, Helen Morris, & Patricia Cahape Hammer. "How Are Rural School Districts Meeting the Teacher Quality Requirements of No Child Left Behind? ." American Association of School Administrator & Appalachia Educational Laboratory. 2003-10-19.

UNESCO. "EFA Global Monitoring Report 2005—Education for All: The Quality Imperative." Paris: UNESCO. 2004.

UNESCO. "EFA Global Monitoring Report 2013/4—Teaching and Learning: Achieving Quality for All." Paris: UNESCO. 2014.

UNESCO Institute for Statistics. "Percentage of Female Teachers by Teaching Level of Education." (2019-09-16). http://data. uis. unesco. org/.

UNESCO. "The Dakar Framework for Action—Education for All: Meeting our Collective Commitments." The World Education Forum, Dakar, Senegal. 2000-04.

UNESCO. "World Declaration on Education for All and Framework for Action to Meet Basic Learning Needs." The World Conference on Education for All Meeting Basic Learning Needs. Jomtien, Thailand. 1990-03.

United Nations, Department of Economic and Social Affairs, Population Division. "Demographic Components of Future Population Growth: 2015 Revision." New York: United Nations. 2015.

Won A. "The U. S. Teaching Population Is Getting Bigger, and More Female." (2019-02-20) [2019-05-22]. https://www.theatlantic.com/education/archive/2019/02/the-explosion-of-women-teachers/582622/.

World Bank. "Country and Lending Groups Historical Classification by Income in XLS Format." https://datahelpdesk.worldbank.org/knowl-edgebase/articles/906519. 2016-06-06.

Zeyu Xu, Umut Ozek, & Matthew Corritore. "Portability of Teacher Effectiveness Across School Settings." National Center for Analysis of Longitudinal Data in Education Research, Working Paper 77. 2012-07.

附　录

附录1　基础性文献的总体性分析

在运用中国知网、ERIC 文献库进行基础性文献的检索过程中，通过筛选文献的被引频次、期刊影响力（CSSCI）、高发文作者、主题相关程度、作者知名度、研究类型等方式选择了本研究的基础性文献。

（一）期刊检索说明

中文期刊文献的检索数据库为 CNKI（中国知网）文献总库。检索方式为高级检索，文献发表时间跨度设为 1990 年 1 月 1 日至 2015 年 8 月 2 日（主要考虑 1990 年世界各国通过《世界全民教育宣言》）。英文期刊文献的检索库为 ERIC（Education Resources Information Center）。检索时间为 2015 年 7 月 15 日，2015 年 8 月 3 日进行复查确定。因为数据库中没有设定文献发表时间跨度，所以对英文期刊文献的检索没有人为设定时间跨度。课题结题时，又以相同检索方式在同样的数据库（CNKI 及 ERIC），对 2015 年 8 月 3 日至 2020 年 10 月 2 日发表的中英文文献进行补充检索。

（二）检索过程、结果及文献的总体性分析

主题一："全面提升农村教育质量"

"全面提升农村教育质量"主题下的中英文文献关注了国内外农村教育发展在质量提升方面的议题及变化发展概况。

2015 年进行中文文献检索时，以"农村"并"教育质量"在 CNKI 进行"篇名"查找，共检索到 260 篇文献。按年份分布看，2004 年（共 7 篇）之后文献数量大幅增加，2005 年增加至 20 篇，2005~2013 年发文数

量均在 19 篇以上，其中 2009 年文献数量最多，为 39 篇。按发文机构看，发文数量占前三名的分别是东北师范大学（共 8 篇）、北京师范大学（共 7 篇）、西北师范大学（共 5 篇）。按基金分布看，“全国教育科学规划”共 13 篇，所占比例最高。从被引次数来看，由高到低排在前 5 位的文献分别为《布局调整：全面提高农村基础教育质量的有效路径》［柳海民、娜仁高娃、王澍，《东北师大学报》（哲学社会科学版），2008 年第 1 期］（被引 53 次）；《促进教育公平关键在提高农村义务教育质量——对实施新修订的〈义务教育法〉的几点思考》（张乐天，《江西教育科研》，2007 年第 1 期）（被引 36 次）；《农村义务教育质量至关重要》，（邬志辉，《教育研究》，2008 年第 3 期）（被引 28 次）；《提高农村教育质量的几点思考》（盛连喜，《教育研究》，2008 年第 3 期）（被引 27 次）；《优化教师队伍是提高农村教育质量的当务之急——关于当前农村教师队伍状况的调查与思考》（肖第郁、王佑萌，《当代教育科学》，2004 年第 8 期）（被引 24 次）。2020 年进行结题最终确认时，中文文献检索方面，同样以“农村”并“教育质量”在 CNKI 进行“篇名”查找，时间跨度设定为 2015 年 8 月 3 日至 2020 年 10 月 2 日，共检索到 83 篇文献。83 篇文献中，按年份分布看，2015 年 8 月 3 日之后的近 5 个月发表文章为 6 篇（当年共计发表 15 篇）。除了 2017 年发表文章数较低（共 11 篇）之外，其余年份发表文章数均在 16 篇以上。按发文机构看，2015 年 8 月 3 日至 2020 年 10 月 2 日发文数量最高的机构也仅为 2 篇，分别为北京师范大学、山西师范大学、西北农林科技大学等。按基金分布看，“甘肃省教育科学规划”课题占比最高，共计 3 篇。从被引次数来看，由高到低排在前 3 位的文献分别为《农村贫困地区幼儿园教育质量现状与提升建议》（刘占兰，《学前教育研究》，2015 年第 12 期）（被引 55 次）；《农村乡镇中心幼儿园教育质量现状调查——以辽宁省为例》（但菲、梁美玉、索长清，《教育探索》，2016 年第 2 期）（被引 14 次）；《师资建设是农村教育质量全面提升的战略重点》（秦玉友，《教育发展研究》，2015 年第 19 期）（被引 12 次）。

2015 年进行英文文献检索，在 ERIC 中关于全面提升农村教育质量主题的英文文献检索经过了多次的试检后，最终确定以“rural education”“education quality”“future”“trend”为检索词。输入“rural education” AND“education quality” AND“future”在 ERIC 不设时间跨度进行高级检索，共检索到 361 篇文献，其中“Reports-Research”（研究报告）94 篇，“Journal Articles”（期刊文献）81 篇，单个作者发文量由高到低排列，前两位分别是 Paul Nachtigal（4 篇）和 Ian Falk（3 篇），紧随其后的 16 位作者各发文 2 篇，依据与本课题的相关性较高及发文量较高作者的文献，最后选择了 3 篇作为基础性文献，分别为：

Sue Trinidad, Elaine Sharplin, Graeme Lock, Sue Ledger, Don Boyd, & Emmy Terry. “Developing Strategies at the Pre-Service Level to Address Critical Teacher Attraction and Retention Issues in Australian Rural, Regional and Remote Schools.” *Education in Rural Australia*, 2011, 21（1）: 111-120.

Paul Nachtigal. “Improving Education in Rural America: Past Efforts, Future Opportunities. Accepting Rural Reality: An Agenda for the Future Improvement of Rural Education.” Washington, DC , National Inst. of Education（DHEW）. December 1979.

Pam Bartholomaeus. “Educating for Sustainable Rural Futures.” *Australian and International Journal of Rural Education*, 2013, 23（2）: 101-113.

输入“education quality” AND “rural education” AND “trend” 进行检索，共检索到 7 篇文献，依据与本课题相关性较高以及发文量较高作者的文献，共选择了 2 篇文献作为基础性文献，分别为：

Takako Yuki & Yuriko Kameyama. “Improving the Quality of Basic Education for the Future Youth of Yemen Post Arab Spring. Global Economy & Development. Working Paper 59.” Brookings Institution. January 2013.

Mariam Othman & Daniel Muijs. “Educational Quality Differences in a Middle-Income Country: The Urban-Rural Gap in Malaysian Primary Schools.” *School Effectiveness and School Improvement*, 2013, 24（1）: 104-121.

2020 年 10 月 2 日进行英文检索，输入“rural education” AND “education quality” AND “future” 在 ERIC 设定时间跨度为 Since 2016（last 5 years）并进行高级检索，共检索到文献 2 篇，其中“Reports-Research”（研究报告）1 篇，“Reports-Evaluative”（研究评价）1 篇。依据与本课题的相关性较高及发文量较高作者的文献，最后选择追加 1 篇作为基础性文献，为：

Downes, Natalie. “Equity, Access & Quality Education in Rural Australia:

A Survey of SPERA Members." *Australian and International Journal of Rural Education*, 2018, 28 (1): 1-17.

此外，因为先前关于农村教育质量有一定的研究积累，因此从与本主题相关的以往的外文文献中选择了4篇文献作为补充，分别为：

"EFA Global Monitoring Report 2005: The Quality Imperative." Paris: UNESCO. 2004.

Mariam Othman & Daniel Muijs. "Educational Quality Differences in a Middle-Income Country: The Urban-Rural Gap in Malaysian Primary Schools." *School Effectiveness and School Improvement*, 2013, 24 (1): 104-121.

Paul Nachtigal. "Improving Education in Rural America: Past Efforts, Future Opportunities. Accepting Rural Reality: An Agenda for the Future Improvement of Rural Education." Washington, DC: National Inst. of Education (DHEW). December 1979.

"END 2016: International Conference on Education and New Developments." Conference Proceedings. Ljubljana, Slovenia, June 12-14, 2016.

主题二："农村教师结构"

农村教师结构方面，中文文献主要关注了关于农村教师性别、年龄、学历、职称与学科方面的研究。考虑到中外文献研究使用的关键词的差异与关注问题的差异，外文文献具体检索词稍作调整。外文文献主要关注了教师的性别、年龄、学科以及教师资格等。性别方面的文献，课题重点关注了教师性别与学生的关系研究；年龄方面的文献，主要关注新手教师；学科方面的文献主要关注了数学、科学、阅读等学科教师的缺乏；教师资格方面的文献，主要关注了不同资格教师的分布以及跨地区比较。

2015年进行中文文献检索，以"农村"并"教师"并"结构"在CNKI进行"篇名"查找，共检索到84篇文献。按文献年份分布看，2005年（共1篇）之后文献的数量显著增加，2006年7篇、2007年5篇、2008年8篇、2009年8篇、2010年11篇、2011年10篇、2012年5篇、2013年8篇、2014年11篇、2015年3篇。按发文机构及其数量看，北京师范大学与宁夏师范学院各发文3篇，为最高。按被引频次从高到低排列，在前15篇文献中选择了5篇与本课题相关度高且质量较好的文献作为基础性文献，它们分别为《我国农村义务教育教师队伍的结构问题与对策》（于伟、李广平、秦玉友、李伯玲，《中国教师》，2007 年第 7 期）（被引 20 次）、《农村教师队伍结构的失衡问题与优化策略》（肖正德，《课程・教材・教法》，2012 年第 4 期）（被引 10 次）、《教师年龄结构老化成为当前农村教育发展的障碍——对我省某县农村教师年龄结构的调查与思考》（石颂德、肖坤华，《湖南教育》，2004 年第 18 期）（被引 7 次）、《知识结构失衡与培训范式的转换——农村教师专业发展探究》（蒋茵，《中小学教师培训》，2011 年第 4 期）（被引 6 次）、《谈西部农村学校教师知识结构的失衡与优化》（孙刚成、乔刚，《教育探索》，2010 年第 2 期）（被引 6 次）。2020 年进行最终确认时，中文文献检索方面，同样以“农村”并“教师”并“结构”在 CNKI 进行“篇名”查找，时间跨度设定为 2015 年 8 月 3 日至 2020 年 10 月 2 日，共检索到文献 18 篇。按文献年份分布看，2015 年 8 月 3 日后当年仅 1 篇文献发表，2016 年后每年发表文章数量较为稳定，分别为 2016 年 3 篇、2017 年 2 篇、2018 年 3 篇、2019 年 2 篇，2020 年到 10 月 2 日为止当年发表文献 3 篇。按发文机构及其数量看，西北师范大学发文数量最高，共 4 篇；陕西师范大学紧随其后，贡献 2 篇文献。在被引频次方面，选择被引量最高且与本课题高度相关的 5 篇文献作为基础性文献，它们分别为《我国农村教师编制结构优化研究》（刘善槐，《教育研究》，2016 年第 4 期）（被引 69 次）；《农村小规模学校教师队伍专业水平结构的问题与对策——基于甘肃省 X 县的调研》（周晔，《教育研究》，2017 年第 3 期）（被引 36 次）；《农村小学全科教师的特质结构及培养路径探析》（朱纯洁、朱成科，《教学与管理》，2015 年第 29 期）（被引 20 次）；《农村小学全科教师的素质结构探析》（邱芳婷，《当代教育与文化》，2017 年第 5 期）（被引 14 次）；《农村小学全科型教师的素养结构及培养方略》（周晔、赵明仁，《教师教育研究》，2018 年第 4 期）（被引 11 次）。

（1）性别结构方面

2015 年检索文献时，在教师性别结构方面，中文检索以“农村”并“教师”并“性别”在 CNKI 进行“篇名”查找，共检索到 8 篇文献，其中 2009 年 1 篇、2014 年 3 篇、2015 年 4 篇，选择了 1 篇与本课题研究主题相关度较高的文献——《我国农村中小学教师性别结构的女性化——基于河北、云南、贵州三省的调查分析》（武晓伟、郑新蓉，《教师教育研究》，2015 年第 3 期）作为基础性文献。2020 年进行最终确认时，中文文献检索同样以“农村”并“教师”并“性别”在 CNKI 进行“篇名”查找，时间跨度设定为 2015 年 8 月 3 日至 2020 年 10 月 2 日，共检索到 8 篇文献，其中 2016 年 2 篇、2018 年 3 篇、2019 年 2 篇、2020 年 1 篇。但从引用频次、文献重要程度以及与本次研究主题的相关程度来看，并未筛选到符合的文献。

2015 年进行英文检索时，以“rural”“female teacher”“male teacher”“girl”“boy”为检索词，输入“rural” AND “female teacher” AND “girl”在 ERIC 不设时间跨度进行高级检索，共检索到 111 篇文献，单个作者最高发文数量为 2 篇，分别为 Luiza B. Amodeo，Thomas W. Farmer，Shahidur R. Khandker，Patricia S. Kusimo，Thomas A. Lyson，Laurel Parrott，依据与本课题的相关度较高以及发文量较高的作者，选择了 4 篇作为基础性文献；输入“rural” AND “male teacher” AND “boy”进行检索，共检索到 52 篇文献，且与前一次检索的 111 篇文献重复度高，在这一话题上的研究多与女教师、女学生的相关研究同步，因此以前次检索选择的 4 篇文献作为基础性文献。这 4 篇文献分别为：

Bruce Carrington，Peter Tymms，& Christine Merrell. “Role Models，School Improvement and the “Gender Gap”—Do Men Bring out the Best in Boys and Women the Best in Girls?.” *British Educational Research Journal*，2008，34（3）：315-327.

Caitlin S. Haugen，Steven J. Klees，Nelly P. Stromquist，Jing Lin，Truphena Choti，& Carol Corneilse. “Increasing the Number of Female Primary School Teachers in African Countries：Effects，Barriers and Policies.” *International Review of Education*，2014，60（6）：753-776.

Josip Burusic，Toni Babarovic，& Maja Seric. “Differences in Elementary School Achievement between Girls and Boys：Does the Teacher Gender Play a Role?.” *European Journal of Psychology of Education*，2012，27（4）：523-538.

Gilah C. Leder，Helen J. Forgasz，& Glenda Jackson. “Mathematics，English and Gender Issues：Do Teachers Count?.” *Australian Journal of Teacher Education*，2014，39（9）.

2020 年 10 月 2 日进行英文文献补充检索时，以“rural” AND “female teacher” AND “girl” 在 ERIC 设定时间跨度为 Since 2016（last 5 years）并进行高级检索，共检索到 3 篇文献，分别由 3 位作者贡献。依据与本课题的相关度较高以及发文数量较高的作者，选择了 1 篇作为补充的基础性文献：

Rahim, Nasreen. “Female Teachers' Perceptions of Quality Education for Adolescent Girls in Rural Bangladesh: A Case Study.” ProQuest LLC, Ed. D. Dissertation, Northcentral University, 2017.

（2）年龄结构方面

在教师年龄结构方面，2015 年进行中文检索时以“农村”并“教师”并“年龄”在 CNKI 进行“篇名”查找，共检索到 11 篇文献，1999 年、2008 年、2012 年各 1 篇，2004 年、2007 年、2010 年、2011 年各 2 篇。按被引频次从高到低排列，选择了 1 篇与本课题研究相关度较高的文献——《教师年龄结构老化成为当前农村教育发展的障碍——对我省某县农村教师年龄结构的调查与思考》（石颂德、肖坤华，《湖南教育》，2004 年第 18 期）（被引 7 次）作为基础性文献。2020 年 10 月 2 日进行中文文献检索时同样以“农村”并“教师”并“年龄”在 CNKI 进行“篇名”查找，时间跨度设定为 2015 年 8 月 3 日至 2020 年 10 月 2 日，未能检索到相符文献。

在教师年龄结构方面，2015 年进行英文检索时，以“rural”“novice teacher”为检索词，输入“rural” AND “novice teacher”在 ERIC 不设时间跨度进行高级检索，共检索到 47 篇文献，依据与本课题相关度较高以及发文量较高作者的文献，从中选择了 2 篇文献作为基础性文献，分别为：

Douglas J. Gagnon & Marybeth J. Mattingly. “Rates of Beginning Teachers: Examining One Indicator of School Quality in an Equity Context.” *Journal of Educational Research*, 2015, 108（3）: 226-235.

Jerry G. Mathews & Others. “Assessment of Teacher Technology Needs in Fifty-Five Southeastern Idaho School Districts.” San Antonio, TX, The Annual Meeting of the National Rural Education Association, October 11-14, 1996.

2020 年 10 月 2 日进行英文文献补充检索时，以“rural” AND “novice teacher”在 ERIC 设计时间跨度为 Since 2016（last 5 years）并进行高级检索，共检索到 17 篇文献。其中，单个作者最高发文量为 2 篇，分别为 Mukeredzi, Tabitha Grace 和 Wexler, Lindsay Joseph。依据与本课题相关度较高以及发文量较高作者的文献，从中选取了 1 篇文献作为补充的基础性文献：

Lilian Manwa, Tabitha Grace Mukeredzi, & Lokadhia Manwa. "Rural School Teaching in Zimbabwe: Mentoring Experiences of 'Beginning' Primary School Teachers." *Australian and International Journal of Rural Education*, 2016, 26 (2): 63-76.

（3）学历结构方面

在教师学历结构方面，2015 年进行中文检索时以“农村”并“教师”并“学历”在 CNKI 进行“篇名”查找，共检索到 26 篇文献，根据被引频次、文献质量及与本课题的相关程度，未选择到相符的文献。2020 年 10 月 2 日，中文文献检索同样以“农村”并“教师”并“学历”在 CNKI 进行“篇名”查找，时间跨度设定为 2015 年 8 月 3 日至 2020 年 10 月 2 日，共检索到 5 篇文献。根据被引频次及与本课题研究的相关程度，选择了一篇高质量文献——《职后学历教育的经济回报：基于甘肃农村教师劳动力市场的证据》（马红梅、郑盼、武玮，《北京大学教育评论》，2017 年第 2 期）（被引 5 次）作为基础性文献。

在教师学历结构方面，英文检索用与中国“学历”相近的“qualifications”为英文学术用语，并使用“rural teacher” AND “qualifications”作为检索词进行了检索。2015 年进行英文检索时，输入“rural” AND “low teacher qualifications”，共检索到 48 篇文献，依据与本课题相关度较高以及发文量较高作者的文献，选择了 3 篇文献作为基础性文献，分别为：

Thomas F. Luschei, Amita Chudgar, & W. Joshua Rew. "Exploring Differences in the Distribution of Teacher Qualifications across Mexico and South Korea: Evidence from the Teaching and Learning International Survey." *Teachers College Record*, 2013, 115 (5).

David H. Monk. "Recruiting and Retaining High-Quality Teachers in Rural Areas." *Future of Children*, 2007, 17 (1): 155-174.

Gaetane Jean-Marie & George W. Moore. "The Highly Qualified Teacher: Implications and Recommendations for Rural School Districts." *Teacher Education and Practice*, 2004, 17 (2): 146-161.

2020 年 10 月 2 日进行英文文献复查时，以“rural” AND “low teacher qualifications”在 ERIC 设定时间跨度为 Since 2016（last 5 years）并进行高

级检索，未能检索到相符文献。

（4）职称结构方面

在教师职称结构方面，2015 年的中文检索以“农村”并“教师”并“职称”在 CNKI 进行“篇名”查找，共检索到 32 篇文献，记录的文献年份从 2005 年开始。按被引频次从高到低排列，在前 15 篇文献中选择了 2 篇与本课题相关度较高的文献作为基础性文献：《农村中小学教师职称评定制度的问题与对策》［刘航，《现代教育科学》（小学校长），2007 年第 2 期］、《从职称结构看农村初级中学教师队伍建设——以山西省运城市农村初级中学为个案》（温化民，《牡丹江教育学院学报》，2008 年第 1 期）。2020 年进行最终确认时，中文文献检索同样以“农村”并“教师”并“职称”在 CNKI 进行“篇名”查找，时间跨度设定为 2015 年 8 月 3 日至 2020 年 10 月 2 日，共检索到 1 篇文献。根据被引频次、文献质量及与本课题研究的相关程度，该文献并非相符文献。

（5）学科结构方面

在教师学科结构方面，2015 年的中文检索以“农村”并“教师”并“学科”为检索词在 CNKI 进行“篇名”查找，共检索到 63 篇文献。从年份来看，2008 年（共 3 篇）后文献数量增加显著，2009 年 9 篇、2010 年 13 篇、2011 年 6 篇、2012 年 9 篇、2013 年 9 篇、2014 年 3 篇、2015 年 1 篇。按被引频次从高到低排列，在前 15 篇文献中选择了 2 篇与本课题相关度高的文献作为基础性文献：《论紧缺学科教师在职培训模式的构建——基于广州农村地区紧缺学科教师培训调查的思考》［李佳，《江苏师范大学学报》（教育科学版），2013 年第 1 期］；《广东省农村小学紧缺薄弱学科教师现状调查分析及建议》（寻明、林红，《牡丹江教育学院学报》，2013 年第 2 期）。2020 年 10 月 2 日，中文文献检索同样以“农村”并“教师”并“学科”在 CNKI 进行“篇名”查找，时间跨度设定为 2015 年 8 月3 日至 2020 年 10 月 2 日，共检索到 4 篇文献。其中 2016 年 1 篇、2018 年1 篇、2019 年 2 篇。根据文献质量及与本课题相关程度，选取 1 篇文献作为基础性文献：《破解农村小学教师学科结构矛盾之道——基于江苏省 R 市镇村小学教师兼教情况的调查》（张松祥，《教育探索》，2019 年第 3 期）。

在教师学科结构方面，2015 年的英文检索以“math”“reading”

“science”“teacher shortage”为检索词，输入“math” AND “reading” AND “science” AND “teacher shortage”在ERIC不设时间跨度进行高级检索，共检索到7篇文献，依据与本课题相关度，选择了1篇作为基础性文献：

Melissa Clark, Sheena Mc Connell, Jill Constantine, & Hanley Chiang. “Addressing Teacher Shortages in Disadvantaged Schools: Lessons from Two Institute of Education Sciences Studies. NCEE Evaluation Brief. NCEE 2013-4018.” National Center for Education Evaluation and Regional Assistance, September 2013.

2020年10月2日进行英文文献检索时，以“math” AND “reading” AND “science” AND “teacher shortage”在ERIC设定时间跨度为Since 2016（last 5 years）并进行高级检索，检索到文献仅1篇。鉴于该篇文献与本课题相关度较高，故而选择其作为补充基础性文献：

Herbert Turner, Mackson Ncube, Annette Turner, Robert Boruch, & Nneka Ibekwe. “What Are the Effects of Teach for America on Math, English Language, Arts, and Science Outcomes of K-12 Students in the USA?.” Campbell Systematic Reviews, June 2018.

主题三：“农村教师编制”

农村教师编制主题下的中外文文献均主要关注生师比（师生比）与教师短缺、教师编制城乡差异与教师编制学段差异。

2015年进行中文检索时，以“农村”并“教师”并“编制”在CNKI进行“篇名”查找，共检索到54篇文献。相关文献的年份从2004年（1篇）开始，没有在CNKI检索到1990~2003年以“农村”并“教师”并“编制”为“篇名”的文献。按发文机构看，发文数量前三名的机构分别是东北师范大学（4篇）、北京师范大学与陕西师范大学（各2篇）。按被引次数（从高到低）和主题相关度排序，筛选出的前5篇文献为：《新编制标准下农村中小学教师配置透视》（庞永，《中小学管理》，2004年第9期）（被引29次）；《农村中小学教师编制及教师调配的问题与对策》（张永玉、南际、石文兵，《江西教育科研》，2006年第7期）（被引13次）；《农村教师编制动态管理有效路径探析》（李宜江，《中国教育学刊》，2013年第6期）（被引4次）；《我国农村教师编制问题的表现、成因与政策建议》（王国明，《教育文化论坛》，2012年第4期）（被引3

次）；《我国农村学校教师编制测算模型研究》（刘善槐、邬志辉、史宁中，《教育研究》，2014 年第 5 期）（被引 2 次）。2020 年 10 月 2 日，中文文献检索同样以“农村”并“教师”并“编制”在 CNKI 进行“篇名”查找，时间跨度设定为 2015 年 8 月 3 日至 2020 年 10 月 2 日，共检索到 9 篇文献。按发表年份来看，2015 年 8 月 3 日后当年文章数量为 2 篇、2016 年 3 篇、2017 年 2 篇、2018 年 1 篇、2019 年 1 篇。按发文机构看，发文数量最高的机构为东北师范大学（4 篇），其他机构如宁夏教育科学研究所等发文数量均为 1 篇。按从高到低的被引次数和主题相关度排序，筛选出 3 篇高质量文献作为基础性文献，分别为：《我国农村教师编制结构优化研究》（刘善槐，《教育研究》，2016 年第 4 期）（被引 69 次）；《农村教师编制制度改革研究》（刘善槐、朱秀红、李畇赟，《中国教育学刊》，2019 年第 1 期）（被引 15 次）；《我国农村教师编制的关键问题与改革建议》（刘善槐、邬志辉，《人民教育》，2017 年第 7 期）（被引 11 次）。

2015 年 8 月 2 日以“教师”并“编制”并“标准”在 CNKI 进行“篇名”查找，共检索到 23 篇文献，按被引次数（从高到低）和主题相关度排序，前两篇文献为《中小学教师编制标准和编制管理制度研究——基于全国及部分省区现行相关政策的分析》（韩小雨、庞丽娟、谢云丽，《教育发展研究》，2010 年第 8 期）（被引 34 次）；《新编制标准下农村中小学教师配置透视》（庞永平，《中小学管理》，2004 年第 9 期）（被引 29 次）。2020 年 10 月 2 日，中文文献检索同样以“教师”并“编制”并“标准”在 CNKI 进行“篇名”查找，时间跨度设定为 2015 年 8 月 3 日至 2020 年 10 月 2 日，共检索到 2 篇文献。根据被引次数、文章质量及与本研究主题相关度进行筛选，未找到相符文献。

（1）师生比与教师短缺方面

在师生比方面，2015 年的中文检索以“农村”并“教师”并“师生比”在 CNKI 进行“篇名”查找，共检索到 11150 篇文献，然后用“生师比”为检索词进行“关键词”查找并选择“结果中检索”，共检索到 33 篇文献，相关文献的年份记录从 2006 年（2 篇）开始。按发文机构看，发文数量前三的机构分别为东北师范大学（4 篇）、西华师范大学（3 篇）、河南省教育科学研究所（2 篇）。按被引频次从高到低排列，前五篇文献分别为:《西北民族地区农村义务教育阶段学校教师资源配置效率现状调查》(金东海、任强、郭秀兰,《当代教育与文化》,2010 年第 2 期)(被引 13 次);《关于农村教师资源使用效率问题的调查分析》[夏茂林、冯文全,《内蒙古师范大学学报》(教育科学版),2007 年第 2 期](被引 9 次);《河南省农村义务教育阶段教师队伍现状分析》[徐宏升,《河南教育学院学报》(哲学社会科学版),2008 年第 5 期](被引 8 次);《印度农村初等教育教师问题研究》(李娟、秦玉友,《外国教育研究》,2009 年第 11 期)(被引 4 次);《农村中小学教师队伍现状的调查与分析——以河南省为例》(张岩莉,《中国统计》,2014 年第 1 期)(被引 2 次)。2020 年 10 月 2 日,以“农村”并“教师”并“师生比”在 CNKI 进行“篇名”查找,时间跨度设定为 2015 年 8 月 3 日至 2020 年 10 月 2 日,并未检索到相关文献。更改检索方式,检索以“农村”并“教师”并“师生比”在 CNKI 进行“主题”查找,时间跨度设定为 2015 年 8 月 3 日至 2020 年 10 月 2 日,共检索到 6942 篇文献,然后用“生师比”为检索词进行“关键词”查找并选择“结果中检索”,共检索到 3 篇文献。发表年份分别为 2015 年、2016 年及 2018 年。发文机构分别为山西财经大学、东北师范大学、北京师范大学。根据被引频次、文献质量及与本研究主题的相关程度,筛选出 1 篇文献——《城乡义务教育师资配置均衡化:巩固成就与跨越陷阱》(秦玉友,《教育与经济》,2016 年第 6 期)(被引 37 次)作为基础性文献。

在师生比方面,2015 年的英文检索以“Teacher Student Ratio”为检索词在 ERIC 不设时间跨度进行高级检索,共检索到 3523 篇文献,以“Student/teacher ratio”为检索词共检索到 2739 篇文献,由于文献数量过多,进一步进行精确检索。2020 年 10 月 2 日进行英文文献检索时,以“rural” AND “teacher student ratio” 在 ERIC 设计时间跨度为 Since 2016 (last 5 years)并进行高级检索,共获得 27 篇文献。单个发文量最高的两位学者分别是 Barker, Bruce O. (12 篇)和 Muse, Ivan D. (11 篇)。根据与本研究主题的相关程度,筛选出 2 篇文献作为基础性文献,分别为:

Zenda, Rekai. “Impact of the Learner-Educator Ratio Policy on Learner Academic Achievement in Rural Secondary Schools: A South African Case Study.” *Africa Education Review*, 2020, 17 (3): 37-51.

Kevin Watson, Boris Handal, & Marguerite Maher. “Class Size: Teachers’

Perspectives." *Curriculum and Teaching*, 2017, 32 (2): 5-26.

(2) 教师编制城乡差异方面

在教师编制城乡差异方面，2015 年的中文检索以“城乡”并“教师”并“编制”在 CNKI 进行“篇名”查找，共检索到 16 篇文献，相关文献的年份记录从 2007 年（2 篇）开始。按发文机构看，发文数量前两名的机构分别是中国教育部国家教育发展研究中心（2 篇）、安徽师范大学（1 篇）。依据与课题的相关度，选择《教师编制城乡统一要落地“有声”》（汪明，《中国教育报》，2014 年 12 月 2 日第 2 版）、《中小学教师编制城乡统筹研究》（柳丽娜、朱家存，《教育与经济》，2009 年第 4 期）为基础性文献。于 2020 年 10 月 2 日以“城乡”并“教师”并“编制”在 CNKI 进行“篇名”查找，时间跨度设定为 2015 年 8 月 3 日至 2020 年 10 月 2 日，共检索到 2 篇文献，发表年份分别为 2018 年、2019 年。按照发文机构来看，发文机构均为安徽师范大学（2 篇）。依据这 2 篇文献的质量以及与本研究主题的相关程度，将此 2 篇文献《城乡中小学教师编制的“双短缺”困局及纾困之策》（段兆兵、朱家存，《教育科学》，2019 年第 4 期），《城乡教师编制管理：从无校籍走向一体化》（朱家存、马兴，《教育研究与实验》，2018 年第 6 期）筛选为本次研究的基础性文献。

在教师编制城乡差异方面，2015 年进行的英文检索以“rural urban differences”“rural teacher”“Teacher Student Ratio”“Student/teacher ratio”“teacher shortage”为检索词，输入“rural urban differences” AND “Student/teacher ratio”，共检索到 43 篇文献，一些文献在相关主题上有重复，去除重复后，依据与本课题相关度选择了 2 篇文献作为基础性文献，分别为：

Jesse Levin, Karen Manship, Jay Chambers, Jerry Johnson, & Charles Blankenship. "Do Schools in Rural and Nonrural Districts Allocate Resources Differently? An Analysis of Spending and Staffing Patterns in the West Region States. Issues & Answers. REL 2011 - No. 099." Regional Educational Laboratory West, January 2011.

Helen F. Ladd. "Teacher Labor Markets in Developed Countries." *Future of Children*, 2007, 17 (1): 201-217.

输入“rural teacher” AND “Teacher Student Ratio” AND “teacher shortage”在 ERIC 不设时间跨度进行高级检索，共检索到 13 篇文献，依据

与本课题相关度较高以及发文量较高作者的文献，选择了 3 篇文献作为基础性文献，分别为：

Emiliana Vegas. “Teacher Labor Markets in Developing Countries.” *Journal of Research in Childhood*, 2007, 17 (1): 201-217.

Cynthia A. Ward & Others. “A Rural State's Future: Issues and Solutions for Teacher Supply and Demand in Mississippi.” Mississippi: Mississippi State Dept. of Education, Jackson, 1987.

Jerry G. Horn. “Recruitment and Preparation of Quality Teachers for Rural Schools.” Department of Education, Washington, DC, August 1985.

2020 年 10 月 2 日进行英文文献补充检索时，以 “rural teacher” AND “Teacher Student Ratio” AND “teacher shortage” 在 ERIC 设定时间跨度为 Since 2016 (last 5 years) 并进行高级检索，共计获得文献 8 篇。依据与本课题相关度较高以及发文量较高作者的文献，选择 1 篇文献作为基础性文献：

Pia Peltola, Erin Haynes, Lauren Clymer, Alex McMillan, & Haidee Williams. “Opportunities for Teacher Professional Development in Oklahoma Rural and Nonrural Schools.” September 2017.

（3）教师编制学段差异方面

在教师编制学段差异方面，中文检索以“小学”并“教师编制”，“初中”并“教师编制”，“高中”并“教师编制”在 CNKI 进行“篇名”查找，仅查到一篇文献：《日本职业高中教师配置制度探析——兼论我国中等职业学校教师编制管理》（李敏、孙曜，《职业技术教育》，2011 年第 25 期）（被引 1 次）。没有关注小学、初中、高中师生比标准设定原因与理论的研究成果以及比较小学、初中、高中师生比标准的研究成果。英文文献中这方面的研究也非常缺乏。2020 年 10 月 2 日以“小学”并“教师编制”，“初中”并“教师编制”，“高中”并“教师编制”在 CNKI 进行“篇名”查找，时间跨度设定为 2015 年 8 月 3 日至 2020 年 10 月 2 日，共检索到 5 篇文献，其中，“小学”并“教师编制”检索文献数量为 3 篇；“初中”并“教师编制”检索结果为 1 篇；“高中”并“教师编制”则获得 1 篇。然而，对于小学、初中、高中师生比标准设定原因与理论、标准的研究成果依然十分匮乏，在以被引次数、文献质量及与本研究主题相关程度进行筛选时，未找到符合文献。

附录 2　代表性文献资料的概要介绍

在基础性文献和课题组以往研究中与本研究密切相关成果［如《全民教育全球监测报告》（NUESCO，2002～2013/4）、《中国农村教育发展报告》（邬志辉等，2011～2014）等］中，选择代表性文献资料，进行概要介绍。

（一）“全面提升农村教育质量”主题下的代表性文献介绍

《农村义务教育质量至关重要》（邬志辉，《教育研究》，2008 年第 3 期）

提出了农村义务教育质量至关重要的三大原因：农村义务教育质量影响着农村义务教育普及的成果；提高农村义务教育质量有助于增强农村学生对高中阶段教育的期待，促进高中阶段教育的发展；提高义务教育质量有助于为农村青少年累积受教育资本，有助于促进农村人口在知识社会中持续学习。

《从数量扩张到质量提升：农村教育发展的主题转换与战略转型》（秦玉友，《教育理论与实践》，2009 年第 31 期）

提出了农村教育发展面临主题转换与战略转型，说明了何以提高农村教育质量会成为当前农村教育发展的时代主题，并从转换发展思维、提高课程关联性、提升教师素质、提高教育执行力和促进农村社会发展的角度重新思考和梳理了农村教育质量提高的战略思路。

《师资建设是农村教育质量全面提升的战略重点》（秦玉友，《教育发展研究》，2015 年第 19 期）

从人均国民生产总值来看，中国已经迈入中等发达国家；从教育投资来看，中国教育投入已经进入后 4%时代；从中国教育发展的主导性任务来看，中国义务教育已经完成普及，进入教育质量提升与教育公平压力凸显阶段。综合这三个基本事实，得到一个基本判断：中国经济支持教育发展的能力与支持教育发展的力度都空前提高，教育经费支出进入相对充裕阶段，农村教育发展的保障能力进一步提高，农村教育发展进入质量全面提升阶段。

“EFA Global Monitoring Report 2005 Education for all：The Quality Imperative.” Paris：UNESCO. April 2004.

《全民教育全球监测报告 2005：提高质量势在必行》介绍了教育质量争论的历史背景，并且介绍分析了不同视角下影响教育质量因素的不同研究成果，提出了低收入国家提高教育质量的战略及关键政策领域。最后检查了 2000 年达喀尔论坛提出的六项目标取得的进展。该报告始终关注全民教育六项目标之教育质量目标，并提出如果不能提高教育质量，全民教育的六项目标便无法实现。

Mariam Othman & Daniel Muijs. "Educational Quality Differences in a Middle-Income Country: The Urban-Rural Gap in Malaysian Primary Schools." *School Effectiveness and School Improvement*, 2013, 24 (1): 104-121.

本文首先提出农村学校的教育质量缺陷仍然是发展中国家相关文献的一个重点这一命题。采用个案研究的方式聚焦于一个中上等收入的发展中国家马来西亚，以实证研究的方式研究了农村小学与城市相比，是否仍然面临更低水平的教育资源、学校环境、学校领导、家长参与等问题。研究得出结论，教师认为在一般情况下城市和农村学校在教育质量方面没有差异，这与先前的研究相矛盾；同时农村教师认为学校环境比较差。

Paul Nachtigal. "Improving Education in Rural America: Past Efforts, Future Opportunities. Accepting Rural Reality: An Agenda for the Future Improvement of Rural Education." Washington, DC: National Inst. of Education (DHEW). December 1979.

本报告基于来自美国农村社区 14 个案例研究的数据分析，通过研究揭示在城市地区的特定的多样性和典型差异，形成了改善农村学校的三个基本建议：①扩大美国农村学校基本面上的数据；②评估干预农村社区/乡村教育力量，形成目前的操作；③在农村教育中建立发展能力体系。通过对农村学生的需求、流程、素质教育的可能性重新定义，提供更多的发展及不同的、灵活的公共政策。

Natalie Downes. "Equity, Access & Quality Education in Rural Australia: A Survey of SPERA Members." *Australian and International Journal of Rural Education*, 2018, 28 (1): 1-17.

2017 年，SPERA（澳大利亚农村教育提供协会）成员和支持者对农村教育的看法进行了调查。42 名参与者通过有针对性的滚雪球式招聘对在线调查做出了回应。包括对孤立、吸引和留住教师、不同类型的学习者和知识机会的提供、基础设施不足以及青年毕业后的选择等问题的担忧。

"END 2016: International Conference on Education and New Developments." Conference Proceedings. Ljubljana, Slovenia, June 12-14, 2016.

本次国际会议旨在提供一些问题的答案，并探索学习、教学和人类发展的过程、行动、挑战和结果。会议主要包括以下几点内容。①教师和学生：教师和职员的培训和教育；教育质量和标准；课程设置和教学方法；职业教育和咨询；终身学习；培训计划和专业指导；教与学的关系；学生事务。②项目和趋势：教学创新；教育方面的挑战和转变；教与学的科技；远程教育和电子教学；教育的全球和可持续发展；新的学习和教学模式；多文化和（跨）文化交流；包容和特殊教育；农村和土著教育；教育项目。③教与学：教育基础；研究和发展方法；幼儿教育和初等教育；中等教育；高等教育；科学和技术教育。④组织问题：教育政策和领导；人力资源开发；教育环境；教育中的商业、行政和管理；经济教育；院校评审和排名；国际教育和交流项目；公平、社会正义和社会变革；道德和价值观；组织学习和变革；企业教育。

（二）"农村教师结构"主题下的代表性文献介绍

《我国欠发达地区农村教师队伍建设中的结构性困境与破解》（于伟、张力跃、李伯玲，《教育研究》，2007年第3期）

通过对全国6个省12个县的实地调研，在相关实证研究资料的基础上指出我国欠发达地区农村教师队伍建设存在结构性困境，并描述了彼时普遍存在的大学毕业生难进与不合格教师难出、超编与缺编、学历达标率高与教师实际水平低等矛盾和问题。

《农村教师队伍结构的失衡问题与优化策略》（肖正德，《课程·教材·教法》，2012年第4期）

在对浙江省6个县的实地调研基础上，分析了农村教师在年龄、学历、职称、学科、知识等方面的结构失衡问题。

《我国农村教师编制结构优化研究》（刘善槐，《教育研究》，2016年第4期）

对我国12个省份的农村地区调查发现，我国农村教师编制面临分布结构、供给结构和功能结构等多重矛盾，严重阻碍农村教育质量有效提升。

应以综合改革的思维优化农村教师编制结构，科学核定农村学校的各类编制，推进农村师资的供给侧改革，向社会购买部分服务，增强农村教师的获得感。

《农村小规模学校教师队伍专业水平结构的问题与对策——基于甘肃省 X 县的调研》（周晔，《教育研究》，2017 年第 3 期）

对甘肃省 X 县的调研发现，农村小规模学校教师队伍专业水平结构在职称、学历、荣誉称号和学科结构等方面均表现出不同程度的失衡态势。

以上四篇文献均在实地调研获得结果的基础上，从吸引和留住教师、推进农村师资的供给侧改革、促进在岗教师专业发展和培训等角度对农村教师队伍存在的结构性失衡困境提出了破解和优化的建议。这四篇文献在“农村教师结构”这一研究主题上具有较好的代表性。其中两篇文献来自东北师范大学，另外两篇分别来自西北师范大学及杭州师范大学。

Douglas J. Gagnon & Marybeth J. Mattingly. “Rates of Beginning Teachers: Examining One Indicator of School Quality in an Equity Context.” *Journal of Educational Research*, 2015, 108 (3): 226-235.

文章基于美国国家数据检验了新教师在全美贫困、其他种族和城市化学区中比例的变化。研究认为除了代理教师（agent teacher）素质外，新教师在一个地区的比例同样表明了教师的流动率以及更广泛的学校质量问题。研究结果表明，拥有极端贫困水平、更大比例的黑人/西班牙裔和美洲印第安人人口、位于农村地区的这些区域往往具有更高比例的新教师。

Gary T. Henry, Kelly M. Purtell, Kevin C. Bastian, C. Kevin Fortner, Charles L. Thompson, Shanyce L. Campbell, & Kristina M. Patterson. “The Effects of Teacher Entry Portals on Student Achievement.” *Journal of Teacher Education*, 2014, 65 (1): 7-23.

文章认为当前的教师更加年轻、缺乏经验、容易流失（turnover），而且比起 20 多年前的教师，入职经验更加多样。研究表明缺乏经验的教师是低效能的，但是对有着不同类型入职经验的教师效能我们知之甚少，研究发现与来自本州公立大学中本科准备的教师相比，“为美而教”团队的成员在 STEM（Science, Technology, Engineering, and Mathematics）学科方面表现得更加高效。

Chisato Tanaka. “Profile and Status of Untrained Teachers: Experiences in

Basic Schools in Rural Ghana." *A Journal of Comparative and International Education*, 2012, 42 (3): 415-438.

文章展示了一些发展中国家将未经训练的教师安排在那些基础(basic)学校，被作为一种提高入学率的策略。以加纳为例分析了未经训练的教师——大多数来自基本学校（小学和初中），尤其是农村地区——水平异质、有着不同的资格证书以及单位方面的特点。

Josip Burusic, Toni Babarovic, & Maja Seric. "Differences in Elementary School Achievement between Girls and Boys: Does the Teacher Gender Play a Role?." *European Journal of Psychology of Education*, 2012, 27 (4): 523-538.

文章描述了许多国家小学男女教师不平衡的情况，同时指出，女孩在许多科目上的表现都优于男孩。研究结果证实了这一点，但是使用标准化测试时这一结果是模糊的。使用标准化成就测验时，发现运用学生知识衡量教师性别影响表明了女性教师的优势。师生性别的互动影响对学生的成绩是无关紧要的这一结论的稳定性在两个年龄分组上得到确认，假设男女学生成绩的差异与教师性别相关在克罗地亚初等教育中并未得到支持。

Melissa Clark, Sheena Mc Connell, Jill Constantine, & Hanley Chiang. "Addressing Teacher Shortages in Disadvantaged Schools: Lessons from Two Institute of Education Sciences Studies. NCEE Evaluation Brief. NCEE 2013-4018." National Center for Education Evaluation and Regional Assistance, September 2013.

文章就为低收入学生服务的学校努力吸引有效教师，尤其是科学和数学教师展开研究。为解决这一问题，美国教育部教育科学研究所（IES）赞助了两个大的、多态随机分配的研究。这两项研究也探讨了任何特别的教师特征或教师准备项目特点是否与有效教学、帮助指导努力提高教师预备项目和教师效能相关。主要经验与教训包括：①教师通过替代路线认证进入教学可以帮助填补师资不足和学科短缺的学校不降低学生的成绩；②课程论文可能会降低教师的教学效果；③很难预测所招聘教师的教师效能。

Thomas F. Luschei, Amita Chudgar, & W. Joshua Rew. "Exploring Differences in the Distribution of Teacher Qualifications Across Mexico and South Korea:

Evidence from the Teaching and Learning International Survey." *Teachers College Record*, 2013, 115 (5).

文章首先提出，尽管来自美国的大量证据表明，更多的合格教师不成比例地集中在学业优异和经济条件好的孩子周围，很少有跨国研究审视教师资格在学校和学生上的分配。然而我们很难知道在不同的制度背景下，政策和优先权如何影响儿童获得合格的教师。研究墨西哥和韩国这两个国家发现，韩国合格教师的分布偏向弱势儿童，墨西哥往往更多偏向优势学生。文章把这样的差异归结为政策和政府努力的结果。最后，基于这样的发现给予了相应的建议。

Rahim, Nasreen. " Female Teachers' Perceptions of Quality Education for Adolescent Girls in Rural Bangladesh: A Case Study." ProQuest LLC, Ed. D. Dissertation, Northcentral University, 2017.

这项研究解决的问题是，尽管有基于手机的课程，如视频、手机和短信系统（SMS）技术，但农村地区的女教师没有接受过使用手机平台规划和发布课程的培训。这个案例研究的目的是探索培训女教师在孟加拉国农村地区使用手机的障碍。该研究随机抽取至少10名在孟加拉国农村学校任教至少2年的当地女教师。通过对8名当地女教师进行虚拟访谈（电子邮件、手机、IMO、zoom或Skype），收集数据，了解当地教师对建立素质教育的感知。研究人员从当地女教师接受英语培训的动机和移动技术在教学中的使用的角度收集数据。

Lilian Manwa, Tabitha Grace Mukeredzi, & Lokadhia Manwa. " Rural School Teaching in Zimbabwe: Mentoring Experiences of ' Beginning ' Primary School Teachers." *Australian and International Journal of Rural Education*, 2016, 26 (2): 63-76.

这项定性调查旨在建立津巴布韦马斯温戈地区农村小学“初学”教师的指导经验。数据生成通过深度访谈和开放式问卷调查有目的地选择新教师。研究结果显示，本研究的初任教师大多没有经历过师徒关系，而是独自在新环境中摸索。他们的经历似乎对他们的职业前景产生了负面影响，因为有些人表示对教师职业以外的职业感兴趣。教育系统需要为实习教师提供持续的在职导师培训课程，让他们接触到师徒关系，从而为初任教师的专业指导做好准备。这将促进专业学习和发展，为新教师和实习教师的成长轨迹增加定性承诺和能力，进而激励新教师留在自己的专业。

Herbert Turner, Mackson Ncube, Annette Turner, Robert Boruch, & Nneka Ibekwe. "What Are the Effects of Teach for America on Math, English Language, Arts, and Science Outcomes of K－12 Students in the USA?." Campbell Systematic Reviews, June 2018.

研究表明，在为全美最高比例的高贫困学生提供服务的许多农村和城市 K-12 公立学校中存在教师短缺问题。在过去的 10 年里，旨在解决这一短缺问题的替代性教师培训项目在美国遍地蔓延。本研究的结论是，与同样在小学一年级或二年级任教的非 TFA 教师相比，TFA 团队成员在教小学一年级或二年级学生的阅读能力时没有显著的影响。这对小学早期（从幼儿园到二年级）的学生在阅读方面有很小的积极影响，但在数学方面没有。未来的研究可以通过设计、实施和报告实验与准实验，来满足客观现存的证据标准，并通过比较相同类型的 TFA 教师和非 TFA 教师，从而将效应量纳入未来的系统进行综合分析，为这一证据基础做出贡献。

（三）"农村教师编制"主题下的代表性文献介绍

在"农村教师编制"这一研究主题下，以下几篇文献具有一定的代表性。

《新城镇化背景下我国农村教师的核心问题与政策应对》［刘善槐、邬志辉，《东北师大学报》（哲学社会科学版），2014 年第 5 期］

在新城镇化背景下对农村教师队伍存在的核心问题进行了综合性的梳理，并提出农村教师队伍结构优化与素质提升需要依靠农村地区进一步的教育综合改革和政策制度回应，对此作者也提供了相关建议。

《农村教师编制动态管理有效路径探析》（李宜江，《中国教育学刊》，2013 年第 6 期）

对当前农村教师动态编制管理论述得相对清晰和具体，梳理了农村教师附加编制的增编因素及标准，并对附加编制进行了测算。

《农村中小学教师编制及教师调配的问题与对策》（张永玉、南际、石文兵，《江西教育科研》，2006 年第 7 期）

《河南省农村义务教育阶段教师队伍现状分析》［徐宏升，《河南教育学院学报》（哲学社会科学版），2008 年第 5 期］

这两篇文献分别对江西省和河南省的农村中小学教师编制现状进行了相对具体的个案分析。以上几篇文献的研究结果能帮助读者对当前农村中小学师资配置状况和编制问题有一个大致的了解。

《城乡义务教育师资配置均衡化：巩固成就与跨越陷阱》（秦玉友，《教育与经济》，2016 年第 6 期）

师资配置政策取向直接影响师资分配状况，师班比重点校取向、师班比向城取向、师生比向城取向、师生比城乡统一取向的师资配置政策无疑对城乡师资配置产生了不同影响，从师资配置政策出发并结合城乡学龄人口变动情况可以对城乡师生比变化与差异进行解释。为跨越陷阱，需要探索体现积极差异原则的城乡义务教育师资配置政策。

《我国农村教师编制的关键问题与改革建议》（刘善槐、邬志辉，《人民教育》，2017 年第 7 期）

质量提升状况和公平达成程度的决定因素均为师资，当前我国义务教育的师资短板在农村。农村师资的相对弱势体现在数量、结构和质量三个方面，其中数量紧缺是制约结构优化和质量提升的关键。

Helen F. Ladd. "Teacher Labor Markets in Developed Countries." *Future of Children*, 2007, 17 (1): 201-217.

文章中，海伦·莱德着眼于比较全球工业化国家正在使用的确保提供高质量教师的政策。她发现，处于教师工资较高国家的学生在国际测试中没有表现得比那些工资较低国家的学生更好。同时发现，不合格教师的比例在一个国家中与工资密切相关。而教师短缺也似乎源于政策，在大城市和农村地区，数学和科学教师短缺尤为常见。莱德指出，许多发达国家正试图通过引入提供替代路线，常常通过传统教师培训机构的特殊项目和通过成人教育或远程学习项目来吸引教师。为减少新教师的摩擦，许多发达国家也使用正式的入门培训或辅导项目，以提高新教师的成功机会。莱德强调需要超越单个策略，应该支持解决教师准备和认证、工作条件、新教师面临的挑战、教师跨地理区域分布的各种方案。

Rebecca Gau, Louann Bierlein Palmer, Rob Melnick, & Rick Heffernon. "Is There a Teacher Shortage? Demand and Supply in Arizona." Arizona State Univ., Tempe. Morrison Inst. for Public Policy. January 2003.

报告指出尽管亚利桑那州缺乏真实的数据来对州的教师供需情况进行

分析，但是，在传统的认识中，它是一个教师严重缺乏的州。报告因此提出了亚利桑那州教师短缺的特点和范围是什么的问题，尽管该州目前没有达到严重缺乏教师的程度，但是供需存在一定程度的失衡，并就美国亚利桑那州的教师供需情况做了进一步的分析。

Southeast Center for Teaching Quality. "Recruiting Teachers for Hard-to-Staff Schools：Solutions for the Southeast & the Nation. A Policy Brief." Chapel Hill，NC：The University of North Carolina Southeast Center for Teaching Quality，November 2002.

这份报告以北卡罗来纳州为个案分析了学校正遭遇难觅合格教师的困境，州内新兴教师的短缺给管理者带来了压力，使得他们不惜一切代价为课堂配备教师，而这样削弱了教师的高水平。这一问题在那些缺乏教师的学校（hard-to-staff schools）尤其严重，它们通常处于州内最贫穷的地区。报告认为发展“本地人才”有助于为缺乏教师（hard-to-staff）的学校安置教师，最后，报告为学校配置教师提供了一些具体的建议。

Zenda，Rekai. "Impact of the Learner-Educator Ratio Policy on Learner Academic Achievement in Rural Secondary Schools：A South African Case Study." Africa Education Review，2020，17（3）：37-51.

在过去的20年里，大多数国家，包括南非，学生入学人数的快速增长带来了许多挑战，如生师比比例（LER）增大。研究报告的目的是探索一种可以提高学生物理科学学习成绩的学习策略。有效的学习需要学习者有机会积极参与他们的物理科学教育。研究结论是，大班制影响实践活动的实施，纪律可能会受到不良影响。基于这项研究的发现，建议基础教育部门减少课堂上学生的数量。

Kevin Watson，Boris Handal，& Marguerite Maher. "Class Size：Teachers' Perspectives." *Curriculum and Teaching*，2017，32（2）：5-26.

一项持续的研究表明，教师认为大课堂是提供高质量教学的障碍。这项大规模的研究试图通过询问新南威尔士州（澳大利亚）321所K-12学校的1119名教师对不同学生群体的理想班级规模的看法来进一步调查这些差异效应。总的来说，大家一致支持小班制，尤其是在上学的前几年。教师们还建议为不同群体的学生开设小班，比如来自社会经济条件较差家庭、学业成绩较差和较高、不会说英语、性别、土著、农村背景以及一系列学习特例的学生。这项研究提出了一个更多维的观点，即“最佳”班级规模是提高学生学习成绩的一个因素，而这需要在研究方法中嵌入学生的多样性。

Pia Peltola, Erin Haynes, Lauren Clymer, Alex Mc Millan, & Haidee Williams. “Opportunities for Teacher Professional Development in Oklahoma Rural and Nonrural Schools.” September 2017.

本研究旨在填补俄克拉何马州教师专业发展机会的州际信息空白，并比较农村与非农村学校的教师专业发展机会。结果表明，俄克拉何马州的多数农村学校为教师提供专业发展多种类型的结构，如会议和研讨会。然而，农村学校提供的类型比非农村学校少。阻碍农村教师和非农村教师参加任何类型的专业发展的最大障碍是与其他学校或专业活动的安排冲突，而这种障碍在农村教师中更为普遍。本研究的调查结果表明，农村学校为他们的教师专业发展提供大量的支持，但农村学校的支持是不可能比非农村学校更多的。

附录3　调查工具

1. 教师调查问卷①

______省________市________县（区）________乡（镇）______学校

请您根据实际情况在空格处填写相应信息或在括号里填写选项序号，真诚感谢您的合作！

1. 您所教学段是：（　　）

A. 普通高中　B. 初中　C. 小学　D. 幼儿园　E. 职业高中

2. 贵校所在地为：（　　）

A. 县城　　B. 镇　　C. 乡　　D. 村（屯）

3. 贵校位于_____省（自治区）_____县（县级市/区）_____镇（乡）______学校。

4. 您所在学校的类型是（　　）

A. 完全中学　B. 普通初中　C. 十二年一贯制　D. 九年一贯制

E. 县城小学　F. 乡镇小学　G. 村小　H. 教学点

5. 您所在学校的性质是（　　）

A. 公办　　B. 民办

6. 您的性别是____；您的民族是____族；您有____个子女。

7. 您的婚姻状况是（　　）

A. 已婚　　B. 未婚　　C. 离异　　D. 丧偶

8. 您的身高是____厘米，体重是____公斤。

9. 您出生于______年；您的教龄是______年；在目前学校任教年限是______年；在乡村学校任教年限是______年；初次到乡村学校（乡镇及以

① 东北师范大学中国农村教育发展研究院《乡村教师支持计划（2015—2020年）》实施状况评估课题组集体开发的问卷，本课题组组织多人参与了本调查工具开发。本处着重呈现涉及教师编制、结构、要素配置的调查题目，与这些内容无关的题目有删减。

下）任教的时间是______年（如果没有乡村任教经历，请填“0”）。

10. 您目前教____个年级；任教班级数为____个；任教的学科数为____门；平均每周课时量为____节；您期望每周课时量为____节。

11.【可多选】您目前担任哪些年级的教学工作（　　）

A. 一年级　B. 二年级　C. 三年级　D. 四年级　E. 五年级

F. 六年级　G. 七年级　H. 八年级　I. 九年级

12.【可多选】您所任教学科是（　　）

A. 语文　B. 数学　C. 外语　D. 品德与社会/品德与生活

E. 科学　F. 音乐　G. 美术　H. 体育　I. 信息技术

J. 综合实践　K. 学校与地方课程　L. 物理　M. 化学

N. 历史　O. 地理　P. 生物　Q. 心理健康教育　R. 其他

13. 您目前的教师身份是（　　）

A. 本校在编教师　B. 代课教师　C. 临聘教师　D. 交流（轮岗）教师

E. 城镇支教教师　F. 国家特岗计划教师　G. 地方特岗计划教师

H. 国家公费师范生　I. 地方公费师范生　J. 退休返聘教师　K. 其他

14. 您当时是以何种方式到乡村学校任教的？（　　）

A. 国家分配　B. 定向就业　C. 自主择业（含特岗）

D. 学校/基层推荐（如代课和民办教师）

E. 国家计划（如三支一扶、城乡交流）

F. 民间计划（如支教）　G. 其他

15. 您的第一学历是（　　）；您的最高学历是（　　）

A. 研究生　B. 本科　C. 大专　D. 中专/中师　E. 高中

F. 初中　G. 小学及以下

16. 您第一学历所学专业是（　　）；您最高学历所学专业是（　　）

A. 汉语言文学　B. 数学　C. 外语　D. 历史　E. 地理

F. 物理　G. 化学　H. 政治　I. 生物　J. 音乐

K. 美术　L. 体育　M. 教育学　N. 心理学　O. 计算机

P. 中师　Q. 幼师　R. 全科教师　S. 其他

17. 您第一学历所学的专业是否为师范类（　　）

A. 是　B. 否

18. 您第一学历毕业院校所在地是（ ）

A. 省会城市 B. 地级城市 C. 县城 D. 镇（乡） E. 村（屯）

19. 您第一学历毕业院校属于（ ）；您毕业于______年。

A.“985”高校 B.“211”高校或部属非“985”高校

C. 省属重点非“211”本科高校 D. 省属普通本科高校

E. 独立学院或民办本科院校 F. 大专院校

G. 中师 H. 中专（不含中师） I. 高中 J. 初中 K. 小学

20. 您父母的家庭所在地是（ ）

A. 省会城市 B. 地级城市 C. 县城 D. 镇(乡) E. 村(屯)

21. 您父母家庭所在地与您目前的任教学校属于（ ）

A. 同一个镇(乡) B. 同一个县(县级市)

C. 同一个地级城市 D. 同一个省（自治区/直辖市）

E. 不同省（自治区/直辖市）

22. 您配偶的工作地与您目前的任教学校属于（ ）

A. 无配偶 B. 同一个镇（乡）

C. 同一个县（县级市） D. 同一个地级城市

E. 同一个省（自治区/直辖市） F. 不同省（自治区/直辖市）

23. 您的子女在哪里上学（ ）【多个子女可多选】

A. 无在学子女 B. 城市 C. 县城 D. 乡镇 E. 村(屯)

24. 您父亲的文化程度是（ ）；您母亲的文化程度是（ ）

A. 研究生 B. 本科 C. 大专 D. 中专/中师

E. 高中 F. 初中 G. 小学及以下 H. 不清楚

25. 您父亲的职业是（ ）；您母亲的职业是（ ）

A. 农民或农民工 B. 工人 C. 办事人员与有关人员

D. 商业服务业员工 E. 教师 F. 医生等专业技术人员

G. 私营企业主 H. 个体工商户 I. 经理人员

J. 党政军机关、事业单位或国企负责人

K. 无业、失业、半失业者 L. 不清楚

26. 您刚做教师时，父母的经济收入在当地处于什么水平？1 分代表最低，10 分代表最高，您的打分是______分。

27. 您目前受聘的职称是（　　），由前一职称晋升到该职称花费了______年。

A. 正高级　B. 中学高级　C. 中学一级　D. 中学二级
E. 中学三级　F. 小学高级　G. 小学一级　H. 小学二级
I. 小学三级　J. 未评职称

28. 【可多选】您在学校担任的职务是（　　）

A. 科任教师　B. 副校长　C. 学科组长　D. 年级组长
E. 教导主任　F. 德育主任　G. 总务主任　H. 团委书记
I. 班主任　J. 少先队辅导员

29. 您的健康状况是（　　）

A. 非常健康　B. 比较健康　C. 一般　D. 较差　E. 非常差

30. （请填写阿拉伯数字）您平均工作时长为______小时/天，其中下班后用于处理工作事务的时长为______小时/天。

31. 您平均用于备课、上课、课后批改等教学工作的时长为______小时/天，用于学生生活管理、家长沟通等教育相关工作的时长为______小时/天，用于教研、自主学习等专业发展的时长为______小时/天，用于各项检查、文案等行政事务的时长为______小时/天。

32. 如果用分值来代表社会地位，1分代表社会地位最低，10分代表社会地位最高，您对自己现在的社会地位的打分是______，您对自己三年后社会地位的预期打分是______。

33. 您享受了哪些保险？（　　）

A. 三险一金　B. 五险一金　C. 三险二金　D. 五险二金
E. 四险二金　F. 都没有　G. 其他

34. 您的住房情况是（　　）

A. 自购商品房　B. 政策优惠房　C. 教师周转房　D. 学校教工宿舍
E. 租房　F. 自有住房　G. 其他

35. 您觉得贵校教师周转宿舍条件如何？（　　）

A. 无周转宿舍　B. 非常舒适　C. 比较舒适　D. 一般
E. 比较艰苦　F. 非常艰苦　G. 不清楚

36. （请填写阿拉伯数字）您所在学校离家的距离：______公里；您所在学校离县城的距离：______公里。

37. 请填写您在目前学校的工资情况。（如果没有，请写“0”，不清楚请画“—”）

现在您的实发工资是______元/月，您期待的工资是______元/月；

您获得的乡村教师生活补助是______元/月，比去年多______元/月，期待补助______元/月；

您往返学校的交通费是______元/月，交通补助是______元/月。

38. 以下每项描述，请按实际情况选择相应数字。（“1”代表“非常不赞同”，“2”代表“不太赞同”，“3”代表“一般”，“4”代表“比较赞同”，“5”代表“非常赞同”，请根据您的实际情况圈选相应的数字。）

	非常赞同	比较赞同	一般	不太赞同	非常不赞同
1. 我对自己的职业角色感到满意	5	4	3	2	1
2. 我对目前工资收入感到满意	5	4	3	2	1
3. 我对目前福利待遇感到满意	5	4	3	2	1
4. 我期望每天来到学校工作	5	4	3	2	1
5. 我致力于使我所在的学校成为本地区最好的学校	5	4	3	2	1
6. 如果能重新开始，我仍然希望成为一名教师	5	4	3	2	1

39. 您2016年参加了______学时的培训，2017年参加了______学时的培训。

40. 【可多选】自2016年至今您参加过哪些级别的教师培训？（　　）

A. 没参加过　B. 校级　C. 县级　D. 市级　E. 省级　F. 国家级

41. 【可多选】如果您是正在交流（轮岗/支教）的教师，您交流前在原学校的任教学科是（　　）

A. 我不是交流教师　B. 语文

C. 数学　D. 外语

E. 品德与社会/品德与生活　F. 科学

G. 音乐　H. 美术

I. 体育　J. 信息技术

K. 综合实践　L. 学校与地方课程

M. 物理　N. 化学

O. 历史　　P. 地理

Q. 生物　　R. 心理健康教育

S. 其他

42. 您此次交流（轮岗/支教）前的学校为：（　　）

A. 我不是交流教师　　B. 市区内重点学校

C. 市区内普通学校　　D. 县城重点学校

E. 县城普通学校　　F. 镇（乡）学校

G. 村小　　H. 教学点

43. 您参与教师交流（轮岗/支教）的方式为：（　　）

A. 我不是交流教师　　B. 县(区)内城乡交流

C. 普通支教　　D. 对口支援

E. 学校联盟内部交流　　F. 学区内交流

G. 跨校竞聘　　H. 跟岗学习

I. 乡镇中心学校教师走教　　J. 集团化办学内部交流

K. 三支一扶　　L. 其他

44. 如果从您所在的学校到县城学校交流（轮岗/支教），您希望获得的额外补助为__________元/月；到乡镇学校，您希望获得的额外补助为__________元/月；到村小，您希望获得的额外补助为__________元/月；到教学点，您希望获得的额外补助为__________元/月。

45. 如果参加县域内交流（轮岗/支教），您能接受的单程上班时间为（　　）

A. 半小时及以内　　B. 半小时到一小时之间

C. 一小时到一个半小时　　D. 一个半小时到两个小时

E. 两个小时以上

46. 如果参加县域内交流（轮岗/支教），您能接受的回家频率为（　　）

A. 一定要每天都回家　　B. 隔两三天回家一次就可以

C. 每周回家一次就可以　　D. 半个月回家一次就可以

E. 半个月以上回家一次

47. 以下每项描述，请按实际情况选择相应数字。（“1”代表“完全不愿意”，“2”代表“不太愿意”，“3”代表“一般”，“4”代表“比较愿意”，“5” 代表 “非常愿意”，请根据您的实际情况圈选相应的数字。）

	非常愿意	比较愿意	一般	不太愿意	完全不愿意
1. 我愿意参加教师交流（轮岗/支教）	5	4	3	2	1
2. 如果不考虑职称晋升，只要家校距离在可接受范围内，我愿意参加交流（轮岗/支教）	5	4	3	2	1
3. 如果不考虑职称晋升，只要有合理的经济补贴，我愿意参加交流（轮岗/支教）	5	4	3	2	1
4. 如果不考虑职称晋升，只要交流学校可以给我提供周转宿舍，我愿意参加交流（轮岗/支教）	5	4	3	2	1
5. 如果晋升职称时有倾斜，我愿意参加交流(轮岗/支教)	5	4	3	2	1

48. 以下因素对您当时到乡村学校任教的影响程度有多大？（“1” 代表 “非常小”，“2” 代表 “比较小”，“3” 代表 “一般”，“4” 代表 “比较大”，“5” 代表 “非常大”，请根据您的实际情况圈选相应的数字。）

影响您当时到乡村学校任教的因素	非常大	比较大	一般	比较小	非常小
1. 教师在乡村有一定地位	5	4	3	2	1
2. 工资待遇有吸引力	5	4	3	2	1
3. 工作压力相对较小	5	4	3	2	1
4. 对乡村教师政策倾斜力度大	5	4	3	2	1
5. 想获取事业编制	5	4	3	2	1
6. 喜爱或更适应乡村生活	5	4	3	2	1
7. 生活成本低	5	4	3	2	1
8. 工作地点离家近	5	4	3	2	1
9. 喜欢当老师	5	4	3	2	1
10. 想为乡村教育做贡献	5	4	3	2	1
11. 榜样力量的影响	5	4	3	2	1
12. 家里人的要求	5	4	3	2	1
13. 没有更好的职业选择	5	4	3	2	1

49. 以下每项描述，请按实际情况选择相应数字。（“1”代表“非常不赞同”，“2”代表“不太赞同”，“3”代表“一般”，“4”代表“比较赞同”，“5”代表“非常赞同”，请根据您的实际情况圈选相应的数字。）

	非常赞同	比较赞同	一般	不太赞同	非常不赞同
1. 我能找到与现在相同待遇或更高待遇的工作	5	4	3	2	1
2. 明年我有可能会寻求另外一份工作	5	4	3	2	1
3. 我经常想放弃现在的教师岗位	5	4	3	2	1
4. 如果有机会的话，我愿意到其他学校工作	5	4	3	2	1
5. 从事教师职业，我感到很自豪	5	4	3	2	1
6. 我愿意花时间用在学生身上	5	4	3	2	1
7. 我认为干一行就应该爱一行	5	4	3	2	1
8. 我现在不换职业，是因为自身专业、技术水平有限，难以找到更好的职业	5	4	3	2	1
9. 教师职业有利于实现我的理想	5	4	3	2	1
10. 我期望我的孩子从事教师行业的工作	5	4	3	2	1

50. 您目前是否有入党的打算？（　　）是否被编入了党支部？（　　）党支部是否每年都组织党组织生活？（　　）

A. 已入党　　B. 是　　C. 否

51. 【可多选】2016 年至今您参加过哪些内容的教师培训？（　　）

A. 没参加过　　B. 师德教育　　C. 教育教学能力

D. 信息技术应用　　E. 教育科研能力　　F. 管理能力

G. 安全教育　　H. 法治教育　　I. 心理健康教育

J. 其他

52. 以下这些培训内容，请按您认为的重要程度选择相应数字。（“1”代表“非常不重要”，“2”代表“不太重要”，“3”代表“一般”，“4”

代表“比较重要”，“5”代表“非常重要”，请根据您的实际情况圈选相应的数字。）

	非常重要	比较重要	一般	不太重要	非常不重要
1. 师德教育	5	4	3	2	1
2. 教育教学能力	5	4	3	2	1
3. 信息技术应用	5	4	3	2	1
4. 教育科研能力	5	4	3	2	1
5. 管理能力	5	4	3	2	1
6. 安全教育	5	4	3	2	1
7. 法治教育	5	4	3	2	1
8. 心理健康教育	5	4	3	2	1

53. 【可多选】2016 年至今您参加过哪些形式的教师培训？（　　）

A. 没参加过　B. 网络研修　C. 校本研修　D. 教师工作坊

E. 顶岗置换　F. 专家讲座　G. 专家指导　H. 影子培训

I. 送教下乡　J. 其他

54. 以下这些培训形式，请您按培训效果的好坏选择相应数字。（“1”代表“非常不好”，“2”代表“不太好”，“3”代表“一般”，“4”代表“比较好”，“5”代表“非常好”，请根据您的实际情况圈选相应的数字。）

	非常好	比较好	一般	不太好	非常不好
1. 网络研修	5	4	3	2	1
2. 校本研修	5	4	3	2	1
3. 教师工作坊	5	4	3	2	1
4. 顶岗置换	5	4	3	2	1
5. 专家讲座	5	4	3	2	1
6. 专家指导	5	4	3	2	1
7. 影子培训	5	4	3	2	1
8. 送教下乡	5	4	3	2	1

55. 如果有机会，您想转到什么地区的学校？(　　)

A. 省会城市　　B. 地级城市　　C. 县城（县级市）

D. 镇（乡）　　E. 村（屯）　　F. 不想转出

56. 以下每项描述，请按实际情况选择相应数字。(“1”代表“非常不赞同”，“2”代表“不太赞同”，“3”代表“一般”，“4”代表“比较赞同”，“5”代表“非常赞同”，请根据您的实际情况圈选相应的数字。)

	非常赞同	比较赞同	一般	不太赞同	非常不赞同
1. 教学设备和教学资源供应不足	5	4	3	2	1
2. 教学设备并不总能正常使用	5	4	3	2	1
3. 录像设备、微机和电子白板一应俱全	5	4	3	2	1
4. 学校图书馆/室有充足的资源和材料	5	4	3	2	1
5. 教师经常被邀请参与决策	5	4	3	2	1
6. 对于学校事务，我几乎没有发言权	5	4	3	2	1
7. 有关学校的决定由校长做出	5	4	3	2	1
8. 学校评职晋级有明确的申报评定程序、操作公开透明	5	4	3	2	1
9. 学校领导对教师一视同仁，没有亲疏之分	5	4	3	2	1
10. 学校评定的优秀教师受到大家的赞许和认可	5	4	3	2	1
11. 我校有教师积极工作的氛围	5	4	3	2	1
12. 我有较多的职称（职务）晋升机会	5	4	3	2	1

2. 校长调查问卷

______省________市________县（区）________乡（镇）______学校

尊敬的学校领导：

请您根据真实情况填答问卷。本问卷采用不记名方式，请您不要有任何顾虑。您只需要根据实际情况在括号里填写选项序号或填写相应信息。衷心感谢您的支持！

1. 您的出生年份______，性别______，民族______，教龄______，任校长年限______，任本校校长年限______，在______个学校当过校长。

2. 您是否转过行（　　）

A. 是　　　　B. 否

3. 您的居住地与工作地属于（　　）

A. 同一个镇（乡）　　B. 同一个县（县级市）　　C. 同一个地级市

D. 在同一个省（自治区/直辖市）　　E. 不在一个省（自治区/直辖市）

4. 您的第一学历是（　　），您的最高学历是（　　）

A. 研究生　B. 本科　C. 大专　D. 中专　E. 中师　F. 高中

G. 初中　　H. 小学及以下

5. 您第一学历所学专业是______，您最高学历所学专业是______。

6. 您第一学历毕业院校属于（　　），您最高学历毕业院校属于（　　）（请填写具体字母）

A. "985"、"211" 或部属高校　　B. 省属重点本科高校

C. 省属普通本科高校　　　　　D. 独立学院或民办本科院校

E. 大专院校　　F. 中师/中专/高中　　G. 初中及以下

7. 您获得最高学历的院校属于（　　）

A. 师范类　　　B. 非师范类

8. 您最高学历获得方式是（　　）

A. 全日制学习　　　B. 全日制脱产学习　　　C. 函授

D. 自考　　　　　　E. 其他______

9. 您曾获得的最高荣誉级别是（　　）

A. 国家级　　B. 省级　　C. 市级　　D. 县级　　E. 校级

10. 您目前职称是（　　）

A. 中学高级　　B. 中学一级　　C. 中学二级　　D. 中学三级

E. 小学高级　　F. 小学一级　　G. 小学二级　　H. 小学三级

I. 未评职称

11. 您目前教___个年级，___个班级，所教科目是（可多选）（　　）

A. 不教课　　B. 语文　　C. 数学　　D. 外语　　E. 音乐

F. 体育　　G. 美术/艺术　　H. 品德与生活(社会)/政治

I. 物理　　J. 化学　　K. 生物　　L. 历史　　M. 地理

N. 科学　　O. 信息技术　　P. 心理健康

Q. 综合实践活动　　R. 其他______

12. 您认为您所在学校学生总人数为______人最合理，每年级班级数为______个最合理，每班级人数为______人最合理。

13. 您的奖励性绩效工资占绩效工资的______（填比例）

14. 贵校教学实验室使用效率怎么样？（　　）

A. 很高　　B. 一般　　C. 较低

D. 不清楚　　E. 有设备没人用

15. 贵校教学实验仪器设备够用吗？（　　）

A. 够用　　B. 不够用　　C. 不清楚

16. 贵校教学实验仪器设备使用效果怎么样？（　　）

A. 很好　　B. 一般　　C. 不好　　D. 不清楚

17. 在贵校，使用教学设施设备情况会作为考核教师的一项指标吗？（　　）

A. 会　　B. 不会　　C. 不清楚

18. 您支持教师运用教学设施设备开展教学吗？（　　）

A. 支持　　B. 不支持　　C. 说不清

19. （可多选）学校计算机等信息设备哪些方面需要完善？（　　）

A. 计算机设施设备数量不足　　B. 计算机设施设备性能差

C. 缺少可用的数字化教学资源　　D. 设备维护和更新不及时

E. 设备管理制度不健全　　F. 没专业教师　　G. 其他______

20. （可多选）贵校计算机等信息设备的主要用途包括（　　）

A. 上信息技术课　B. 辅助教师教学　C. 学校管理

D. 社会培训　　　E. 学生课后使用　F. 其他______

21. （可多选）贵校计算机等信息设备维护费来源包括（　　）

A. 公用经费　　B. 学生收费　　C. 学校创收

D. 社会捐赠　　E. 其他______

22. （可选 1~3 项）如何才能提高教学设施设备的使用效能？（　　）

A. 提供培训　　B. 开展技能大赛　　C. 考评倾斜　　D. 营造氛围

E. 加强宣传　　F. 其他

23. 贵校图书资源使用的效果好吗？（　　）

A. 较好　　B. 一般　　C. 不好　　D. 不清楚

24. （可多选）影响贵校图书资源使用的主要原因是（　　）

A. 数量不足　　B. 种类不全　　C. 管理不到位　　D. 宣传不好

E. 学段针对性弱　　F. 其他______

25. 选择影响贵校音乐、体育和美术设施设备使用的主要原因，在框内打"√"（可多选）

	A. 缺乏专业教师	B. 缺乏专业设施设备	C. 配备与实际需求不符	D. 任课教师不会使用	E. 任课教师不敢使用	F. 设备没对教师开放	G. 不影响使用
音乐							
体育							
美术							

26. 贵校的课程开设及实施情况？（　　）

A. 全部开齐，并严格实施　　　B. 全部开齐，但未严格实施

C. 部分小科（副科）没有开设　D. 小科（副科）完全没有开设

27. 如果贵校课程不能开全开齐，最主要原因是？（　　）

A. 教师总数不够　　　　B. 无专业教师

C. 缺乏相应的教学设备　D. 其他______

28. 贵校公用经费是否能够维持学校正常运转（　　）

A. 非常充足　　B. 比较充足　　C. 正常够用

D. 比较紧张　　E. 非常紧张

29. （可多选）如果贵校公用经费不足，主要原因是（　　）

A. 学生人数少　　B. 聘用代课教师　　C. 中心校的管理体制

D. 学校日常开支大　　E. 公用经费充足　　F. 其他______

30. 您认为不足100人的学校按照100人拨付公用经费的政策是否合理？（　　）

A. 是　　B. 否，因为__________　　C. 没听说过此政策

31. 当前您所在县（区）的公用经费拨付方式是（　　）；您认为理想的学校公用经费拨付方式是（　　）（请填写具体字母）

A. 按照实际的学生人数拨付　B. 按照偏远程度享受不同的拨付标准

C. 基准定额+生均拨款　　D. 其他______

32. 您对您的奖励性绩效工资的数额（　　）

A. 非常满意　　B. 比较满意　　C. 一般

D. 不太满意　　E. 非常不满意

33. 从满足教学需求的角度看，贵校专任教师数量够不够用（　　）

A. 非常充裕　　B. 比较充裕　　C. 刚好够用

D. 比较紧张　　E. 非常紧张

34. 贵校目前对教师考核的结果（　　）

A. 可以用来激励教师工作　　B. 只是做参考所用，激励作用有限

C. 没有实际激励效果　　D. 其他______

35. 贵校是如何补充教师的？（　　）

A. 县（区）里招聘根据学校学科需求直接派到学校

B. 县（区）里招聘没考虑学校学科需求直接派到学校

C. 县（区）教育局组织学校自己招聘

D. 学校直接招聘

36. 您认为通过定向/委托培养的教师稳定吗？（　　）

A. 非常稳定　　B. 比较稳定　　C. 一般

D. 比较不稳定　E. 非常不稳定　F. 没有通过定向培养的教师

37. 对新来的教师给予一定优惠政策，校长对此的态度是（　　）

A. 能够理解　　B. 无所谓　　C. 比较不满

D. 非常不满　　E. 对新来教师无优惠政策

38. 在职称评定过程中，高级职称的比例分配上，农村与城市相比（　　）

A. 农村比城市高很多　B. 农村比城市高一点　C. 基本一样

D. 农村比城市稍低　　E. 农村比城市低很多

39. 在职称评定过程中，评上相同职称的教师在专业素质水平上，与城市教师相比，农村教师（　　）

A. 高很多　　B. 稍高　　C. 基本一样　　D. 稍低　　E. 低很多

40. 贵校能积极工作的教师大概有（　　）

A. 25%及以下　　B. 26%～50%　　C. 51%～75%　　D. 76%及以上

41. 您更愿意对教师所教学科进行怎样的安排（　　）

A. 单科　　B. 数学或语文+1 门其他学科

C. 数学或语文+多门其他学科　　D. 数学+语文

E. 数学+语文+1 门其他学科　　F. 数学+语文+多门其他学科

G. 多门其他学科

42. 目前，学校对同时教两门或两门以上学科的教师有何特殊政策（　　）

A. 计算课时量时，适当增加权重　　B. 在评职称时，适当倾斜

C. 为其专业发展提供更丰富的途径　　D. 没有特殊政策

E. 其他______

43. 老师们对担任班主任的总体态度是（　　）

A. 非常乐意　　B. 比较乐意　　C. 无所谓

D. 不乐意　　E. 非常不乐意

44. 贵校是否要求班主任晚上值夜班看护寄宿生（　　）

A. 是　　B. 否　　C. 没有寄宿生

45. 如果要求班主任值夜班，是否有额外的津贴补助？（　　）

A. 有，______元/月　　B. 没有　　C. 没有执夜班的情况

46. 贵校将班主任津贴纳入教师绩效工资管理的效果（　　）

A. 改善了班主任待遇，调动了班主任的积极性

B. 非班主任老师非常抵触，引发了教师内部新的矛盾

C. 津贴标准太低，对班主任老师没有什么激励作用

D. 没有纳入

47. 您认为合理的校长交流（轮岗）年限为（　　）年

A. 0　B. 1　C. 2　D. 3　E. 4　F. 5　G. 6　H. 其他____

48. 您所交流（轮岗）的学校与原来学校的教育质量相比（　　）

A. 没有参加过校长交流（轮岗）　B. 比现任学校教学水平高

C. 比现任学校教学水平差　D. 与现任学校教学水平差不多

49. 贵校对教师进行综合评价考核，多长时间进行一次？（　　）

A. 从不评价或考核　B. 一学期　C. 一学年

D. 一到三学年　E. 三学年以上

50. 根据评价考核结果，贵校不胜任教学工作的教师所占比例为______%。

51. 对待这些不胜任教学工作的教师，学校一般会如何处理？（　　）

A. 劝勉谈话　B. 批评教育　C. 培训提高　D. 转岗

E. 扣除绩效工资　F. 不予评奖评优　G. 不予评定职称

H. 直接辞退或解聘　I. 其他______

52. 贵校和社区联系的紧密程度是（　　）

A. 非常紧密　B. 比较紧密　C. 一般

E. 根本没有联系　D. 不太联系

53.（可多选）贵校和社区的主要联系是（　　）

A. 争取资金支持　B. 争取资金外的其他资源支持

C. 邀请社区人士参与学校重大规划和决策

D. 吸引社区志愿者到学校服务　E. 其他______

54. 贵校对进城务工人员随迁子女有信息登记吗？（　　）

A. 没有　B. 有，但有待完善　C. 非常完善　D. 没有随迁子女

55.（可多选）您会如何解决学生人数变多的问题？（　　）

A. 增加班级人数　B. 增加班级的数量

C. 限招学区外学生　D. 仅招学区内学生

E. 学校规模基本稳定　F. 学校人数正在日益变少

56. （可多选）您会如何解决教室紧张的问题？（　　）

A. 增加班级人数，不增加班级数量

B. 将教师办公室改建成教室

C. 将功能教室改建成教室

D. 向教育行政部门争取扩(新)建

E. 自己想办法引资，扩(新)建学校

F. 教室不紧张

57.(可多选）若贵校教师不够用，您通常会采取什么方法?(　　)

A. 增加教师的教学工作量　　B. 增加教师所教学科门数

C. 延长教学时间　　D. 招聘新教师

E. 聘请代课教师　　F. 返聘退休教师

G. 向上级申请借调　　H. 申请实习教师

I. 减少某些学科课时　　J. 取消一些科目的开设

K. 其他______

58. (可多选）您认为贵校的未来状况是（　　）

A. 保持现状　　B. 规模变小　　C. 被撤并

D. 发展成寄宿制学校　　E. 扩大规模发展　　F. 其他______

59. (可多选）您所在学校在师德建设方面采取的方式主要有（　　）

A. 教育培训　　B. 宣传相关内容　　C. 考核　　D. 监督

F. 惩罚　　E. 奖励　　G. 其他______

60. (可多选）近3年，贵校有没有接收跨校竞聘的教师（　　）

A. 有，来自城市学校　　B. 有，来自县城学校

C. 有，来自乡镇学校　　D. 有，来自村屯学校

E. 没有接收

61. (可多选）来贵校竞聘的教师考虑因素有哪些?(　　)

A. 没有来竞聘的教师　　B. 离家近　　C. 我校是城镇学校

D. 艰苦边远地区津贴高　　E. 有编制

62. (可多选）当教师同时教两门或两门以上学科时，您认为会有哪些优势?(　　)

A. 利于提升教师综合素质　　B. 利于关注学生的全面发展

C. 利于熟悉班级　　D. 利于对学生的整体评价

E. 没有优势　　F. 其他______

63. (可多选）当教师同时教两门或两门以上学科时，您认为会有哪些不足?(　　)

A. 不利于教师专业发展　　B. 增加教师工作负担　　C. 影响教育质量

D. 没有不足　　　　E. 其他______

64. （可多选）到贵校进行城乡教师交流轮岗的教师是（　　）

A. 普通教师　B. 骨干教师　C. 优秀校长　D. 没有以上情况

65. 对于教师交流（轮岗/支教），有哪些部门参加对他们的评价？（　　）

A. 教育局　　B. 派出学校　　C. 接收学校

D. 派出学校和接收学校共同评价　　E. 没有评价

66. （可多选）对交流（轮岗/支教）教师进行评价的主体有哪些？（　　）

A. 校长　　B. 教师本人　　C. 其他教师

D. 学生　　E. 家长　　F. 其他

67.（可多选）在您任职的学校当中，对教师进行评价考核的主体包括（　　）

A. 教育局　　B. 校长　　C. 学校相关部门

D. 教师代表　　E. 学生代表　　F. 家长代表

68.（可多选）在教师评价考核中，主要评价教师的哪些方面？（　　）

A. 师德　　B. 教育理念

C. 专业知识　　D. 专业能力

E. 工作态度或积极性　　F. 教学效果

G. 教育部门或学校的纪律　　H. 身体状况

I. 心理状况　　J. 其他______

69. （可多选）如果贵校有不胜任的教师，主要是哪些方面的不胜任？（　　）

A. 师德　　B. 教育理念

C. 专业知识　　D. 专业能力

E. 工作态度或积极性　　F. 教学效果不好

G. 学校的纪律约束　　H. 身体疾病

I. 心理疾病　　J. 其他______

70. （可多选）贵校对教师的评价和考核，会用在哪些方面？（　　）

A. 评奖评优　　B. 评定职称　　C. 绩效工资

D. 专业发展　　E. 督促工作　　F. 教师转岗

G. 解聘教师　　　　H. 其他______

71. (可多选) 您认为地方政府解聘或辞退不胜任教学工作的教师面临哪些困境? (　　)

A. 对于教师表现不合格的认定缺乏统一的标准

B. 解聘教师的相关法令不完善或不具有实际操作性

C. 学校缺乏解聘教师的权力

D. 即使学校有解聘教师的权力，学校为了和谐或怕麻烦也不会解聘不合格教师

E. 其他困境

72. (可多选) 您认为地方政府对农村教育最需要做的事情是 (　　)

A. 缩小班级规模　　B. 更新教育设施　　C. 降低就学成本

D. 缩短上学距离　　E. 提升服务水平　　F. 增加投入

G. 提高教师质量　　H. 其他______

73. (可多选) 贵县 (区) 当前义务教育均衡发展的程度是 (　　)

A. 实现了均衡　　　　　　B. 师资配置均衡

C. 综合办学水平基本均衡　　D. 还远未实现均衡

74. (可选 1~3 项，请按重要性排序) 您认为影响县 (区) 域义务教育均衡发展的关键因素是 (　　)

A. 县 (区) 政府是否重视　　B. 教育局长的观念和能力

C. 教育经费均衡合理配置　　D. 师资均衡合理配置

E. 科学有效的校长任用机制　F. 校长交流

G. 教师交流　　　　　　　　H. 教育局对学校科学合理的评估机制

I. 集团化办学　　　　　　　J. 委托化管理

K. 其他

3. 学校调查表

本次调查不涉及校长个人工作情况的评价，并会对您的信息严格保密，请您根据实际情况填写。

一　基本信息

1. 学校名称：____

2. 贵校地址：______省（自治区）______市______县______乡（镇）______村。

3. 贵校学校类型是：(　　)

A. 教学点　　B. 村小

C. 中心校　　D. 乡镇小学（非中心校）

4. 学校属于：(　　)

A. 寄宿制学校　　B. 非寄宿制学校

5. 贵校有没有图书室（馆）？(　　)

A. 有　　B. 没有

6. （1）贵校图书册数：______册。(如果没有，请填写“0”)

（2）每年平均增加图书______册。

7. （1）贵校有没有数字教育资源设施设备？(如卫星信号接收设备、计算机、平板电视或电子白板与投影仪等)(　　)

A. 有　　B. 没有

（2）贵校教师平时有没有应用数字教育资源开展教学？(　　)

A. 有　　B. 没有

二 学生情况

1. 学生总体情况

表 1 学生基本情况

单位：人

类别	总数	年级					
		一	二	三	四	五	六
（1）班级个数							
（2）学生数							
（3）寄宿生数							
（4）留守儿童人数							
（5）智力、听力、视力等对学习造成困难的学生数							
（6）2015~2016 学年辍学人数							
（7）2015~2016 学年转入学生人数							
（8）2015~2016 学年转出学生人数							

（注：若没有，请填写“0”）

2. （1）家庭经济贫困的学生数：______人；

（2）接受贫困资助的学生数：______人；

（3）父母离异（双亲都在）的学生数：______人；

（4）父母一方去世的学生数：______人；

（5）孤儿数：______人。

3. 毕业生情况

表 2 近五年学校毕业生情况

单位：人

类别	2012 年	2013 年	2014 年	2015 年	2016 年
小学毕业生人数					
升入初中人数					

（注：若没有，请填写“0”）

三　师资情况

表 3　教师基本情况

单位：人

类别	数量
实际教职工总数	
本校在编教职工数	
专任教师数	
代课教师数	
特岗教师数	
国家（教育部 6 所直属）免费师范生教师数	
地方免费师范生教师数	
同时兼任两门及以上学科的教师数	
参加过县级及以上培训的教师数	
大概每年流失的教师数（含借调、借用）	
本学期来本校交流的教师数	
本学期去外校交流的教师数	

（注：若没有，请填写“0”）

表 4　教师年龄情况

单位：人

	25 岁及以下	26~30 岁	31~35 岁	36~40 岁	41~45 岁	46~50 岁	51~55 岁	56~60 岁	61 岁及以上
数量									

（注：若没有，请填写“0”）

4. 教育局调查表

______省______市______县教育局调查表

表 1-1 2014~2016 年公办幼儿园基本情况（县镇）

类 别	2014 年	2015 年	2016 年
园数			
班级数			
学生数			
教职工数			
其中：女			
专任教师数			
其中：女			
其中：24 岁及以下			
25~29 岁			
30~34 岁			
35~39 岁			
40~44 岁			
45~49 岁			
50~54 岁			
55~59 岁			
60 岁及以上			
其中：研究生毕业			
本科毕业			
专科毕业			
高中阶段毕业			
高中阶段以下毕业			
代课教师数			

表 1-2　2014~2016 年公办幼儿园基本情况（乡村）

类　别	2014 年	2015 年	2016 年
园数			
班级数			
学生数			
教职工数			
其中：女			
专任教师数			
其中：女			
其中：24 岁及以下			
25~29 岁			
30~34 岁			
35~39 岁			
40~44 岁			
45~49 岁			
50~54 岁			
55~59 岁			
60 岁及以上			
其中：研究生毕业			
本科毕业			
专科毕业			
高中阶段毕业			
高中阶段以下毕业			
代课教师数			

表 1-3 2014~2016 年小学基本情况（县镇）

类 别	2014 年	2015 年	2016 年
学校数			
其中：村小			
教学点			
班级数			
其中：村小			
教学点			
学生数			
其中：村小			
教学点			
教职工数			
其中：女			
专任教师数			
其中：女			
其中：24 岁及以下			
25~29 岁			
30~34 岁			
35~39 岁			
40~44 岁			
45~49 岁			
50~54 岁			
55~59 岁			
60 岁及以上			
其中：研究生毕业			
本科毕业			
专科毕业			
高中阶段毕业			
高中阶段以下毕业			
代课教师数			

表 1-4　2014~2016 年小学基本情况（乡村）

类　别	2014 年	2015 年	2016 年
学校数			
其中：村小			
教学点			
班级数			
其中：村小			
教学点			
学生数			
其中：村小			
教学点			
教职工数			
其中：女			
专任教师数			
其中：女			
其中：24 岁及以下			
25~29 岁			
30~34 岁			
35~39 岁			
40~44 岁			
45~49 岁			
50~54 岁			
55~59 岁			
60 岁及以上			
其中：研究生毕业			
本科毕业			
专科毕业			
高中阶段毕业			
高中阶段以下毕业			
代课教师数			

表 1-5　2014~2016 年初中基本情况（县镇）

类　别	2014 年	2015 年	2016 年
学校数			
班级数			
学生数			
教职工数			
其中：女			
专任教师数			
其中：女			
其中：24 岁及以下			
25~29 岁			
30~34 岁			
35~39 岁			
40~44 岁			
45~49 岁			
50~54 岁			
55~59 岁			
60 岁及以上			
其中：研究生毕业			
本科毕业			
专科毕业			
高中阶段毕业			
高中阶段以下毕业			
代课教师数			

表 1-6 2014~2016 年初中基本情况（乡村）

类 别	2014 年	2015 年	2016 年
学校数			
班级数			
学生数			
教职工数			
其中：女			
专任教师数			
其中：女			
其中：24 岁及以下			
25~29 岁			
30~34 岁			
35~39 岁			
40~44 岁			
45~49 岁			
50~54 岁			
55~59 岁			
60 岁及以上			
其中：研究生毕业			
本科毕业			
专科毕业			
高中阶段毕业			
高中阶段以下毕业			
代课教师数			

表 2-1　2014~2016 年教师补充情况

类　别	2014 年	2015 年	2016 年
本年度编制内新招聘教师数			
其中：城区			
镇区			
乡村			
中央特岗计划招聘教师总数			
其中：镇区			
乡村			
地方特岗计划招聘教师总数			
其中：镇区			
乡村			
中央特岗计划设岗县（个）			
地方特岗计划设岗县（个）			
退休教师支教人数			
其中：镇区			
乡村			
退休教师返聘人数			
其中：镇区			
乡村			
部属院校毕业生到乡村任教获学费补偿人数			
省属院校毕业生到乡村任教获学费补偿人数			

表 2-2　2014~2016 年乡村幼儿园教师补充情况

类　别	2014 年	2015 年	2016 年
本年度编制内乡村幼儿园新招聘教师数			
乡村教师“定向培养”计划招生数			
乡村教师“定向培养”实际招生数			
乡村教师“定向培养”毕业生数			
乡村教师“定向培养”实际到任教师数			
中央特岗计划招聘教师数			
地方特岗计划招聘教师数			

表 2-3　2014~2016 年乡村小学教师补充情况

类　别	2014 年	2015 年	2016 年
本年度编制内乡村小学新招聘教师数			
乡村教师“定向培养”计划招生数			
乡村教师“定向培养”实际招生数			
乡村教师“定向培养”毕业生数			
乡村教师“定向培养”实际到任教师数			
中央特岗计划招聘教师数			
其中：到村小、教学点的特岗教师数			
地方特岗计划招聘教师数			
其中：到村小、教学点的特岗教师数			

表 2-4　2014~2016 年乡村初中教师补充情况

类　别	2014 年	2015 年	2016 年
本年度编制内乡村初中新招聘教师数			
乡村教师“定向培养”计划招生数			
乡村教师“定向培养”实际招生数			
乡村教师“定向培养”毕业生数			
乡村教师“定向培养”实际到任教师数			
中央特岗计划招聘教师数			
地方特岗计划招聘教师数			

表 3-1　2016 年教职工编制情况

类　别	幼儿园	小学	初中
教职工编制标准			
其中：县镇			
乡村			
教职工编制总量			
其中：县镇			
乡村			
最新教职工编制核定时间	＿＿＿＿＿（请填写年份）		

表 3-2　2014~2016 年教师职称情况（县镇）

类　别	2014 年	2015 年	2016 年
初级职称教师数			
中级职称教师数			
高级职称教师数			
本年度新晋升高级职称教师数			
本年度新晋升高级职称的县镇教师数			
其中：不受岗位比例限制获评教师数			
本年度新晋升中级职称教师数			
本年度新晋升中级职称的县镇教师数			
其中：不受岗位比例限制获评教师数			

表 3-3　2014~2016 年教师职称情况（乡村）

类　别	2014 年	2015 年	2016 年
初级职称教师数			
中级职称教师数			
高级职称教师数			
本年度新晋升高级职称教师数			
本年度新晋升高级职称的乡村教师数			
其中：不受岗位比例限制获评教师数			
本年度新晋升中级职称教师数			
本年度新晋升中级职称的乡村教师数			
其中：不受岗位比例限制获评教师数			

表 3-4　2014~2016 年校长教师交流轮岗情况

类　别	2014 年	2015 年	2016 年
校长交流轮岗总数			
教师交流轮岗总数			
其中：骨干教师交流数			
到村小和教学点交流轮岗校长数			
到村小和教学点交流轮岗教师数			
其中：骨干教师轮岗交流数			

表 4　2014~2016 年乡村教师队伍建设经费投入情况

类　别	2014 年	2015 年	2016 年
乡村教师生活补助资金投入总量（亿元）			
其中：中央奖补资金（亿元）			
地方投入资金（亿元）			
乡村教师生活补助实施县数（个）			
享受乡村教师生活补助教师人数（人）			
乡村教师周转宿舍投入资金总量（万元）			
其中：新建投入资金（万元）			
改（扩）建投入资金（万元）			
其中：中央投入资金总量（万元）			
地方投入资金总量（万元）			
乡村教师周转宿舍总数（套）			
其中：新建（套）			
改（扩）建（套）			
乡村教师周转宿舍面积（平方米）			
其中：新建（平方米）			
改（扩）建（平方米）			
需要周转宿舍的乡村教师数（人）			
已解决周转宿舍的乡村教师数（人）			
实施乡村教师住房保障县数（个）			
乡村教师重大疾病救助投入（万元）			

续表

类 别	2014 年	2015 年	2016 年
需要重大疾病救助的乡村教师数（人）			
已解决重大疾病救助的乡村教师数（人）			
中央特岗计划工资性补助［万/（年·人）］			
地方特岗计划工资性补助［万/（年·人）］			
中央特岗计划投入经费（亿元）			
地方特岗计划投入经费（万元）			
退休教师支教讲学投入经费（万元）			
部属院校毕业生到乡村任教获学费补偿政策投入经费（万元）			
省属院校毕业生到乡村任教获学费补偿政策投入经费（万元）			

表 5　2014~2016 年乡村教师培训情况

类 别	2014 年	2015 年	2016 年
县分配到的国培计划中央经费数额（万元）			
其中：示范性项目投入资金（万元）			
中西部项目投入资金（万元）			
幼师国培项目投入资金（万元）			
县级培训经费投入（万元）			
其中：乡村教师培训经费投入（万元）			
县级年度培训总人次（人）			
其中：乡村教师培训总人次（人）			

表 6　乡村教师政策安排情况

项 目	是	否
由省级部门统一组织乡村教师招聘笔试		
由省级部门统一发放单独招聘的乡村教师工资（教师数量）		
单独出台乡村教师职称（职务）评聘文件		

5. 省教育厅调查表

______省（自治区、直辖市、兵团）教育厅调查表

表 1-1　2014~2016 年公办幼儿园基本情况（城区）

类　别	2014 年	2015 年	2016 年
园数			
班级数			
学生数			
教职工数			
其中：女			
专任教师数			
其中：女			
其中：24 岁及以下			
25~29 岁			
30~34 岁			
35~39 岁			
40~44 岁			
45~49 岁			
50~54 岁			
55~59 岁			
60 岁及以上			
其中：研究生毕业			
本科毕业			
专科毕业			
高中阶段毕业			
高中阶段以下毕业			
代课教师数			

表 1-2　2014~2016 年公办幼儿园基本情况（镇区）

类　别	2014 年	2015 年	2016 年
园数			
班级数			
学生数			
教职工数			
其中：女			
专任教师数			
其中：女			
其中：24 岁及以下			
25~29 岁			
30~34 岁			
35~39 岁			
40~44 岁			
45~49 岁			
50~54 岁			
55~59 岁			
60 岁及以上			
其中：研究生毕业			
本科毕业			
专科毕业			
高中阶段毕业			
高中阶段以下毕业			
代课教师数			

表 1-3　2014~2016 年公办幼儿园基本情况（乡村）

类　别	2014 年	2015 年	2016 年
园数			
班级数			
学生数			
教职工数			
其中：女			
专任教师数			
其中：女			
其中：24 岁及以下			
25~29 岁			
30~34 岁			
35~39 岁			
40~44 岁			
45~49 岁			
50~54 岁			
55~59 岁			
60 岁及以上			
其中：研究生毕业			
本科毕业			
专科毕业			
高中阶段毕业			
高中阶段以下毕业			
代课教师数			

表 1-4　2014~2016 年小学基本情况（城区）

类　别	2014 年	2015 年	2016 年
学校数			
其中：村小			
教学点			
班级数			
其中：村小			
教学点			
学生数			
其中：村小			
教学点			
教职工数			
其中：女			
专任教师数			
其中：女			
其中：24 岁及以下			
25~29 岁			
30~34 岁			
35~39 岁			
40~44 岁			
45~49 岁			
50~54 岁			
55~59 岁			
60 岁及以上			
其中：研究生毕业			
本科毕业			
专科毕业			
高中阶段毕业			
高中阶段以下毕业			
代课教师数			

表 1-5　2014~2016 年小学基本情况（镇区）

类　别	2014 年	2015 年	2016 年
学校数			
其中：村小			
教学点			
班级数			
其中：村小			
教学点			
学生数			
其中：村小			
教学点			
教职工数			
其中：女			
专任教师数			
其中：女			
其中：24 岁及以下			
25~29 岁			
30~34 岁			
35~39 岁			
40~44 岁			
45~49 岁			
50~54 岁			
55~59 岁			
60 岁及以上			
其中：研究生毕业			
本科毕业			
专科毕业			
高中阶段毕业			
高中阶段以下毕业			
代课教师数			

表 1-6　2014~2016 年小学基本情况（乡村）

类　别	2014 年	2015 年	2016 年
学校数			
其中：村小			
教学点			
班级数			
其中：村小			
教学点			
学生数			
其中：村小			
教学点			
教职工数			
其中：女			
专任教师数			
其中：女			
其中：24 岁及以下			
25~29 岁			
30~34 岁			
35~39 岁			
40~44 岁			
45~49 岁			
50~54 岁			
55~59 岁			
60 岁及以上			
其中：研究生毕业			
本科毕业			
专科毕业			
高中阶段毕业			
高中阶段以下毕业			
代课教师数			

表 1-7　2014~2016 年初中基本情况（城区）

类　别	2014 年	2015 年	2016 年
学校数			
班级数			
学生数			
教职工数			
其中：女			
专任教师数			
其中：女			
其中：24 岁及以下			
25~29 岁			
30~34 岁			
35~39 岁			
40~44 岁			
45~49 岁			
50~54 岁			
55~59 岁			
60 岁及以上			
其中：研究生毕业			
本科毕业			
专科毕业			
高中阶段毕业			
高中阶段以下毕业			
代课教师数			

表 1-8 2014~2016 年初中基本情况（镇区）

类 别	2014 年	2015 年	2016 年
学校数			
班级数			
学生数			
教职工数			
其中：女			
专任教师数			
其中：女			
其中：24 岁及以下			
25~29 岁			
30~34 岁			
35~39 岁			
40~44 岁			
45~49 岁			
50~54 岁			
55~59 岁			
60 岁及以上			
其中：研究生毕业			
本科毕业			
专科毕业			
高中阶段毕业			
高中阶段以下毕业			
代课教师数			

表 1-9 2014~2016 年初中基本情况（乡村）

类　别	2014 年	2015 年	2016 年
学校数			
班级数			
学生数			
教职工数			
其中：女			
专任教师数			
其中：女			
其中：24 岁及以下			
25~29 岁			
30~34 岁			
35~39 岁			
40~44 岁			
45~49 岁			
50~54 岁			
55~59 岁			
60 岁及以上			
其中：研究生毕业			
本科毕业			
专科毕业			
高中阶段毕业			
高中阶段以下毕业			
代课教师数			

表 2-1　2014~2016 年教师补充情况

类　别	2014 年	2015 年	2016 年
本年度编制内新招聘教师数			
其中：城区			
镇区			
乡村			
中央特岗计划招聘教师总数			
其中：镇区			
乡村			
地方特岗计划招聘教师总数			
其中：镇区			
乡村			
中央特岗计划设岗县（个）			
地方特岗计划设岗县（个）			
退休教师支教人数			
其中：镇区			
乡村			
退休教师返聘人数			
其中：镇区			
乡村			
部属院校毕业生到乡村任教获学费补偿人数			
省属院校毕业生到乡村任教获学费补偿人数			

表 2-2　2014~2016 年乡村幼儿园教师补充情况

类　别	2014 年	2015 年	2016 年
本年度编制内乡村幼儿园新招聘教师数			
乡村教师“定向培养”计划招生数			
乡村教师“定向培养”实际招生数			
乡村教师“定向培养”毕业生数			
乡村教师“定向培养”实际到任教师数			
中央特岗计划招聘教师数			
地方特岗计划招聘教师数			

表 2-3　2014~2016 年乡村小学教师补充情况

类　别	2014 年	2015 年	2016 年
本年度编制内乡村小学新招聘教师数			
乡村教师“定向培养”计划招生数			
乡村教师“定向培养”实际招生数			
乡村教师“定向培养”毕业生数			
乡村教师“定向培养”实际到任教师数			
中央特岗计划招聘教师数			
其中：到村小、教学点的特岗教师数			
地方特岗计划招聘教师数			
其中：到村小、教学点的特岗教师数			

表 2-4　2014~2016 年乡村初中教师补充情况

类　别	2014 年	2015 年	2016 年
本年度编制内乡村初中新招聘教师数			
乡村教师“定向培养”计划招生数			
乡村教师“定向培养”实际招生数			
乡村教师“定向培养”毕业生数			
乡村教师“定向培养”实际到任教师数			
中央特岗计划招聘教师数			
地方特岗计划招聘教师数			

表 3-1　2016 年教职工编制情况

类　别	幼儿园	小学	初中
教职工编制标准			
其中：城区			
镇区			
乡村			
教职工编制总量			
其中：城区			
镇区			
乡村			
最新教职工编制核定时间	________（请填写年份）		

表 3-2　2014~2016 年教师职称情况（城区）

类　别	2014 年	2015 年	2016 年
初级职称教师数			
中级职称教师数			
高级职称教师数			
本年度新晋升高级职称教师数			
本年度新晋升高级职称的乡村教师数			
其中：不受岗位比例限制获评教师数			
本年度新晋升中级职称教师数			
本年度新晋升中级职称的乡村教师数			
其中：不受岗位比例限制获评教师数			

表 3-3　2014~2016 年教师职称情况（镇区）

类　别	2014 年	2015 年	2016 年
初级职称教师数			
中级职称教师数			
高级职称教师数			
本年度新晋升高级职称教师数			
本年度新晋升高级职称的乡村教师数			
其中：不受岗位比例限制获评教师数			
本年度新晋升中级职称教师数			
本年度新晋升中级职称的乡村教师数			
其中：不受岗位比例限制获评教师数			

表 3-4　2014~2016 年教师职称情况（乡村）

类　别	2014 年	2015 年	2016 年
初级职称教师数			
中级职称教师数			
高级职称教师数			
本年度新晋升高级职称教师数			
本年度新晋升高级职称的乡村教师数			
其中：不受岗位比例限制获评教师数			
本年度新晋升中级职称教师数			
本年度新晋升中级职称的乡村教师数			
其中：不受岗位比例限制获评教师数			

表 3-5　2014~2016 年校长教师交流轮岗情况

类　别	2014 年	2015 年	2016 年
校长交流轮岗总数			
教师交流轮岗总数			
其中：骨干教师交流数			
到村小和教学点交流轮岗校长数			
到村小和教学点交流轮岗教师数			
其中：骨干教师轮岗交流数			

表 4　2014~2016 年乡村教师队伍建设经费投入情况

类　别	2014 年	2015 年	2016 年
乡村教师生活补助资金投入总量（亿元）			
其中：中央奖补资金（亿元）			
地方投入资金（亿元）			
乡村教师生活补助实施县数（个）			
享受乡村教师生活补助教师人数（人）			
乡村教师周转宿舍投入资金总量（万元）			
其中：新建投入资金（万元）			
改（扩）建投入资金（万元）			
其中：中央投入资金总量（万元）			
地方投入资金总量（万元）			
乡村教师周转宿舍总数（套）			
其中：新建（套）			
改（扩）建（套）			
乡村教师周转宿舍面积（平方米）			
其中：新建（平方米）			
改（扩）建（平方米）			
需要周转宿舍的乡村教师数（人）			
已解决周转宿舍的乡村教师数（人）			
实施乡村教师住房保障县数（个）			
乡村教师重大疾病救助投入（万元）			
需要重大疾病救助的乡村教师数（人）			
已解决重大疾病救助的乡村教师数（人）			
中央特岗计划工资性补助［万/（年·人）］			
地方特岗计划工资性补助［万/（年·人）］			
中央特岗计划投入经费（亿元）			
地方特岗计划投入经费（万元）			
退休教师支教讲学投入经费（万元）			
部属院校毕业生到乡村任教获学费补偿政策投入经费（万元）			
省属院校毕业生到乡村任教获学费补偿政策投入经费（万元）			

表 5　2014~2016 年乡村教师培训情况

类　别	2014 年	2015 年	2016 年
省（区、市）分配到的国培计划中央经费数额（万元）			
其中：示范性项目投入资金（万元）			
中西部项目投入资金（万元）			
幼师国培项目投入资金（万元）			
省（区、市）级培训经费投入（万元）			
其中：乡村教师培训经费投入（万元）			
省（区、市）级年度培训总人次（人）			
其中：乡村教师培训总人次（人）			
省（区、市）建设“国培计划项目县”数量（个）			

表 6　乡村教师政策安排情况

项　目	是	否
由省级部门统一组织乡村教师招聘笔试		
由省级部门统一发放单独招聘的乡村教师工资（教师数量）		
单独出台乡村教师职称（职务）评聘文件		

后　记

在公平与质量成为教育改革发展主题的背景下，农村教师队伍建设研究具有重要的理论价值、政策价值与实践价值。早在2008年，本人开始关注农村教师队伍建设，在《教育研究》上发表《农村教师素质提升的现实困境与破解思路》一文；此后持续关注农村教师队伍建设情况，2010年在《教育发展研究》上发表《农村义务教育师资队伍建设机制问题分析》一文，2013～2015年在《中国教育报》上发表《怎样才能有充足的好教师》等系列文章，系统论述了农村义务教育师资队伍建设机制。2015年12月，本人申报并获批国家社会科学基金教育学重点课题“全面提升农村教育质量背景下的农村教师结构调整及编制需求研究”（课题批准号：AFA150007）。2015年，本人被评选为教育部“长江学者奖励计划”首批青年学者，并把“全面提升农村教育质量背景下的农村教师结构调整及编制需求研究”作为未来重要研究主题之一。以课题研究为契机和平台，在《教育研究》等杂志上发表《农村义务教育师资供给与供给侧改革》等多篇学术论文，成为本著作的重要前期成果支撑。

本书由本人负责整体框架设计，并最终统稿定稿。具体写作任务分配如下。导论：秦玉友、曾文婧、宋维玉；第一章“农村教师编制调整与数量充分性”：秦玉友、韩嵩、于宝禄；第二章“农村教师结构优化与功能可能性”：仲米领、秦玉友；第三章“农村教师要素配置与质量普惠性”：陈坤、秦玉友。宋维玉、单成蔚、曾文婧、许怀雪、李睿泓参与了基础性文献的总体性分析和代表性文献的概要介绍，李睿泓参与了导论部分参考文献的查找与更新。曾文婧、于宝禄、李睿泓参与了书稿的校对工作。

本书能够顺利出版，首先感谢国家社会科学基金的重点支持，感谢课题评审专家对课题开展提供的建议。感谢给本课题研究直接指导或通过他们的研究工作给本课题重要启发的专家学者。感谢参与本课题研究的老师和同学。

秦玉友

2021 年 4 月于长春

图书在版编目(CIP)数据

农村教师编制、结构与配置研究 / 秦玉友等著. -- 北京 : 社会科学文献出版社, 2022.6
ISBN 978-7-5228-0088-2

Ⅰ. ①农… Ⅱ. ①秦… Ⅲ. ①农村-教师-编制-研究-中国 Ⅳ. ①G525.1

中国版本图书馆 CIP 数据核字(2022)第 076631 号

农村教师编制、结构与配置研究

著　　者 / 秦玉友 等

出 版 人 / 王利民
责任编辑 / 胡庆英
文稿编辑 / 张真真
责任印制 / 王京美

出　　版 / 社会科学文献出版社 · 群学出版分社(010)59366453
　　　　　地址: 北京市北三环中路甲 29 号院华龙大厦　邮编: 100029
　　　　　网址: www.ssap.com.cn
发　　行 / 社会科学文献出版社 (010) 59367028
印　　装 / 三河市龙林印务有限公司

规　　格 / 开 本: 787mm × 1092mm　1/16
　　　　　印 张: 18.75　字 数: 307 千字
版　　次 / 2022 年 6 月第 1 版　2022 年 6 月第 1 次印刷
书　　号 / ISBN 978-7-5228-0088-2
定　　价 / 128.00 元

读者服务电话: 4008918866